2022

中国当代艺术年度档案

CHINESE CONTEMPORARY ART
ANNUAL FILES

主编 胡若冰

上海三联书店

图书在版编目（ＣＩＰ）数据

2022 中国当代艺术年度档案 / 胡若冰主编 . 一 上海：
上海三联书店，2023.12
ISBN 978-7-5426-8291-8

Ⅰ . ① 2… Ⅱ . ① 胡… Ⅲ . ① 艺术家 – 访问记 – 中国
– 2022 Ⅳ . ① K825.7

中国国家版本馆 CIP 数据核字 (2023) 第 221310 号

2022 中国当代艺术年度档案

主　　编　胡若冰

责 任 编 辑　陈马东方月
装 帧 设 计　马　非
监　　制　姚　军
责 任 校 对　王凌霄

出 版 发 行　上海三联书店
　　　　　　（200030）中国上海市漕溪北路 331 号 A 座 6 楼
邮　　箱　sdxsanlian@sian.com
邮 购 电 话　021-22895540
印　　刷　北京地大彩印有限公司

版　　次　2023 年 12 月第 1 版
印　　次　2023 年 12 月第 1 次印刷
开　　本　889mm×1194mm　1/12
印　　张　38/$\frac{1}{3}$
字　　数　260 千字
书　　号　ISBN 978-7-5426-8291-8/k・748

定　　价　198.00 元

年度关键词：灰度

2022 年悄然远逝。时间脉脉流转，此刻的纷扰，未来的迷途，都等待着时间给一个答案。但是时间解决不了此刻的困境，我们只能在时间里打捞那些剥落的答案的碎片。而未来，只是时间流走的方向，也是我们必须面对的共同命运。

时代的变局自有因果，而具体的困厄都落在了正在发生的此刻，以及每一个微小的个体之上。个体在面对巨大的不确定之时，应激的自我保全之法就是建立物理的以及精神的茧房，收缩空间，自我隔绝。如此一来我们将会变成一座座孤岛，从而也慢慢失去了理解彼此以及理解这个世界的能力。我们不断固化我们的茧房，思考变得无力与多余，认知变得单一与偏狭。

面对这样的时代情境，艺术，或许变得更加重要。因为艺术守护的是一个时代最隐秘的部分，是人类层层盔甲之下柔软的灵魂。在非黑即白的撕裂碰撞中，艺术需要守护这个世界的"灰度"。

我们把"灰度"作为《2022 中国当代艺术年度档案》的编辑关键词。灰度不是中庸，灰度是一种既可以无限接近于黑，又可以无限接近于白，在两个极端之间游动的不确定状态。同时灰度既可以是私人的、碎片的、脆弱的，又可以是强韧的、绵延的，是无限纵深，是包罗万象。

在彼此割裂，壁垒重重的此刻，我们相信这个世界不是只有黑白，我们希望借由艺术保留住这个世界的"灰度"，保留住多元与无限，护佑住我们人类存在生息的秘密与火光。

目录 | CONTENTS

2022

策展人档案

冯博一　FENG BOYI

独立策展人、批评家

作为中国当代艺术最早的参与者和见证人之一，冯博一始终以独立策展人和批评家的身份介入到当代艺术领域。20 世纪 90 年代初，冯博一就以激进、独立、大胆的策展概念和方式为人所知，他一直对时代现实保持着敏感与锐利的感知力，不断思考如何将社会现场、社会能量转化为策展实践的基本依存。从他策划的众多展览中能够捕捉到他的视角和标准，在关注边缘的、实验性的艺术家和群体，以及年轻一代艺术家的生存状态和艺术创作的同时，更注重中国当代艺术实践的批判性、实验性、在场性。

5 月，冯博一策划了"堆叠——东京画廊＋BTAP（北京）成立 20 周年特展"，展览打破常规"纪念展"的模式，采用"强策展，递进式"的展览方式，探索策展新的可能和意义；9 月 3 日，于美术文献艺术中心策划"副感知：郑达个展"；9 月 24 日，于上海狮语画廊策划个展"黄立言：不知好歹"；10 月，在北京 798 艺术区罐子书屋策划个展"字间浮生——朱永灵书艺"，9 幅书法、6 把折扇、5 件瓷器、9 把紫砂壶罐等作品，呈现了书法艺术家朱永灵近年最新的创作成果；11 月，策划艺术家申玲的个展"空花·岁像"。

张子康　ZHANG ZIKANG

中央美术学院美术馆馆长、教授、博士生导师

2022 年，张子康以其开放、多元的角度独立或参与策划了多项重要展览项目。4 月 17 日，张子康作为联合策展人的周松个展"质·能"在嘉德艺术中心开幕，并于 4 月 22 日—6 月 11 日巡展至德国哈根奥斯特豪斯美术馆；4 月 23 日在意大利威尼斯绿地花园和军械库开幕的第 59 届威尼斯国际艺术双年展，威尼斯双年展中国馆"元境（Meta-Scape）"由张子康领队策展，作为拥有百余年历史的重要国际艺术展览，每一届威尼斯双年展都可谓体现了当代艺术的前沿动态，预示着艺术未来的发展方向；8 月 13 日，张子康作为策展人在

TAG·西海美术馆开馆一周年之际，策划了艺术家个案研究性展览"丁乙：流动的无限"，并主编了展览同名画册（浙江人民美术出版社出版）；同时策划的"RONG·源空间艺术展 2.0"也于重庆时代美术馆展出；10 月 29 日，颂艺术中心开馆展览"颂之回响：追溯穿越时空的精神与美学"启幕，张子康担任总策展人；12 月 28 日，"艺以通衢：2022 武汉双年展"在武汉三镇同时开展，其中由张子康担任策展人的"开放姿态"这一专题亮相武汉合美术馆。12 月 31 日，张子康作为总策展人，策划的主题艺术展："生生不息"于美克洞学馆展出。

王绍强　WANG SHAOQIANG

广东美术馆馆长，教授、博士生导师

　　王绍强长期从事近现代美术及当代艺术研究，曾策划多个具有国际影响力的大型展览。2022年2月25日，其担任总策划的"7号空间 | 广东美术馆青年学术提名展第二十四回：窥探的公众性——周虹艺术展"于广东美术馆展出；同时于3月25日，担任"7号空间 | 广东美术馆青年学术提名展第二十五回：梨花白了——闫冰个展"的总策划；3月26日，作为展览总监参与的"变像——薛松艺术展"于广东美术馆开幕；5月21日，以"借由影像启发观众认识自我与世界"的策展理念，策划了"车建全：一时一刻"艺术展；6月17日，以展览总监身份参与的"当代水墨三个展：'蔡广斌：发生·图景'、'武艺：记忆美学'及'魏青吉：日常的复象'"在广东美术馆亮相；6月18日，由广东美术馆自主策划，王绍强担任学术指导的2021—2022年度广东省美术馆青年策展人扶持计划入选项目"流动的身份"在广东美术馆开展；7月8日，担任"7号空间 | 广东美术馆青年艺术家学术提名展第二十六回：大地惊雷——褚秉超个展"的总策划；7月15日，策划了"陌上花开——孙洪敏油画作品展"，且同时也是7月15日的"静谧的凝视：意大利当代雕塑艺术展"的总策划之一；10月18日，担任"7号空间 | 广东美术馆青年艺术家学术提名展第二十八回——雕塑的方法与目的：王礼军"的总策划；10月28日，作为展览总监参与的"再问——谭平绘画2020-2022"于广东美术馆启幕。

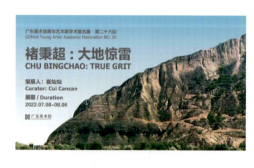

朱朱 ZHU ZHU

诗人、策展人、艺术评论家

朱朱，兼有诗人和艺术策展人的双重身份，曾在一次访谈中说道：理想的策展应该是和艺术创作一样具有发现性、创造性或者文本感，它不是装潢、注脚或附庸。他也一直秉持这一原则，在策划展览项目时使自己一直具有这份独立视野和判断力。2022年8月27日，其策划的"穹顶与刻度——艺术家倪有鱼个展"在广东和美术馆展出；9月16日，策划"李怒：流沙即磐石"艺术展在今日美术馆三号馆亮相；2022首届北京艺术双年展于12月30日拉开帷幕，作为2022首届北京艺术双年展的主展览单元之一、由朱朱策划的"无尽的交谈"启幕，展览呈现当代艺术与历史记忆、生态环境和自然科学等多个领域的对话关系，为人类社会开启更好的，甚至全新的相处模式带来启示。

崔灿灿　CUI CANCAN

策划人、写作者

作为中国当代艺术年轻一代最活跃的独立策划人、写作者，既为中国最具代表性的老、中、青三代艺术家担纲策展，又同时策划诸多"边缘"的实验项目。对崔灿灿来说，策展是正经事，策展人需要有历史观，需要建立艺术和其他学科之间的关系，建立一个个体艺术家和艺术之间的关系，艺术作品和社会之间的关系，一个文化处境和美术馆制度和艺术生态的关系，需要更宏观、更整体、更有历史意识地看待这个世界。崔灿灿以时代度量当代，以文明叩问艺术，用"强策展"的实验方式，探索当代艺术的张力可能。

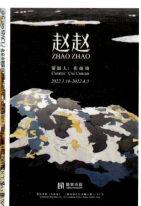

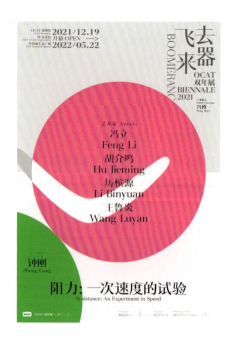

2022年，崔灿灿依然高效率、高品质地完成了众多策展项目。1月，于龙美术馆（西岸馆）策划赵赵同名个展；2月，策划当代唐人艺术中心（曼谷）赵赵个展"天空之城"；3月，策划"尹朝阳回顾展：重建理想1995-2021"和当代唐人艺术中心（首尔）赵赵个展"平行之道"；5月，策划个展"长亭外·井士剑"；6月，策划罗中立在北京首次举办的大型回顾展"重返起点：罗中立回顾展1965-2022"，重返起点探讨艺术和历史之间丰富的关系；7月，策划艺术家袁运生迄今为止最大规模回顾展"袁运生的历程"，并于同月策划"大地惊雷——褚秉超个展"；8月，策划联展"断裂的一代：90后的电子色、网络化、时尚消费、科幻散文和全球身份"，是90后一代最具代表的艺术家的首次集中的展出，聚焦新世纪的电子色、网络化、时尚消费、科幻散文和全球身份环境对他们的影响，呈现这一代人的文化转向，对于过去艺术传统的终结，新的时代在这里全面开启。同时策划了澳门艺术博物馆赵赵个展"漫长的一天"和个展"沈少民的科学简史"；9月，策划个展"秦琦：'人物'系列"和"赵半狄的文艺复兴"；10月，策划蔡磊个展"至上的空间"和谭平个展"再问 —— 谭平绘画"；11月，策划个展"武艺的图文本"和联展"向雨林学习"。

戴卓群　DAI ZHUOQUN

策展人、评论家

　　戴卓群作为一位研究型策展人，在展览项目的选择上依然保持自己的趣味和节奏。其在新一代活跃的年轻策展人中极具个人特色，沉稳、严谨的策展风格，专业扎实的背景知识与独立开放的心态，让其在 2022 年暗淡的艺术行业中砥砺前行。6 月 12 日，策划的冯良鸿个展"森林小丘"在三远当代中心开幕；7 月 23 日，策划当代唐人艺术中心代理艺术家王忠杰推出的首次个展"王忠杰：神曲"；9 月 9 日，以学术主持的身份参与新氧艺 O2art798 新空间的开幕群展"旷野之途 2022"。

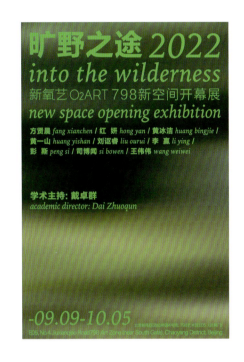

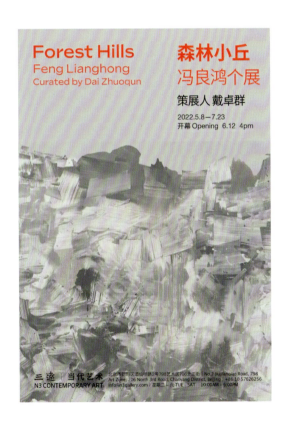

2022

年度艺术家档案

具体的抽象

摄影 黎晓亮

丁乙　DING YI

1962 年生于上海，现工作、生活于上海。其创作领域包括绘画、雕塑、空间装置和建筑。从 80 年代后期开始，他将视觉符号"十"字和变体的"X"作为结构与理性的代表，以及反映事物本质的图像表现的代名词。

图片／由艺术家工作室提供 编辑／雯子

十示 2022-17 椴木板上丙烯木刻 360cm×240cm 2022

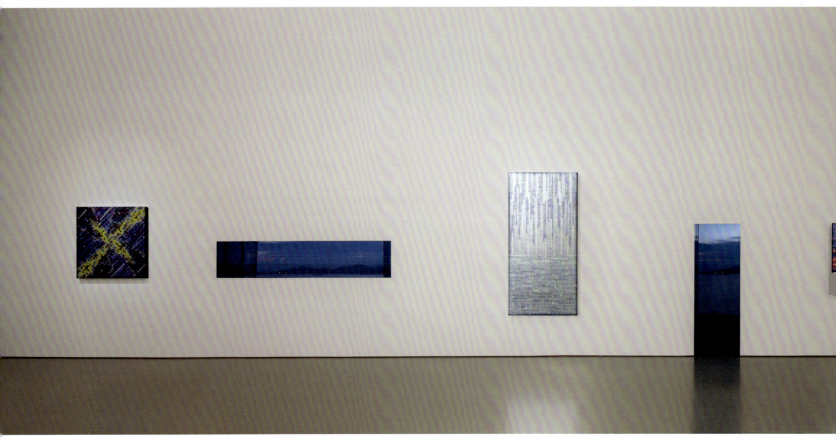

"流动的无限"丁乙个展现场 西海美术馆 2022

丁乙：限定与自由

采访 - 胡少杰

漫艺术 =M: 在您 2022 年的展览中，拉萨的个展和青岛西海美术馆的个展似乎有一个呼应？一个是地处高原，一个则是面对海洋。展览场地的选择是出于什么样的考虑？地域特性和所在展览场域在给您提供新的创作热情的同时，是否也会带来限制？

丁乙 =D: 拉萨的吉本岗艺术中心和西海美术馆两个不同海拔和地域特征的场馆都排在 2022 年本身是一个巧合。对于我来说，这两个场馆，在地域特征方面都具有很强的挑战性。在思考两个展览过程中，我把"星辰"作为串联两个展览内核的关键词，西藏的自然和文化非常浩瀚，所以面对西藏的自然景观时，我把它浓缩成七幅黑夜下的珠峰的绘画作品，当然另外一个部分是和文化、宗教之间的对话；在西海美术馆个展中，"星辰"的概念也延续到了大海和星空之间的联系，这种联系

除了地域特征，也回应着展览场地的对应性。的确，两个场域一个是传统藏式坛城建筑，另一个是让·努维尔设计的当代场馆，在作品创作层面仍然有可被深入激发的灵感与理性可归纳的语言系统。

M: 最早确定"十示"作为您的语言符号时，它的观念性指向是明确的，但是您之后几个阶段的作品对叙事性、图像化的反叛似乎并不彻底？作品在形式逻辑之外触发的依然是关乎于时代精神以及个体精神的表达？而在您关于西藏和海洋的相关的新作中，就更加显现了。

D: 最早的"十示"作为符号是具有宣言性的，它是一种前卫的姿态，但是随着创作历程的进展和深化，宣言的意味不再是创作的主旨，但它的抽象意味仍然不是叙事性的，或者是意象性的，它更不是

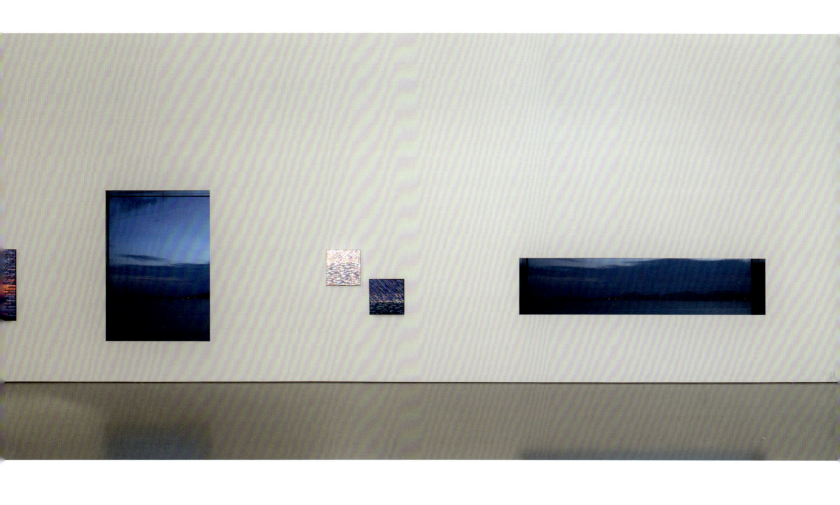

抽象的原教旨主义，它和这个时代一样具有一种开放性，可以容纳各种可能性。它是宏观的、综合的，而不是局部地阐释这个世界。

M: 您在创作的过程中极其理性和充满限定，但是"限定"却并不"克制"，无论是在哪一个阶段，作品始终有"光晕"流动。这似乎说明您的作品并不属于本雅明所提出的机械复制时代的艺术。您是如何处理在创作过程中工具理性的限定和个体自由之间的关系？

D："十示"的创作从 1988 年开始，起初是一种完全工具理性的抽象艺术，但随着创作逻辑的发展艺术家始终需要面对限定和自由、理性和情感之间的冲突和矛盾，并以此来突破创作的边界，事实上它更是一种折衷的工具，这种工具可以帮助艺术家将创作保持在积极的行为之中。

"十方：丁乙在西藏"展览现场 吉本岗艺术中心 拉萨 2022

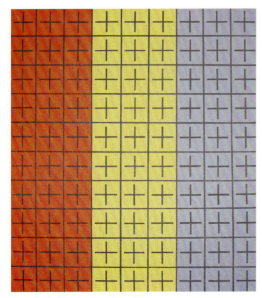

十示 I 布面丙烯 200cm×180cm 1988

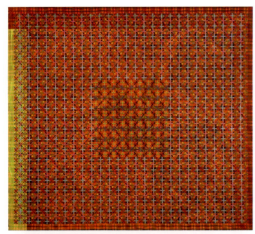

十示 2001-3 亚麻布面粉笔、炭笔 140cm×160cm 2001

十示 2007-5 成品布面丙烯 200cm×280cm 2007

M: 您被看作是中国抽象绘画的代表人物，但是您创作的内在驱动以及内在逻辑似乎并不是完全合乎抽象绘画的逻辑？您如何看待您的作品和西方抽象绘画传统的关系？

D: 当我们反观百年抽象，各个地区、各个时期的艺术家都有所面对的问题和历史节点，并以此推进和丰富着抽象艺术的突破与发展。这些问题是与时俱进的，今天抽象艺术的外延不断地被打破。对我来说抽象艺术作为一种宏观表达思想的方法，它具有整体性地表达当下现象的表皮和精神的特征。我们必须综合地探讨我们所面对的政治身份、思想、地域特征、技术信息和时代带给我们的新的启示，这是全新的体验，也是从未有过的挑战。所谓时代性也许是你的一生所感悟的惊心动魄与日常的总结。

M: 形式和色彩应该是观看最直接的通道，但是它往往也会指向既定的经验层面，如此一来观看就会进入一种观者自身的经验认证之中。您会在意作品被观看时可能产生的误读，或者说停留在表层的解读吗？

D: 我们所具有的历史观始终是在被接受与被误读之间摇摆，恰恰绘画传递的信息的宽泛性始终是在留于表层和误读之间延续与发展。

M: 您在创作一幅作品时虽然一直使用同样的符号，但却不是一直无差别的重复，这种繁复的布局与经营，势必会耗费大量的心神与时间，这期间您是一种什么样的创作状态？其中的乐趣是什么呢？

D: 漫长的创作时间中包含着某种期待，期待一种时间积累下的未知的结果，所以它有一种能动性以及激情，让你可以持续不断地延伸这种工作。每一件创作都有一种回到陌生经验的状态。

M: 您的作品命名大都是以"十示"加上时间以及序号，作品似乎只是一个时间的证据，很好奇您思考过创作和时间之间的关系吗？

D: 将"十示"作为标题是不想限定图像既定的意义，它只是一种引导和反引导之间的关系，并不是让观众沿着一条道路，或者以一个视点作为感受作品的联想理由，当然你无法限制对于作品的解读，在不同主体视角下、不同时空中会产生无穷多的可能性。

M: 您在不同阶段运用过不同的媒介以及手法，粉笔、炭笔、丙烯、荧光色，以及刻刀等，不同的材料以及手法应该都有其特点。那么在创作中如何平衡您的主观意志和材料的极限特性以及其材料本身的规律之间的关系？

D: 我对陌生的材料始终抱有一种兴趣，希望有更多的尝试，这些材料的发现和使用常常促成新的语言的表达。当然材料与创作的主旨需要合乎很多的关系，这些关系常常也反映了不同的时期对于绘画本身的反馈。

十示 2020-22 椴木板上丙烯木刻 240cm×240cm 2020

十示 2022-3 椴木板上丙烯木刻 240cm×240cm 2022

十示 2022-9 椴木板上丙烯木刻 120cm×240cm 2022

M: 您用"平视""俯视""仰视"三个视角归纳您的三个创作阶段，它对应的应该是您的个体生命和宏观世界的三种关系？您还提到对于下一个阶段，您认为可能是内视。您如何看待您个人、外部世界，以及艺术创作这三者之间的关系？

D: 三个视角虽然跨越了三十多年的创作历程，但它是最近才被归纳总结的。它对应了个人的漫长创作生涯，的确是个体生命和宏观世界的三种关系。这三种关系包含了认识论层面的进程，它具有视野的发展、对艺术史认知的修正、创作经验的积累和年龄的增长，当这些积累到达一个限度的时候，也许可以考虑关于精神性的问题，也是我称作可能是一个"内视"的阶段。但精神性的命题，我想始终是艺术家终极的追求目标，也许此时此刻我仅仅是企图迈出第一步，并不能明确它能走多远。

谭平　TAN PING

图片／由艺术家提供 编辑／雯子

1984 年毕业于中央美术学院，80 年代末留学德国柏林艺术大学，获硕士学位和 Meisterschule 学位。英国金斯顿大学荣誉博士。曾任中央美术学院设计学院院长、中央美术学院副院长、中国艺术研究院副院长，现任中国美术家协会实验艺术委员会主任、中国艺术研究院国家当代艺术中心主任。

告别 2022 展览现场 元典美术馆 北京 2022

我们不能轻易地忘记，我们需要"纪念"，但是我们确实也需要进行一场告别。

———— 谭平

2020：谭平场域创作 展览现场 雅昌艺术中心美术馆 深圳 2020

2020：谭平场域创作 展览现场 雅昌艺术中心美术馆 深圳 2020

谭平：纪念与告别

采访 – 胡少杰

漫艺术 =M: 您在 2022 年初创作了"告别 2022"，为什么会在开始的时候以告别命名？如今真的告别了，甚至开始遗忘了，再回看去年以"告别"命名的作品，有什么感想？

谭平 =T: 这件作品的创作缘由其实要追溯到 2020 年年底在深圳雅昌艺术中心美术馆做的"纪念 2020"的展览。2020 年年初的时候我们经历了严重的疫情，然后经过大面积的隔离管控，我们很快又回到了正常的生活状态。到年底，2020 年要结束的时候，我们已经把年初疫情的事情忘得差不多了。我们对一件如此重大的事情忘记得如此之快，这让我很诧异，所以我觉得要做一个关于纪念的展览，提醒大家不要轻易忘记悲剧的发生。

那个展览我用了 23 件未完成的作品，都是我事先在工作室里画的一些半成品，大部分都是黑白的，我把那个展览当成了一件大的作品，这 23 件半成品应该算是它的 23 个元素。整个展览的布展方式就是以"纪念 2020"这样一个概念来做的。我把这些画都挂得很低，很多都是落地的，像一块块墓碑一样，然后灯光都是向下打的，观众进到那个空间里面，有一种纪念的氛围。

到了 2022 年年初的时候，疫情一次次地反复，大家都处在一种紧张的、迷茫的状态之中，一切都没了方向，不知道下一步该怎么走，不确定感极强。所以，虽然 2022 年刚开始，但是就有一种迫切地想要告别的感觉。"告别 2022"是在元典美术馆的天津武清的新馆做的，它是一个八米高的方盒子，由于它空间并不是特别大，当它特别高的时候就变得像天井一样，我就把所有的画挂到了空间的顶端，当人走进去看画的时候全部都向上看，这就有一种所谓告别的感觉了，和告别的主体就有关系了。然后画到画面外的那一笔，它直接可以流到地面，像是牵着一条线。

所以说"纪念 2020"和"告别 2022"是一体的，一个是"纪念"，一个是"告别"，两个展览时间上虽然相差一年多，但是在概念上是相互呼应的。

M: 面对这种极端复杂的现实困境，您的选择是在创作上做出一些及时的反应，用艺术的方式进行介入？

T: 我个人觉得艺术家需要对此时此刻所发生的事情进行一个及时的反思，这种最直接的反应是很宝贵的，也是我在创作中看重的。我觉得艺术家直接的在场很重要，艺术创作就是艺术家在特定时刻、特定地点的一个自我呈现。当然，有的创作者选择先停下来，等一等，过了一定的时间之后再进行一种有距离地呈现，我觉得也没问题，每个艺术家都有他自己的创作方式。只是我个人还是属于比较强调及时感受的创作者，无论是在正常的时间里，还是在特殊的时间里，我都会时刻保持着自己的敏感性。

告别 2022 展览现场 元典美术馆 北京 2022

M: 这种敏感性是与生俱来的天赋，还是后来经过长时间的训练获得的一种能力？

T: 可能是一种工作习惯吧，或者说是一种工作方法。它不是经过刻意地训练得来的，它就是我在创作中自然形成的。你比如说面对当下这种极其不确定的状态，我也会时时刻刻处在一种困惑之中，但是我会捕捉这种状态和感受，然后用一种准确的方法表达出来。

M: 这种及时性和敏感性可以让创作更具鲜活性，那您如何让这种鲜活性和更复杂、深长的意蕴在作品中共存呢？及时性的感受是否意味着会随着时间的推移而消失？

T: 我们有很多艺术家在艺术创作当中，一直希望自己的作品能够获得永恒的真理，从而也能使自己的作品变得永恒。但是对我来讲，瞬间即永恒。我们此时此刻正在发生的、我在作品当中的一笔或一块颜色，这种瞬间就代表着我对永恒的理解。

所以我的作品都有很大的起伏和变化，无论是各个阶段，还是各个展览，它们之间的区别其实蛮大的，甚至我的每一件作品之间都有明显区别。我不会刻意地强调所谓的系列性，我希望每个展览，每件作品，都有不同的表达，因为每时每刻都是不同的，都是在变化的。

记录谭平创作轨迹的视频 2022
内循环 展览现场 ZiWU 誌屋北京 北京 2022

M: 您不强调系列性，但是您的作品之间依然存在一些贯穿其中的内在关联。

T: 年轻的时候处于学习和摸索的阶段，对于各种风格、风潮感兴趣，等到一定的年龄就会开始尝试建立自己的语言，然后形成自己的系统，作品就会出现系列性，但是过了这个阶段之后，你会突然发现重要的不在于用什么样的风格来表达自己，而在于作品后面的那个"你"是否建立起自己的价值观。有了这个东西之后，你就会发现用什么样的风格去表达都是可以的，语言、风格就不是问题了。这样就会更自由了。

M: 那在您的创作中，语言扮演的是一个什么角色呢？您比如说绘画的本体性，您在创作中如何平衡它和观念性之间的关系？

T: 这个很难说，但是一般来讲要反过来判断。至于说画面本身的一些要求，比如说形式构成、色彩关系等等，这些都不再是问题。我现在最主要的判断是在什么时间停下来，其实这是在反观我自己在此时此刻的状态，如果它已经准确地表达了我那一瞬间的感受，那么停下来，没问题，如果没有，那么就继续画。那你说是语言重要还是我的感受重要？很难说。但是对于我个人来讲，如果我觉得这幅画还不到位，那么我主要是从个人感受来判断的，所以感受不到位，画面一定也不到位，这是必然的。

2022 年在工作室隔离的谭平

谭平在工作室隔离期间的创作 2022
内循环 展览现场 ZiWU 誌屋北京 北京 2022

M: 这种个人感受性的判断如何确认作品更普遍的价值呢?

T: 我觉得不需要确认,我们过去受了太多的"教育",让我们去获取那些普遍的、宏观的价值,但是我现在觉得真实的表达最重要。

M: 那么面对绘画本身出现的一些偶然性的效果,您如何处理它和您个人感受之间的关系?

T: 在创作的时候画面上会不断出现非常多的偶然性的情况,包括笔触、颜色、流淌的痕迹等等,重要的是你如何取舍、判断。其实画的过程也是不断激发偶然性的过程。比如我画大画,我会一直不离开画面,不去远观调整,包括我用的所有的颜色都是未调过的,直接用刮板刮在画布上,它就会有一些重叠的无法确定的效果。你无法确定它会出现什么样的颜色,出现什么样的形状、痕迹,然后你再不断地判断什么可以留下来,什么可以再覆盖掉。其实这个过程带有非常强的破坏性,因为破坏可以带来偶然性的结果。在这样的一遍遍破坏的过程中,最终停止在一个出乎意料的结果上,这个结果既是偶然的,也是你判断与取舍的结果。

侯莹舞团表演现场 2023
侯莹 × 谭平 HOU YING & TAN PING 双人展

侯莹舞团表演现场 2023
侯莹 × 谭平 HOU YING & TAN PING 双人展

侯莹舞团表演现场 2023
侯莹 × 谭平 HOU YING & TAN PING 双人展

谭平创作现场 2023
侯莹 × 谭平 HOU YING & TAN PING 双人展

M: 在这个过程中，您个人的长年的创作经验会形成某种程式化的习惯来干扰您的判断吗？

T: 肯定会，这个东西是无法摆脱的。只能说在创作时不断提醒自己，但是也没有什么好办法，你下笔就把你前 50 年的那些东西都带出来了，包括你的性格，你的趣味，你的色彩感觉，等等。对于我个人来说，我会试着从工作方法上来尝试着解决这个问题，比如说我会把一些前期未完成的作品放到一个特定空间，再进行现场创作，这样就能最大限度地使作品和此时此刻融在一起。

M: 我看到您最近的个展展出了各个时期的纸上作品，这种不同材质的创作是否也可以在一定程度上带来一些相对陌生的经验？

T: 其实这和材料没太大关系，纸上的作品更多是因为我平时的创作大部分尺幅比较大，纸上的小作品会更轻松一些，颜色、线条都非常放松了，也直接，不用像画大画那样考虑那么多，时间上也不用那么漫长。人都是这样，一个事情干累了就需要找点轻松的调节一下，人不能老绷着。

M: 去年您在广东美术馆的个展命名为"再问"，可以看作是您 2021 年个展"绘画是什么"之后的持续追问？时隔一年半之后，问的还是同样的问题吗？

T: 还是不太一样，2021 年那个展览强调的是"绘画是什么"，呈现的是我 40 年的一个绘画历程。当时第一个展厅是老作品，然后第二个展厅是相对新的作品，那个展览更多的是呈现我对于绘画语言本身的一种研究，是从绘画语言这个角度切入的。等到广东美术馆的个展"再问"，呈现的基本上是我在这三年中的绘画作品，但是实际上它整个的关注点恰恰不是绘画本身，而是三年疫情对一个艺术家艺术创作的影响。这个展览由于疫情的原因其实是没有开幕也没有闭幕的，所以也可以说这个展览是不存在的，这种特殊的经验，冥冥中又增强了这次展览的观念性。所以"再问"，问的已经不是绘画的问题。

M: "再问"问的是什么呢？

T: "再问"问的不是绘画是什么，而是绘画背后的"人"是什么。因为经过这三年的经历，我们对"人"，对"生命"都有了更切身的思考。面对那种绝望感，有形的、无形的压迫感，艺术变得苍白无力。这也是我做"告别 2022"这个展览的原因，我们不能轻易地忘记，我们需要"纪念"，但是我们确实也需要进行一场告别。

图片 / 由艺术家提供 编辑 / 雯子

李 磊　LI LEI

1965 年 10 月 8 日生于上海市。现任上海戏剧学院舞美系绘画专业教授、上海市美术家协会副主席、上海市政协委员、一级美术师。兼任中国美术家协会实验艺术委员会副主任、中国博物馆协会美术馆专业委员会副主任、同济大学客座教授、上海大学上海美术学院客座教授、上海视觉艺术学院客座教授、新加坡南洋理工大学华人馆客座教授。曾任中华艺术宫（上海美术馆）执行馆长、上海油画雕塑院执行副院长。

繁花似锦 3 布上丙烯 300cm×300cm 2021

李磊从 90 年代中期开始从事抽象绘画的探索，通过在世界各地的工作访问与观览研究，他对国际画坛上抽象艺术从现代萌生到当代发展的历史与现状都很了解，深知抽象艺术在西方已是一种普遍的艺术，不同流派与代表人物都有自己的学理观念和演变渊源，更深知自己走进的抽象艺术道路是一条既宽广的也是充满挑战的道路，需要在抽象艺术的可能性中探寻属于自己的方向。

——— 范迪安

谁持彩练当空舞 布上丙烯 250cm×180cm 2022

谁持彩练当空舞
—— 李磊关于宝龙美术馆展览的阐述（节选）

文 - 李磊

一

今天是 2022 年 6 月 3 日，农历壬寅年五月初五端午节。2300 年前的今天，伟大诗人屈原在国破家亡之际投汨罗江而死，他给后世留下了伟大的人格榜样和《离骚》《天问》等千古绝唱。我尤好《天问》——374 段诗句，172 个追问是中华民族的历史之问，也是全人类的宇宙之问。这些追问，放之今天依然振聋发聩。

追问是为了寻求答案，屈原说："路漫漫其修远兮，吾将上下而求索"。在不同的时代和不同的地域都可能有不同的问题和答案，但是这种求索的精神是我们世世代代奋进的动力。我们不一定能够获得最终的答案，但是追求真理的路上应该有我一个。

"谁持彩练当空舞"这个展览也是"天问"。这个句子来自于毛主席 1933 年填的词《菩萨蛮·大柏地》："赤橙黄绿青蓝紫，谁持彩练当空舞，雨后复斜阳，关山阵阵苍。当年鏖战急，弹洞前村壁，装点此关山，今朝更好看。"当时毛主席正处在政治生涯的最低谷，但他历史的视野和生命的豪情依然在词句中绽放出熠熠光辉。这也是"路漫漫其修远兮，吾将上下而求索"的精神。

我这个展览主题"谁持彩练当空舞"就是秉承着"路漫漫其修远兮，吾将上下而求索"的精神，以视觉艺术为载体，追问和探寻宇宙、人生的点点滴滴。

二

这次展览延续了我 2014 年上海当代艺术馆"海上花"、2016 年北京民生现代美术馆"天女散花"和 2021 年上海静安雕塑公园"陌上花开"的展览思路，我要做一个"视觉艺术综合体"，即把绘画、雕塑、装置、音响、观众流动等因素集成为一个"有意味的空间"，这个空间就是我的作品，是"集成艺术"作品。

在这个空间，观众是浸入在作品之中的；在这个空间，观众不仅在欣赏作品，他们也成为作品的一部分；在这个空间，作品相互之间形成关联，欣赏一件作品时，其他的作品的因素也会介入，所以观众的感受会更加复杂。

因为上海宝龙美术馆的展厅非常大，这为我的作品组合提供了非常好的条件。我将绘画作品分成十组，分别是《谁持彩练当空舞1》《谁持彩练当空舞2》《谁持彩练当空舞3》《千江有水千江月1》《千江有水千江月2》《昨夜又见天外天》《释放心光》《陌上花开》《忆江南》《不醉不休》。诗瓷作品一组《八百年前我的城》，雕塑一组《被缚的天使》，雕塑加现成品一组《星星和我们的船》。总共十三组作品。

因此，布展时不能将设计图丢给布展公司了事，我一定要去现场，我要自己安排和调整作品关系，就像我必须自己做绘画和雕塑一样，每一点安排都是我的心性投入，都是我的感触所及，都是我的精神绽放。

我一再强调，整个展览就是一件作品，希望大家也这样去参观和感受。

三

尽管我说整个展览是一件作品，是一个整体，但它还是由一件件、一组组具体的作品集合而成的。就像我们的宇宙是由一团团星系、一颗颗星球、一块块陆地、一个个男女集合而成的。

宇宙可以分分分、物质可以分分分、生命可以分分分；
宇宙可以合合合、物质可以合合合、生命可以合合合。

我们具体的生命个体对这种分分合合是难以把握的，因此生命的悲剧就成为必然。但是人类不甘心，总要尝试着去突破命运的魔咒，而艺术就是冲刺的马前卒。

艺术还可以是人类扮演"上帝"的游戏，各种颜色、材料在一群人（艺术家）手里分分合合，最终集合成一个故事、一段情感、一种理念，我们把它叫作艺术作品。而另一群人（观众）也从这些作品中提取他想要的东西。我经常说艺术作品是由艺术家和观众共同完成的，就像电脑的存储器，艺术家往里面加东西，观众从里面取东西，如果默契就会皆大欢喜，如果龃龉肯定心烦气躁。

面对艺术作品，对艺术家和观众都是考验，都需要有超凡的感受力，需要学习和训练，需要触类旁通的想象力。

"谁持彩练当空舞"的整个展览讲的就是宇宙的分分合合，我从自己的认知出发去营造一个个"境界"，也希望观众能沉浸其中，去发现属于自己的惊喜。

四

我的抽象画是"意象性的"，这与美国抽象表现主义绘画理念完全不同，他们强调"纯粹的形式"，要去掉文学、去掉情感。我正好相反。我强调绘画里的精神，综合哲学、文学、音乐、戏剧等因素，我创作的是"有意味的形式"。我在绘画中尤其强调文学性和音乐性，其感觉接近于诗，所以也有评论认为我的抽象画是"诗性的抽象"。

《谁持彩练当空舞》的意象是太空和豪情，是数不清的星斗，是三千大千世界，也是波澜壮阔的万千情怀。《谁持彩练当空舞》画面中的星斗随着我的心绪而舞动，每一幅画面都是一个乐章，当18幅、24幅，或者更多的画面组合在一起的时候，就是雄壮的交响乐。

我画画时喜欢听音乐，我会沉浸在弥漫的音响所构成的氛围里，那是我情绪的背景。有时候我的创作会处于下意识状态，所以我需要独处，我不能受到创作以外事情的干扰，所以我不能让摄制组来拍摄我画画的现场。

画《谁持彩练当空舞》这组作品的时候，我就在画室里播放贝多芬的交响曲，你们应该熟悉贝多芬的音乐，我把9首交响曲轮番放，那种精神气质与我的作品是契合的，我会随着音乐摆布色彩和节奏，有些乐段，让我特别感动，《第五交响曲》里的葬礼进行曲，《第九交响曲》里的合唱《欢乐颂》都会让我热泪盈眶。这是基于人类生命的局限而又向往超越所引发的感动。我感到自己很渺小、很无力，但我又想超越。

现场

布展现场

展览现场

展览现场

昨夜又见天外天 18 布上丙烯 50cm×40cm 2022

昨夜又见天外天 105 布上丙烯 50cm×40cm 2022

《昨夜又见天外天》展览现场

五

《昨夜又见天外天》的意象也是太空，它与《谁持彩练当空舞》相比更加理性。我画了 120 幅小画，每一幅画都是一个星群的切面，将这些画面排排相联，构成一个大大的宇宙。

宇宙是我们在朗朗夜空中看到的银河，抑或哈雷望远镜发回的 129 亿光年外的图景吗？答案肯定是否定的，因为在人类及现有仪器可感知的宇宙之外，还有无数的世界。

老子《道德经》第二十五章这样描述宇宙本体和规律："有物混成，先天地生。寂兮寥兮，独立不改，周行而不殆，可以为天下母。吾不知其名，强字之曰道，强为之名曰大。大曰逝，逝曰远，远曰反。故道大，天大，地大，王亦大。域中有四大，而王居其一焉。人法地，地法天，天法道，道法自然。"其状态为"混沌"。

在我的猜想中，宇宙的本体是混沌的。混沌包含着一切可能性，又不是一切具体的事物。一切的事物来源于混沌内因素组合的逻辑，一个逻辑构成一个世界，在另一个逻辑下，同样在混沌内的因素构成另一个世界，因此所谓的世界是无穷无尽的。

我们能不能从一个世界穿越到另一个世界？当然能。当我们回到逻辑的起点，就能实现完全的超越。

然而这些所谓的世界仅仅是逻辑的串联而已，本身并没有一个真实的世界，真实的只有混沌。

《昨夜又见天外天》是我想象中的无穷无尽的世界，其实它也只是混沌的一刹那的显现。

六

南宋禅师雷庵正受有四句诗："千山同一月，万户尽皆春。千江有水千江月，万里无云万里天。"这是多大的气派。讲的是世界与混沌的关系，也是现象与本质的关系。

亦如长屋的寄语："山川异域，日月同天。"表面的现象可以各种各样，但其本质只有一个。这里讲的也是世界与混沌的关系。

我画《千江有水千江月》有一种恍惚的气质，似随风之舟，若入梦之履。这里隐隐地也在讲世界与混沌的关系。

清代画僧石涛是一位大画家，也是位了不起的画论家。他著的《苦瓜和尚画语录》开宗明义："太古无法，太朴不散，太朴一散而法立矣，法于何立，立于一画。一画者，众有之本，万象之根。见用于神，藏用于人，而世人不知，所以一画之法，乃自我立。立一画之法者，盖以无法生有法，以有法贯众法也。夫画者，从于心者也。"所以画画不是雕虫小技，不是玩玩闹闹，画画是通天地、泣鬼神的事业，是绽放心性的事业。能不能走这样的路，全在于我们的志向。

七

《道德经》第二十一章："惚兮恍兮，其中有象；恍兮惚兮，其中有物；窈兮冥兮，其中有精；其精甚真，其中有信。"这是一个从混沌中打捞世界的程序，我依此感受创作了《玄之又玄》系列作品，也称为《释放心光》。

千江有水千江月 14 布上丙烯 100cm×80cm 2022

时间、空间、物质、精神等都是人类认识世界、把握自身所运用的工具，其本身没有实质意义。

视觉、听觉、嗅觉、味觉、思维都可以帮助我们穿越固有的认知逻辑，因此视觉、听觉、嗅觉、味觉、思维都可以作为艺术的凭借，可以触类旁通，可以融会贯通。

对艺术要求高一些，便是要回到逻辑的起点。但真正的办法只有一个——"致虚极，守静笃"（《道德经》第十六章），也就是佛家的禅定功夫。

20 世纪 80 年代末期，我执着于气功修炼，每天打坐，开始心绪杂乱、腿脚麻痛，慢慢地心就静下来了，我坐在石门二路的家里能够听到外滩嘈杂的人声，以及轮船、汽车的声音。有一次打坐，尾椎生起一阵轻风，整个人就化掉了，除了有一个意识挂在那里，身体上所有的觉知都没有了，非常非常的光明。于是我就想："要是全化了（死掉）怎么办？"这个念头一起，光明境界马上就没有了。

后来我读《心经》《金刚经》《楞严经》《维摩诘经》《道德经》《六祖坛经》等，就明白了，其实没有什么死不死。天眼通、天耳通也是沉静到一定阶段自然显现的事，不必执着。

那还要不要从事艺术呢？我看还是需要的。因为艺术可以是从繁杂的日常生活向宁静的生命本源过渡的有效工具。通过艺术把自己板结的心绪打开，让生命绽放。

所以我的艺术也是"自我解放的艺术"。

《释放心光》系列（又名《玄之又玄》系列）展览现场

八

人类聚集为社会需要治理体系，几千年来，不同的文明衍生出各自的治理体系。所谓治理体系就是协调天、地、人的关系的原则和方法，"自强、中庸、和谐"是中华文明的智慧和原则。我画《陌上花开》《忆江南》《不醉不休》大体上是循着这个原则。我对自己的作品有三个要求："气韵沉雄、温柔敦厚、艳而不妖。"而最终归结为"仁"。

儒家、道家、墨家都谈"仁"：

《礼记·中庸》："仁者人也，亲亲为大。"

《论语·颜渊》："樊迟问仁。子曰：'爱人。'"

《庄子·天地》："爱人利物之谓仁。"

《墨子·经说下》："仁，仁爱也。"

从中国象形文字看"仁"就是两个相互依靠的人，也就是说"人，有了相互的依靠，才有了一切的可能性。"这就是中华文化的核心价值观。

由此引申，儒家经典《大学》曰："大学之道，在明明德，在亲民，在止于至善。"也就是说："一切行为的根本在于搞清楚事物的本质，在于有利于民众，在于达到和谐圆满的境界。"由此再进一步引申出许多具体的"修身、齐家、治国、平天下"的办法。

我们做艺术创作，不敢说"治国、平天下"，但至少可以是"修身、齐家"的方法之一。

2004 年开始，我把绘画的注意力转向心灵与大自然的对话。我经常去杭州、常熟等地写生，通过写生来体会林木山石、行云流水、田野乡村之间的气息与韵律，进而将这些感受转化为抽象的视觉。在杭州山里，竹海葱郁茂盛，连绵而不乏透通，如排浪般涌来的清新空气一层一层地沁入心脾。只消呼吸一次，我的身心就完全透明了，这就是《夏山风影》《竹影青瞳》；在常熟田间，高高的白云落在稻田里，与秧苗一起舞蹈，蒙蒙的氤氲晕化了田埂与房舍，我仿佛也是一缕青烟，缭绕着旭日与夕阳，吟诵起《忆江南》《望江南》；回到上海，我也无法忘怀滋养我们生命的一滴水、一粒米、一片瓦、一群人，于是就有了《楼高人远天如水》《陌上花开》《忆江南》《不醉不归》等作品。

借来一江春水 1 布上丙烯 100cm×80cm 2015

"李磊诗瓷"作品

我坚持从三方面汲取艺术的营养：一是从自然生态和社会生活中汲取；二是从中华民族文化经典和艺术成果中汲取；三是从我有缘接触到的世界各国不同时代的文化瑰宝中汲取。这是我的学习的方法。

立足本位、汲取营养、融会贯通、运化合成，经过这些工序，自己酿造的美酒一定会更加醇厚甘美。

九

2019 年开始，我创作了许多瓷艺作品，我将这类作品冠之以"李磊诗瓷"之名。

我说："'李磊诗瓷'的重点不是瓷，而是诗，是用瓷的语言吟诵出的一段段诗句；是凝固在特定形体中的情感与哲思；是烈火烧冶出来的可见的精灵。"我曾经去景德镇凭吊里古窑遗址，从隋唐萌芽，宋元兴起，明清全盛，在近千年的瓷文明的历程中，这里一直是一个庞大的手工产业现场，它的兴衰与人民生活及出口贸易息息相关，但在这样一个庞大而悠远的现场就是没有生长出以抒情遣兴、明理言志为目的的"文人瓷"，我不知就里，但是我有志于去尝试一种更加具有挑战性的艺术表达，我希望我的"诗瓷"能够成为真正的"文人瓷"。

我将破碎的福禄寿造像放置在庞大的圆盘内，在那些破碎体块的缝隙中捏塑出一棵棵硕大的花朵，吹上老郎红的变色釉，送入窑炉，经过一天一夜 1300 度的烧冶，一个崭新的"诗瓷"诞生了。你可以看到古朴沉着的红釉包裹着厚重的圆盘，福禄寿像的片段与怒放的花朵融为一体，仿佛从来就是这个模样，这是一个圆满的集合，尽管曾经历破碎、重塑和冶炼，但是最终成为一个整体，这个整体叫作《再生》。

我将抽象与具象的图式在中华诗词的意境中加以融合，形成一件件耐人品味的"诗瓷"。泥条盘成的花朵与杯体结合在一起就成了《慈悲花开》；泥块与水杯结合在一起又成了《山水有情》；青蛙坐在果盘的荷叶上就是《十里蛙声》；浮雕与瓷盘的结合又演绎出《山海经》《牧神午后》等神话故事。

我将这些林林总总的"诗瓷"堆放在一起，就是人间沧桑、市井百态。我给它取了个有历史感的标题：《八百年前我的城》。

十

最初做雕塑是 2004 年，那时候我在上海油画雕塑院任职。上海青年美术大展组委会希望我设计一个奖杯，我就用黏土塑造了一个翅膀没有长全的"天使"。之后我在"天使"的母题下又创作了近 20 件雕塑作品。今天回过头看，这组作品还是有其独特的价值。我那时确立了"画家雕塑"的定位，即形象的塑造并不是我的长处，但意境的营造是我的优势，我要发挥自己的优势。所以我的每一尊雕塑都是一个有意味的精神场，从中可以读出许多雕塑以外的东西。

这次展出的《被缚的天使》也是充满了意味的作品。《被缚的天使》有三重意象：第一是身上挂满了酒瓶和消费品的人体模特儿，这代表了对无节制的物欲的批判；第二是恐龙等远古生物，灭绝的生命和远去的理想；第三是方形的框架，这代表了理性的支撑和统一各类事物的结构。

我一直认为时空是可以穿越的。当已经灭绝的恐龙突然出现在我们面前的时候，我们当作何感想？每一件《被缚的天使》都是一个复杂的综合体，我把它比喻为一部长篇小说，观众可以从雕塑的各个角度慢慢地看，慢慢地体会，慢慢地遐想。当 30 座大型雕塑集合成一个矩阵的时候，那就是一个更大的社会了，观众穿梭期间又会作何感想呢？

《被缚的天使》展览现场

十一

如果我们按照现有的时空观念，制造出星际飞船，当我们乘着这样的飞船进入太空，会是什么样的结果？我想用宝龙美术馆5号展厅做一件作品——《星星和我们的船》。

这是2016年我在北京民生现代美术馆《天女散花》大展中同名作品的变体，我还是用了一万个塑胶奶嘴代表无数的星星，但是在星际间飘荡的已经不是婴儿床垫，而是12座标题为《天使的墓园》大型雕塑。没有了生命的"天使"们躺在石棺上，成为在宇宙中飘荡的纪念碑。他们就像几百年前人类征服海洋过程中葬身海底的烈士，但他们葬身在星际间。

对于人类的进取精神，这种牺牲也许是必要的。同时这种牺牲也提示我们，是不是有穿越宇宙的其他路径？

人类要勇于牺牲，但更要善于发现。

十二

近三年来我开始画水墨画，水墨画最大的功用莫过于怡情养性。读画、画画都能产生莫名其妙的快乐，那是一种发自内心的会意，也是真正的快乐。

水墨画最讲笔墨，这个笔墨说起来有点玄。吴冠中曾经写过一篇文章，标题是《笔墨等于零》，其主旨是："脱离了具体画面的孤立的笔墨，其价值等于零。"文章一出引起轩然大波，逐步演化成全国性的关于传统文化的变革与继承问题的大讨论。吴冠中先生曾经跟我说："我说的其实不是笔本身的问题，而是艺术创作的问题，我们所处的时代不同了，如果一味强调程式化的东西，新的思想、新的感觉怎么表达？如果我说话都是温文尔雅的，那谁听得见！谁理睬你！我一生最佩服鲁迅先生，在真理面前要横着站立。"所以吴冠中画画不拘泥于固有方法，他用大排笔刷，用粉彩色泼，甚至将墨水装进针筒在画面上纵横驰骋，那奔腾的豪情、深邃的诗意会让每一位观者为之动容。

我能体会这种纵横笔墨的快乐，这是笔墨随着心理行走而生成的。提起毛笔，和水蘸墨，那笔墨的轻重缓急、抑扬顿挫、干湿浓淡摩肩接踵地在宣纸上行走，无拘无束，煞是快意！那笔墨行走留下的痕迹就是快乐。当然也可以留下忧郁与愤懑、宁静与辽远的痕迹，一切情绪的痕迹都在作者行笔运墨之中。

其实画画的快乐也在于释放自我。当我面对一张白纸的时候，放开胆量，挥笔就画，开始肯定水墨晕化得一塌糊涂，随着经验的积累，就掌握了行笔的干湿浓淡，也能画出各种造型和景物，这时候胆子更大些。我提起毛笔呼来许多精灵，一起在纸上演绎一出奇异的戏剧；又可以把白纸看成博弈的对手，画画是下一盘大棋，你来我往，搏的是一个通透。

我的笔墨不跟程式走，不跟形象走；我的笔墨跟着神韵走，跟着看不见但能感知的东西走。我走自己的快乐，所以不会与别人重复。

2022年6月22日成稿于上海金雨路画室

《天上·人间》展览现场

LL100078 纸上水墨 46cm×69cm 2021

LL100124 纸上水墨 42cm×69cm 2021

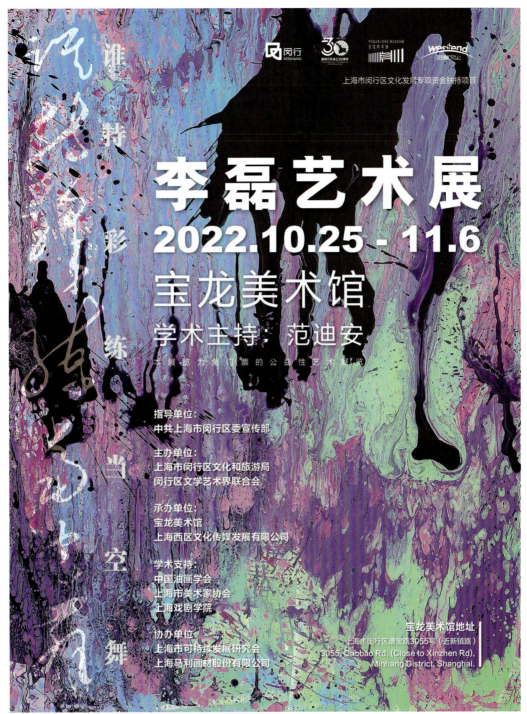

展览海报

星际迷航 布上丙烯
100cm×80cm 2020

忆江南－惊蛰 布上丙烯
100cm×80cm 2023

昨夜又见天外天 4 布上丙烯
50cm×40cm 2022

孙良拍摄 2023 年 5 月

谭根雄 TAN GENXIONG

1956 年出生于上海，1983 年毕业于北京中国人民解放军艺术学院，现定居、工作于上海。

图片 / 由艺术家提供 编辑 / 徐小禾

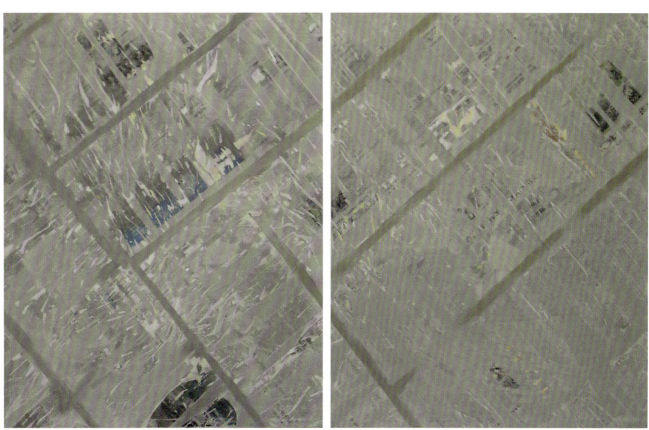

紫禁城 2022#4 号 综合材料 100cm×160cm（双联画）2022

当选择性的文化态度被愚蠢框限，被迂腐和没落的习惯流俗压抑后，那么"灯下黑"却因缘于自身失却明亮辨别，它就无法选择光明。

———— 谭根雄

紫禁城 2022#2 号 综合材料 100cm×160cm（双联画）2022

文化选择及人文态度

文 · 谭根雄

现代主义无可非议的理论斗士埃兹拉·庞德（Ezra Pound，1885—1972，美国诗人、文学评论家，从中国古典诗歌、日本俳句中生发出"诗歌意象"的理论，为东西方诗歌的互相借鉴做出了卓越贡献，与艾略特同为后期象征主义诗歌的领军人物）非常支持《尤利西斯》作者乔伊斯所言：与其写一本让上万个读者喜爱的小说，不如写一本让人阅读上百万次的小说。"如得其情，哀矜而毋喜"，那么它一定是来自于"定位"精准的阅读。否则，阐释那种翘首以盼又若有隐忧的学术尴尬问题，这就在于无法真正理解文化通衢上的掌声，为谁而击？

无疑，这就是"选择性"的当下文化困扰。

长期以来，可以认为"五四"新文化，是建立在中国与世界关系上的客观产物，那时众多海漂酒徒、洋行买办和穷凶极恶的"拿摩温"（英译解放以前日本纺织厂工头，上海人俚语），他们无不以胜利者自居而耀武扬威，包括国人耳熟能详的百分之六十五日本化汉字：劳动、干部、政治、团结、宗教、经济、哲学等等专有名词被大量引入学堂教科书本；当众多学生正襟危坐，齐声发出这种稀奇古怪的白话文腔调，还算是中国人说的话吗？或在中国特殊历史的阵痛节点上，其实也是国人屈尊与文化侮辱的煎熬年代，那么多的中华儿女曾经感受浦江岸畔"华人与狗不得入内"的标牌刺痛，以后则成了矮化、贬损《庚子赔款》的百年注解。毫无疑问，国殇可鉴一道民族创伤的丑陋疤痕，后人应该永远不忘。

最近某刊发表檄文《百家争鸣，是否意味着批评无标准》（见《解放日报·朝花》周刊，评论 / 9 版，2019 年 2 月 14 日）以人们戏谑"一千个读者心中有一千个哈姆雷特"被当作实指，并以此质疑"艺术评论无标准的支撑"观点。显然，这种试图拆解"相对主义"的评价，得出"某种实体和标准"的美与丑、善与恶等关系，则反映了认知和评价两组词语被硬性地切割开来后，各自泾渭分明——关乎一个重要理论商榷契机的前提产生，即是文化的选择性态度。因为"百家争鸣"不该也绝不设定任何意义上的价值坐标，否则推导出的逻辑前缀一元论，又何来"百花齐放"后置现象？如果对此类终极命题"正本清源"，即对"子丑寅卯"等量齐观，那么它就值得肯定。比如中国文化的地域性应该由多重意义解读，以及对地域文化的历史人文调查后，最终才能明辨北方粗放，南方婉约，所以才在特定历史上建构了李白、黄庭坚、李商隐、杜甫等人的不同文化玩味。如此解读，不同地域的山涧潺潺、原驰蜡象等气象风貌，却也因其"地理决定历史、高度决定视野"；北方大山大漠大河，气派雄伟，南方小桥流水人家，秀色峥嵘，这就是一方水土的特征。但是，当它们被抽象符号化后，某种语言方式便成了某种无法挥去的意象选择，同时决定着人们看问题的不同及文化选择性态度——不是来自对文化的字面理解，却是来自于对现实的洞察，从而真正实现对当下文化意义与价值的拷问。但是，这种拷问能在多大的程度上改变现在，又能从什么意义上、价值上预测未来？这就是对待文化的不等判定，其犹同于当代量子物理学数理模型业已表明了对撞"等离子"数值关系，而不是所谓的"正负"概念。然而不幸的情况却经常出人意料，选择某一特定的线性逻辑，它则成了某种"前提"被谵妄陈述和虚伪认知。例如 2019 年京城有这么一本艺术杂志，副标题：《面向传统精神深处的现代性》，它所指"传统"中的"现代"如何"回归传统"等这种语焉不详、语无伦次、语法混乱、表达模棱两可，它究竟想说什么，是猜谜题吗？既然"面向"传统，当然是对过去时态的探询，这等于说"昨天则是今天"的同义置词，其实就是无稽之谈，又何来什么"传统"的现代性？毫不奇怪此类臭袜子破鞋的怪诞举措，绝不是荒唐两字譬喻。这好比说，药倌的最高境界是熟谙各种药性甘苦辛辣，非"一刀三饮片"的手头绝活。即便堂铺的药戥子锃亮，不过是拿捏秤杆分量的载体而已，从来就不能替代舔味的舌蕾效用。一句话，药倌专司卖药职能，还不如上街吆喝狗皮膏药买卖伎俩。由此推导出一个优秀作者应该由作品来选择阅读者，并为特定读者而写。无疑阅读对象一定是作者第一人，首先是为他自己读书而写。如果连作者都不看，又有什么权力迫使别人浪费时光，读个屁！这就是一种针对性的选择，仿佛就在瞬间被唤醒的意义设定，其目的是节制某种既定的经验滥用，抑或真正做到置身其中的所有快乐：让世界变得更加平坦，与此同时建立一种可供检索的"选择性"符码，最后才使得文化成为一种叙事：放纵、敛收、无形，这些质地都将是意义和价值的体现，却与他人无关。

紫禁城 2022#6 号 综合材料 100cm×240cm（三联画）2022

然而，当选择性的文化态度被愚蠢框限，被迂腐和没落的习惯流俗压抑后，那么"灯下黑"却因缘于自身失却明亮辨别，它就无法选择光明。举例说明海派文化的流经途中，一直深受 1843 年吴越地区开埠以来的西方舶来品影响，但它又有多少往事被历史辑录？"成也萧何，败也萧何"的误读、误判竟成了旧殖民地文化的"新时代呼唤着对它的新书写"。其实，这将涉及到选择什么样的文化，以及如何进行选择等问题。如果说昨天国人推崇奇妙深邃的禅境难以成映，今天好日子来了，它为什么又如此七零八落，丝毫没有"满血复活"的迹象？人们普遍认为：现代主义历来反抗根深蒂固的传统经验论，而所谓的"根深蒂固"被深度挖掘之后，那么氽浮起来的"经验论"仍然尾大不掉，却始终绰姿焕发那种源自农耕文化的各种意识形态，这又将如何是好？退一步地说，假如维系这一发展中的线性历史论，今天对昨天的历史延续，是时间的承上启下关系，还是事物

紫禁城 2022#1 号 综合材料 100cm×240cm（三联画）2022

前后秩序排列的空间关系？回答这个问题，才能明确"后现代"的文化选择性态度及意义所在。因为，明天的后现代主义已经到来！其正如奥地利作家茨威格曾用孤绝到极致的方式终结内心坍塌，注定是血色一场的悼念。因为，他根本无法立身一个改变了的社会，所以他的人生最终决定了自身厄运；如果不厘清各种乱坠的道理，就是一种谵妄的想象，毫无意义。这好比让病人舌根蒂处苦涩一舔，仅是一种清甜滑嫩入口吗？如今比比皆是错误比对外国作家博尔赫斯、尤瑟纳尔、卡尔维纳、索尔仁尼琴、帕斯捷尔纳克等人的煌煌巨著与庖丁解牛有何关联？是的，直面信仰危机和失却支撑"信仰"的社会基础才是问题所在。正因为如此，选择性的文化，不啻是一种理性辨析，更是在知识无所皈依的时代中找到应有发声。而那种山阴陋室的道德修行，榻上静思、克己砥行的幻净及超度，它则是无聊生命的无望，而绝非是禅意上的淡定。相反，高估文化的催化作用，并使人们的道德高尚，

紫禁城 2022#9 号 综合材料 100cm×240cm（三联画）2022

这也是醉鬼悬壶醉卧，朦胧天底、凌空见影，流连于难忘的酒瓮而坦然酣睡，即人生落入桃花之境，温柔地踏上回家之路，这可能吗？文化选择，便是痛苦地探索，但不必涕泗横流、哀怨无常，更不必心灵不堪重负，愧疚突如其来的某种伤感，其实多半的长喟短叹、无的放矢，或极尽讽喻挖苦、讪笑怒骂，不过是皮塌塌地松弛曲卷身姿的坐而论道。所以，嫌弃那种一边喟叹苦经，一边又津津乐道地讲一些忍俊不禁的小故事，远离荒庙野祠的污秽与不耻，世事捧腹大笑一场，从防火角度上叮嘱：小心火烛！其意思是，一切信马由缰的胡言乱语，当它几度秋凉之后被最终定格为一幕落魄却华美依旧的人生装扮，却是多么虚假！

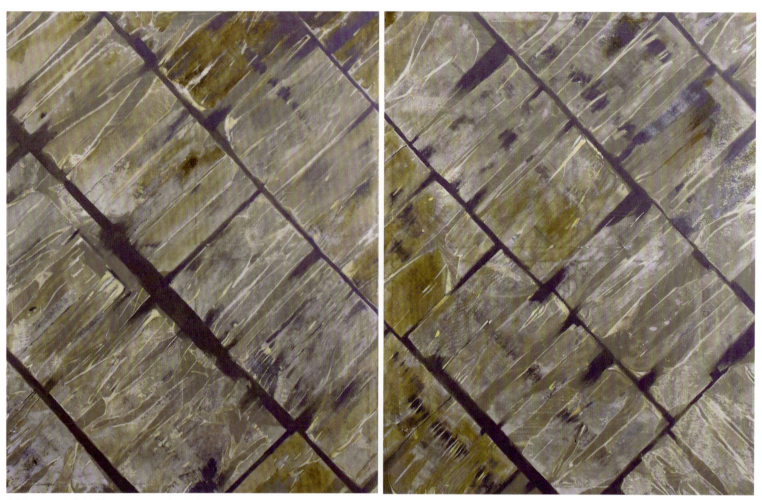

紫禁城 2022#3 号 综合材料 100cm×160cm（双联画）2022

    这就是文化选择，而不是小厮、听差、帮佣、跑堂之类的勤杂活儿，更不是绞尽脑汁，合理规避各种苛捐杂税一般的玩耍伎俩。如果仅以那种绅士般的优雅风度，一味歌颂阳光灿烂等形容置词，它也许只能成为英国电影《007》的皇家特工与美女标配的故事。对此，法国诗人伊冯·勒芒曾在民生现代美术馆邀约第 53 期嘉宾时朗读道："四十公斤的我和八十二岁的母亲，是一个儿子对母亲所有的试图挽留；在生死有限的数字张力里，留下了一个无限的想象空间，甚至能给大海打开天堂之门。"这就是一种根植现实的博大情怀，努力建构岁月沧桑和枯荣盛衰的历史人文，并为了远方而行将备囊，独闯洪荒且期待着一种幽深、远阔、虚静、浑融的时代到来。

    这才是当下应有的文化选择及人文态度。

紫禁城 2023#1 号 综合材料 100cm×80cm 2023

紫禁城 2022#7 号 综合材料 100cm×240cm（三联画）2022

王小松
WANG XIAOSONG

图片 / 由艺术家提供 编辑 / 徐小禾

1964 年出生于中国武汉。现任浙江大学艺术与考古学院副院长、教授、
博士生导师。全国设计专业学位研究生教育指导委员会委员，浙江大
学当代艺术设计研究所所长。

虢国夫人游春　综合材料
186cm×345cm　2022

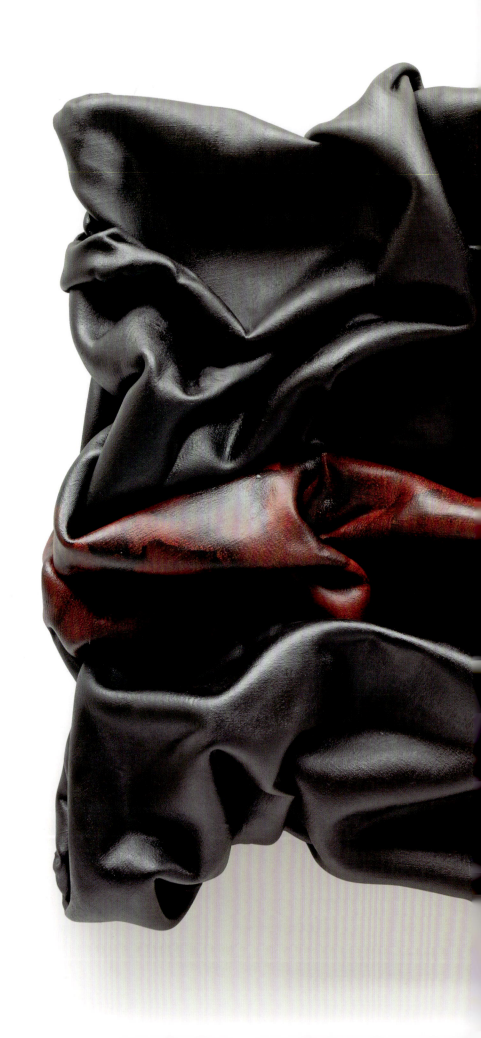

红与黑 综合材料
102cm×115cm 2022

万壑松风 2 综合材料
205cm×325cm 2022

无位性 综合材料
130cm×108cm 2022

自我标示 综合材料
208cm×355cm 2023

褶皱、形状、姿势

文－黄石

"它在物质的重褶里看，在灵魂的褶子里读。"

—— 吉尔·德勒兹

像一团被揉皱布料的黏制品，那些褶皱形成的脉络，例如被直立投射的沟壑、地质挤压所形成的岩层、波浪冲积滩涂、珊瑚礁、米开朗基罗式的肌肉、回旋的巴洛克纹饰，或者舞动的裙摆局部等，总之，是褶皱的多种形态，是压缩、拉伸，被拧绞以及即将展开的瞬息凝固；这些曲面体、不可名状的视觉物、绵延迂回的连续体，这些直视我们的图像迷宫。

这些曲面体（被王小松自定义为"多维度空间绘画"）再一次击穿了绘画平面再现的幻象。自现象学之后，绘画再现历史的冰川融解了。平面、幻觉、形状、距离、深度、基底等图像学交缠从此成了困扰绘画漫长的幽灵，并贯穿了从格林伯格到极少主义鹊起那一个乖戾、偏执、深刻而不乏悲壮的时代。尽管这是一段至难以割裂的咽喉，而此刻却并非对那个魂飞魄散年代的缅怀或招魂，这是未竟形态的回溯性事变，历史意识的折叠缝补、领土的解域与再结域。

以褶皱作为构成性模态，而不是平面的、直线的欧氏几何体；连续体的迷宫并不能被分解为点、线、面；莱布尼茨认为：世界不存在纯粹直线。自然是弯曲的。时空是弯曲的，如同思想、意识、情感的火焰与闪电。保罗－克利说：弯曲是活的、自生的线条的因素。弯曲是线与点的纯粹事变，是潜在的势能，是完美的自在。与抽象艺术以及沉溺于幻觉游戏的极少主义物件不同，这些褶皱物不仅是平面与非平面的，不仅是不同向量的分布，弯曲促使一种加速度，一种流变、循环，并回撤为绘画形状本身，这是拓扑学隐含的逻辑变量。

形式不仅是形式，形式已经兑换为形状。形式与形状完全叠合，形式就是形状本身。形式就是体积。没有中心点，没有结束或开始，只有不确定性与力的矢量动态。边框、基底、形状或形体之间的关系被消解了。深度、背景、时间与幻觉的叙事也被消解了。绘画的意向性对象呈现为一个整体的实在形状。没有绘画的边缘（边框）、基底的束缚或限定，边缘成为实在形状整体的边缘。因此，对象是解缚的、赤裸的，或者说，对象呈现为一

个整体的形状，一个曲面体。对象就是一个感知物或被感知物显现与隐退的秘密。

这些感知物、曲面体，曲面的曲率使运动在循环、交换中折返、释放一种动态的静止，有限的无限性。形状的牢固性、坚实度因为曲面、曲率而不乏柔软的性质；凹凸与平面、裸露与隐匿、敞开与封闭共存于这一图像的辩证关系中。褶皱犹如地表耸起，或展开，被包裹在一个形状中，并呈现出一种姿势的意义。这是一个形状或体积的姿势（表情）。一种感知物的姿势。姿势向我们显示并激起我们幻想、思绪与记忆的感知与变形：它或许不仅仅是拟人的姿势、拟物的姿势。姿势或许是一段历史的隐喻，或许是莎士比亚戏剧的另一种折叠，或许是某种权力、欲望的形状化约，或许是对某次灾难与战争的逻辑拆解，或许是对另一幅伟大绘画的转译与变异。

姿势，可以视作蓄势待发带来的静止、固定记忆并展示动作的悬置；正如拉辛在《拉奥孔》中所言：其雕塑不动的姿势将先前与之后要发出的动作都凝聚其中。与具象雕塑以及纯粹抽象艺术不同，此刻，姿势并不直接表达动作与模仿对象，姿势是语言、对象被悬置后的意向性形状。姿势是形状欲言又止的停顿。与其说王小松呈现了一系列形状与姿势，不如说他在形状与姿势的同一模态中体现了多重姿势的可能性，借用斯宾诺莎术语说："模态即存在的种种姿势"。

一个模态生成一个序列，一个模态由此分流、涌现出形状各异的姿势；在形状的张力与变量中，姿势产生类似勋伯格式无调性序列音乐的回旋（声响是被看见的，犹如姿势可以被听见）。在相似性与多重性、差异与重复的集合中，我更愿意把这些形状与姿势生成的图像表征看成一组肖像集。这不是人的肖像，而是万事万物的肖像集。一种被感知物的现象学。肖像，一种向我们涌现的同时内隐了事物性质的图像，而不只是外在形象的仿制。肖像向我们公开、敞开，但却始终显现着另一种消失与缺席的存在（例如他以不同的颜色与纹样赋予形状另一种历史表情）。

褶皱、形状、姿势的贯通性曲面，被他翻转成具有考古学或分类学性质的肖像谱系。"柏拉图、溪山行旅、权威、信仰的诱惑、春郊游骑图、另类准则、静听松风、虚伪的天真、自然主义、屏障、失忆的考古"等等，一系列的绘画主题就是被画家有意题名而形态各异的肖像集。人与物、物与观念、风景与地缘、时间与艺术史以及形而上学之间藩篱或堤坝已然崩溃，一切均被扁平化、姿势化、肖像化，但在同一种模态下，个体却保持着独立、差异的模态化存在。

塞尚说："并非感觉被染上了颜色，而是感觉会传播颜色。"不仅如此，对于王小松而言，颜色被移植化约为另一种历史维度，一种文化叙述，一种暗示、修辞与语境的移花接木；没有纯粹的颜色，只有被事物表达的颜色。他把颜色（包括纹样）作为形状、姿势历史维度上的蛛丝马迹，作为图像的自我注释与背景。每一种颜色（纹样）都内含对图像未显示语境的界定、对遥远事物的关联以及事物不可见的可见性显现。颜色通过颜色讲述姿势缺席的、隐匿的艺术史、观念风俗，并让形状、姿势更具肖像学语义。这些特定的颜色隐含了绚丽多姿的文艺复兴、宋元盛世、伊夫－克莱因的狂想、巴特尼－纽曼的形而上、马克－罗斯科的深邃、基弗的重量、波普游戏的踪迹以及信仰、权力的表情。

多维度空间绘画不只是空间的多维度。它是总体形态的多维度。从图像到物，从物转向时间、语言、历史与姿势；这也是记忆的、情绪的、批判的图像性事实。这是关于不存在的存在的图像。艺术就是不存在的存在。褶皱体、曲面体所叠合的形状与姿势，不是图像的舞蹈，而是让图像得以敞开之所；它们不是雕塑，但却具备了雕塑纪念碑般的性质。这些褶皱、形状、姿势具有欲望、梦境一样的无意识症状，同时具有一种宏伟的、庄严的理想形式，并伴随着不易觉察的戏谑、反讽从而具有节奏与韵律。这是大脑的褶皱、意识（无意识）的形状、感官的姿势，也是历史的褶皱、观念的形状、灵魂的姿势。它们是对事物的一种包扎、包裹，而不是再现的幻觉。它们唤起我们对不同对象以及遥远事物近在咫尺的另一种认知。它们是反具象的具象、反表现的表现、反绘画的绘画。

在一种姿势里把握无尽的时间，把对事物的理解、历史的认知、人类的境况内含在褶皱里、展开在形状中，而姿势的关键在于中止与悬置的时刻，这就是与时间的关系。

破界之维
—— 王小松的艺术实践

文 – 张子康

21 世纪的绘画呈现了多元丰富的新局面，媒介特异性、观念艺术、跨媒介性、平面目的论等，成为这个时期主要讨论的话题。偏重各异的艺术叙事方式，发展在内化或边缘化的过程中，而艺术家能否通过自己的艺术实践打破原有边界，创作出独特思想表达的作品，成为大家关注的焦点。

作为 60 年代出生的艺术家，王小松既有着那个特殊年代所特有的成长经历，也有着自己独特的发展道路与艺术追求。王小松 1983 年考入中央工美艺术学院（清华大学美术学院前身）书籍装帧系学习，1990 年到柏林艺术大学视觉传达系学习，东西方高等学府的专业学习为他打下了扎实的基础。尤其在他大学求学期间，正逢 85 美术新潮兴起，那是中国艺术界思想活跃的时代，在开放的文化环境下，西方的各种艺术思潮涌入中国，传统艺术意识受到冲击。在这种东西方文化的碰撞和激荡中，王小松一直保持着对艺术敏感的感知力与对文化思潮的深度思考。这段特殊的经历也构建了他对于艺术的思辨力，能从自己的思考中去内化艺术史上诸多问题。

作为视觉艺术的绘画，在东西方发展有着很多相似之处，但相似之中又存在着本质上的差异。比如对于画面空间的追求，东西方自古有之，但西方绘画是通过透视和光影画出视觉可达的纵深感，而东方绘画则是通过留白和墨色浓淡营造出意境上的空间感。正如宗白华在《中国诗画中所表现的空间意识》表示的："中国人与西洋人同爱无尽空间（中国人爱称太虚、太空；无穷、无涯）。但此中有很大的精神意境上的不同。西洋人站在固定地点，由固定角度透视深空，他的视线失落于无穷，驰于无穷。""中国人于有限见到无限，又于无限中回归有限。他的意趣不是一往不返，而是回旋往复的。"

也可以说西方艺术对于空间的追求多源自于客观，东方艺术对于空间的表达多发自主观，或正是因为这种差异性，西方艺术在发展中更容易实现客观层面上的突破，而东方传统艺术的发展则难以外化显现。

对于绘画从二维空间向三维空间的突破，20 世纪 60 年代空间主义艺术大师卢齐欧·丰塔纳用一把刀子和一张画布得以实现。当然，他所创造的并不仅仅是空间上的突破，还有二维和三维之间矛盾冲突的阐发。但单就创作方式而言，依然建立在对客观存在的基础之上。

在二维突破至三维或许尚可凭借对客观存在的改造得以实现，但是再往更高维度跨越时，例如加入看不见摸不到的时间的第四维，以及霍金在《时间简史》中提出的第五维——"时间从宇宙大爆炸开始，一直延续到无限的未来，把这段时间上的持续叫作四维，而在这个四维的时间线上任何一点都有无数种发展的趋势，从四维上的某一点又分出了无数多条时间线，这样就构成了五维空间。"仅凭借对客观现实的观察和改造或许无法企及。

这种高维度间的跨越，或许需要突破原有的创作方式，结合目前的社会发展条件和艺术家所能企及的能力创新出一种适合艺术发展的新方式。

王小松近几年的艺术实践，在多维度艺术创作中似乎找到了更为适合的方式。在他创作的作品《柏拉图 Plato》中可以发现，他在透视、光影和色彩的基础上，融入了大量褶皱、折叠、扭曲、倾斜等富有张力的元素。这种不稳定状态元素的采用，让观者生发出类似于时间观念的感官经验，似乎可以从作品中感受到上一刻的挤压、蹂躏和下一刻的蓬松、坍塌、坠落。

王小松把观众对原有绘画的知识经验消融到纯粹的多维空间体验中，传统绘画的审美经验成为观者形成思考的时间线索，在不断地时间回溯和蔓延中重构观者体验的认知关系。

情感与灵魂是一个艺术家创作表达的血脉，也是艺术作品生命所在。没有情绪的作品很难得到观众的共鸣，即便再精细复杂的作品也只会沦落为价值寥寥的乏味图案。情感的融入是艺术创作价值内化的重要阶段，而情感的传达是艺术作品精神外化的必然要求，能够激发启迪观者并进而迸发出更多精神层面的产出，才是一件艺术作品的最终使命。艺术作品的精神注入固然不易，而能够传达出情绪并使观者产生感知则更加难得。

王小松在艺术上的理性思考，建构了他对艺术的深度认识，形成了他独特的知识结构与创作方法，这使得他在艺术创作中对于精神的内化和外放更加得心应手。

王小松在创作中以多重感知来表达其作品情感连接，把自己的情感用艺术家特有的材料、语言、形式重构在多知识、多维度以及充满感性的每一个细节上，在变幻的流动中引发共鸣。

在他不同阶段的作品中大都可以看到抽象表现形态的存在，同时又与每个发展阶段的不同表达形式相结合，进而实现情绪的融入与传达。在他的艺术创作中，艺术家将自己的情绪内化到一个通过挤压、折叠、扭曲和弯曲形成的不同维度的空间内，放大了材料媒介的物质特性。艺术家通过绘制的方式，把自己的情感与信念以符码的形式呈现给观者，形成审美与启智的双重意义。

在王小松的作品中可以看出，多维观念并不是他追求的目的，他所追求的是彻底打破绘画空间的限制，给予情感更为自由的表达。王小松的作品与抽象的物理空间产生连接，以一种更为交互的形态展现在观者面前，现实中的物质材料与精神情感发生碰撞，以期触碰到人们最敏感的感知点，并以绘画叠加的方式呈现出更具张力的精神性传达。

品味王小松近几年的作品，艺术家似乎试图以对历史时空的思考，观照当下的空间建构。他在创作中采用纯粹的、无叙事的多维空间表达，在多重认知空间中与观者发生没有知识壁垒的情感交流，让观者在体验认知中形成自己的思考线索，放大了作品意义。

而正是这种纯粹和无叙事，让他的作品在审美层面得到了升华。这种表现形式拓宽了观者的感知范围，给予观者更为宽阔的审美空间。这种纯粹的多维度艺术创作同时也是对于被限制、被切割、被终止的边界的一种突破。回顾王小松的艺术发展之路，能够达到如此艺术境界，和他时刻保持饱满的艺术情感以及坚韧不拔的意志有着必然的联系。王小松的"破界之维"能够达到怎样的高度不可估测，但是他的艺术探索所呈现出来的独特价值值得更多的人深入研究和参考。

2023.1.6 于北京

王长明　WANG CHANGMING

中国当代艺术家，江苏无锡人，毕业于上海美术学院，现居北京、无锡。作品涉及当代艺术视觉领域绘画装置雕塑。曾参加广州三年展、新疆双年展、第 27 届亚洲国际当代艺术展、[多瑙河对话]欧洲当代艺术展、[物自体]当代艺术展等一系列国内外当代艺术展览。

图片 / 由艺术家提供　编辑 / 雯子

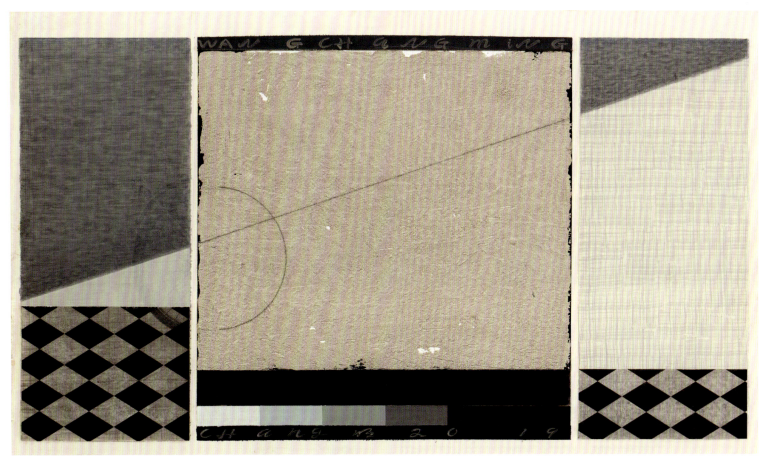

AD2019-1# 纸本综合绘画 109cm×64cm 2019

长明这次选取刻花磨砂玻璃作为他又一次对文化选择的表达，显然画面已经完全跃入了当代性。只看他在画面上把磨砂玻璃图案（现成品手工图像转移技术）和抽象色块的并置叠加，用得行云流水；再加上他作为江南画家用色的薄与秀，透与润，我们简直可以说，他把贯穿多年的并置手法从图像层面提升更为细腻的审美频率共振上去了。更妙的是，他在画上用强烈浓重的斜线突兀地横过画面，等于是让观者一面从磨砂玻璃图案追怀过去时代的审美，一面也时时知觉着，我们已经是置身在 21 世纪的当代中国了。这两段时代如何对接，如何重新获得协调，则是观众该回答的问题了。而长明作为画家的义务，就是把这个问题用画面去呈现出来，他做到了这一点，而且做得很好。

—— 王瑞芸

启示录 纸本综合绘画 250cm×60cm 2022

王长明：我只提供观看方式，不提供答案

采访－胡少杰

漫艺术 =M: 王老师，从您的这批新作来看，语言越来越单纯了，这几年外部世界的纷纷扰扰，似乎并没有对您产生太大的影响？您一直在按照自己的节奏、规律进行创作。

王长明=W: 做好自己的事，然后冷静地观察就好，作为一个艺术家，你有你的工作要做，不要试图用艺术改变什么，艺术没有那么大的能量。面对外界的纷扰，保持清醒、独立，然后沉下心来做自己该做的事情。

M: 所以您越来越注重语言本身，语言在您的创作中扮演的角色越来越重要？

W: 对，维特根斯坦说过"语言是思想的边界"，作为一个视觉艺术家，建立一套有效的视觉语言，应该是他最为重要的工作内容。我自己也在不断提升纯化作品的表达语言，视觉艺术家就要从视感逻辑入手，把一些属于文学叙事性的东西有计划地排除掉，也是我思考最多的问题。

M: 那您认为语言可以脱离语境独立存在吗？

W: 其实从现代主义之后，语言被无限地解放出来了，格林伯格提出"形式高于一切"的理论，整个现代艺术也以此为最高的追求，从而产生了抽象表现主义、至上主义等流派，但是到了后现代主义及当代艺术，格林伯格的局限性就显现出来了，面对新的艺术语境，"形式至上"理论变得难以支撑日益复杂的社会形态的需要了。语言是流变的还必须是多元的。就像射击打靶，整个现代艺术以前的艺术方法好比是打固定靶（单个固定靶），而后现代艺术、当代艺术已然变成了移动靶（多个移动靶）。所以当代艺术的语言问题是很难有标准的，它是正在发生的，我们作为艺术家也只是试着提供不同的回答。

其实在今天，有价值的艺术家不是说他的思想有多深刻、表达的内容有多前卫，而是在于他的表达语言相比同时期的艺术家要更为准确敏捷且有时效性。在今天这个时代，真理已不再掌握在少数人手里了，当代艺术的价值就是能够用最有效的语言把真理和思想进行最大程度的转化和呈现。

M: 作为一个从古典艺术一步步走到今天的艺术家，其实您也在一层层地剥离自己，在这个过程中您认为催动您不断地进行艺术探索和语言实验的动因是什么？

W: 有段时间在创作上我时常会感觉到失语，就是说艺术表达手段即视觉语言和我的思想偏离了。作品的修辞表达文学叙事性太强，轻直觉重观念。对于一个当代视觉艺术家，叙事文学性及由此带入的形象塑造描写是会伤害视觉语言准确性的，即文学性很容易让鲜活的直觉感受不自觉地滑入思辨及逻辑，呈现复杂化、模糊化，所指偏离、言不由衷……

通过大量研习现代主义和后现代主义艺术后，开始转变，逐渐地把我创作中的文学性、描述性剔除，让绘画回归直觉。后现代主义艺术对我的影响非常大，安迪·沃霍尔、斯特拉包括封塔纳，让人看到了纯视觉语言的极致张力，也使我慢慢地从那种失语的状态中走了出来。当代艺术应该是一秒到两秒的艺术，由于艺术家的表达方式不同，这一秒到两秒的精髓又是不一样的。波洛克和安迪·沃霍尔带给你的东西肯定是不同的，但是真正的价值就在那一到两秒钟的瞬间感受，它可直达人心。

M: 这种简单和明确，其实主要是相对于之前偏文学性的语言，就您目前的新作来看，作品中其实有一种既复杂又简静，既明确又开放的特质，您是如何把这种悖论式的特质融合在您的作品中的？

W: 这种悖论就是我当下真实的状态，因为人就是这样，很多时候是在确定和不确定中交错行进。我很警惕自己成为那种老成相的所谓成熟艺术家，云淡风轻的，感觉什么都能搞得定。反倒我觉着幼稚很珍贵，也许它意味着仍有无限的可能性，而这种可能性就会存在着各种悖论。

一路走来，我一般两三年在语言上都会有一次调整，我试着解决一个又一个的阶段性目标。目前我就是想在作品中用异质介入的方法，把具有不同视感性格的物性、色域图像及绘画性等元素在一个语境里对冲，以图达成秩序与偶然性并存且呈平面性的虚空图像。这种尝试首先是偏离了我个人曾经历过的那种语言方式。其次也偏离所谓的主流，偏离主流其实就是偏离很多格式化的东西，或者说是已经结壳了的不再生长的东西。我的绘画观里有很多悖论，很多矛盾纠结，因为我就是这种人，虽然会痛苦，但我的性格注定了我只能这样做下去。

AD2022-6# 纸本综合绘画 55cm×110cm 2022

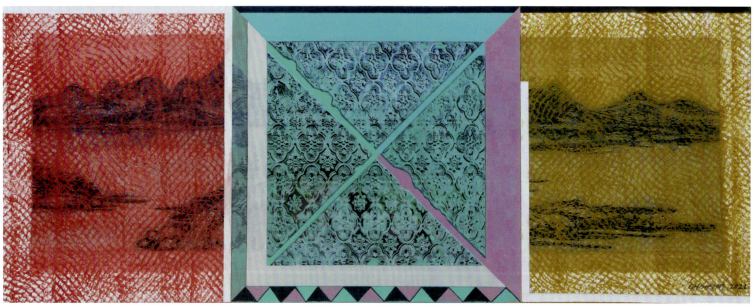

AD2021-10# 纸本综合绘画 100cm×40cm 2021

M: 一直在偏离，偏离成熟、偏离主流？

W: 对，可能命中注定我就是一个在边缘观察的人。因为我确实很不情愿融入那些所谓的主流，也许因为我是个悲观主义者，就算我能融入了那个主流，又能如何？一切都会消散的。况且我觉得那是一个不健康的艺术生态、文化生态。这种现状不容我乐观地看待它，所以我只能偏离它，然后悲观地审视它。

M: 审视之后，您会以您个人的方式介入它吗？包括面对纷扰的外部现实，除了观察、审视之外，艺术是否需要介入？

W: 我认为艺术需要介入和干预现实，但必须是有限度的介入和干预。就比如我的"磨刻"系列，这就要从创作这批作品的由头说起。我是江南人，有一次我从北京回无锡，闲时在一个小巷子里散步，突然就看到一块玻璃在那里闪闪发光，它不是普通光的折射，它里边还有很多花纹，包括它的颜色，它特殊的磨砂玻璃的质感，当时给我带来了很强的视觉冲击。可能是缘，从那一刻起我就打定主意，我要用它作为元素来做作品。我曾想过用写实绘画、用现成品装置等，但是一直迟迟没有动手，一直还在寻找最合适的语言来表现它，最后选择图像转印。转印的方法我之前也用过，是把转移图像手段本身作为观念——这在我之前的作品中惯常使用。但是这一次我并没有沿用这种理念，而是把转印技术作为手段而非观念尝试进行基因采集，每块窗户玻璃视为构成人类社会的基础细胞基因，这种复制就成了一种基因采集，作品也兼具社会学意义了。然后把那些不同形状的、完整或破碎的刻花磨砂玻璃图像转印到我的画面上，让它与画面其他元素产生关联并生成新的视觉逻辑系统，也会覆盖和遮蔽一些形象，这些形象都是来自表象世界的符号，但因为它是半透明的，所以那些符号若隐若现。遮蔽本身是一种表达，一种态度，它就像是给这个世界加上了一层滤镜，但是我要的不是用这块极具装饰性的玻璃粉饰现实世界，而是要让人思考，这种模糊的滤镜后面的真实是什么，它看起来很美，但却不是真相或真相并没那么重要。

我只是提供一种观看的方式，至于什么是背后的真相，我不提供答案。

M: 如果观众只停留在浅表的装饰性层面来观看作品，是不是就意味着这种观看是无效的？

W: 也不能说是无效的。这不可避免，因为艺术作品要面对不同的目光，观众停留在哪个层面观看，都没有任何问题，这就是当代艺术，它给观看留了很多进入的渠道和层面。这也是作品丰富性与开放性的体现。我认为当代艺术并不传达正确，它只是使已经被人们普遍认为是寻常的固定的事物赋予了更多的可能性。

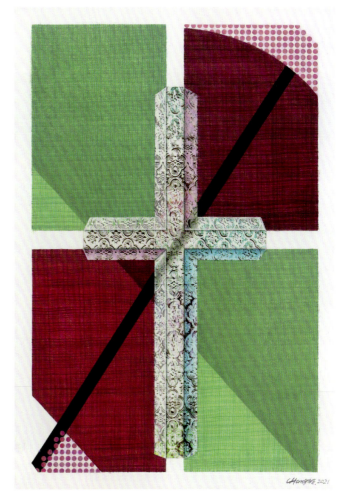

AD2021-14# 纸本综合绘画 80cm×56cm 2021

AD2021-15# 纸本综合绘画 80cm×56cm 2021

AD2022-13# 纸本综合绘画 110cm×55cm 2022

M: 您在创作中选择了直接复制这种刻花玻璃的图像，而不是去提取或者抽象化的处理成一个不太明显的视觉元素，这是为什么呢？

W: 因为我的兴趣不在形式主义上，我把这些图像基因采集下来不是为了创作某种新的视觉形式，而是为了寻找西方图像及物性观念与东方平面性绘画传统的交叉点，也贴合了当代艺术"在地性"的思维逻辑。

M: 所以您在作品中对那些"文化符号"模糊化的处理，并不是一种对传统文化的解构？

W: 不是解构，是一种共存。就像我刚才说的，遮蔽本身是一种语言、也是一种态度，但遮蔽到什么程度？ 这个就要看你想要的是什么。我现在的想法就是在画面上表现一种共存，因为这也是我们所面对的现实。我不是要颠覆什么，也不是要遮蔽什么，我是让遮蔽物和被遮蔽物之间获得一种共存的机会，玻璃的遮蔽功能本来就是有限度的，这样就会形成更多元的语言空间，而不是被封闭在一种固定的指向之中。

M: 这种共存当然也包括东方和西方？ 在今天这种时代语境之下，您认为东方性的普遍价值是否应该被彰显？ 东方性背后的一些文化理念是否可以对当下的现代性危机产生某种积极的作用？

W: 西方流行一句话：东西方是两种不同的鱼类。融合很难，我只能从艺术上来谈。目前其实已经逐步进入到一种反全球化的趋势之中，全球化其实就是一种格式化。对于艺术来说，格式化肯定是一种伤害，最好的状态就是共存，和而不同。我们经历过全球化的浪潮，所以今天的东方性是一种符合当下时代语境的东方性，而不是一成不变的旧规则、旧道德。至于说它的积极作用，从艺术上来讲，我想最起码是对全球化过后的当代艺术的一种补充，或者提供一种言说方式。

M: 您作为一个中国当代艺术家，如何处理您的创作和这种东方性之间的关系？ 您会警惕它变成一种浅表的趣味，或者过于强调它而伤害艺术语言的普遍性价值吗？

W: 东方性从根本上是关乎基因的问题，无须多虑。其实早在20世纪70年代，日本的艺术家已经把这个问题解决得很好了，产生了在当时极有影响的"物派"艺术。我想中国艺术家也会有自己的解决办法。我觉得趣味是一种很难定义的东西，它也可能会是一种局限，重要的是如何把趣味提升至品位。当你的视野和格局发生了改变，那么所谓趣味就不单单是一种个人的偏好，而是会带有普世意义及价值。如果你的艺术具备所谓的普遍价值，那么你的趣味也会被普遍接受。

AD2022-11# 纸本综合绘画 49cm×40cm 2022

2022

年度艺术家档案

语言的意志

薛 松　XUE SONG

中国当代波普艺术家。1965 年出生于安徽砀山。毕业于上海戏剧学院舞美系。现居上海。

图片 / 由艺术家提供 编辑 / 徐小禾

法自然系列—风平浪静 布面丙烯综合材料 150cm×150cm 2022

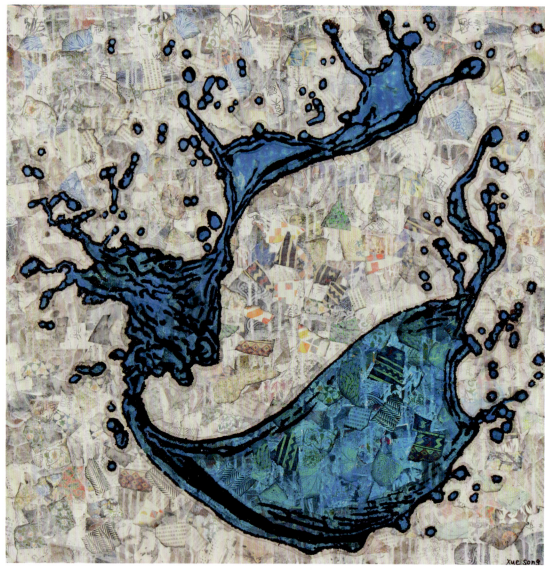

法自然系列—浪花 布面丙烯综合材料 80cm×80cm×3 2022

炼化与生成——读薛松近作

文－胡少杰

薛松越来越自由了。而自由对于一个艺术家来说并不意味着在创作上变得越来越轻易，因为自由并不意味着没有边界，反而是一种对边界更清醒的认知。在黑格尔看来，自由是来自对自我的不断确认，你只有不断地确认自我和他者的边界，才能一步地进阶到更高维度的自由。如果不确认自我的边界，那么自由只能是来自本能的假象，你也只能沦为本能的奴隶。只是每一次确认边界，就意味着一次碰撞与创伤，所以说，自由如蜕变，如浴火重生。

薛松最早的蜕变无疑是开始于工作室那场意外的大火，在火光和灰烬中，薛松重塑了全新的艺术肉身。而之后的三十年，薛松的艺术语言不断成熟，那场大火的余烬绵延燃烧，不息不灭，烧出了"山水"系列、"对话"系列、"都市"系列、"文字"系列、"天书"系列、"法自然"系列……

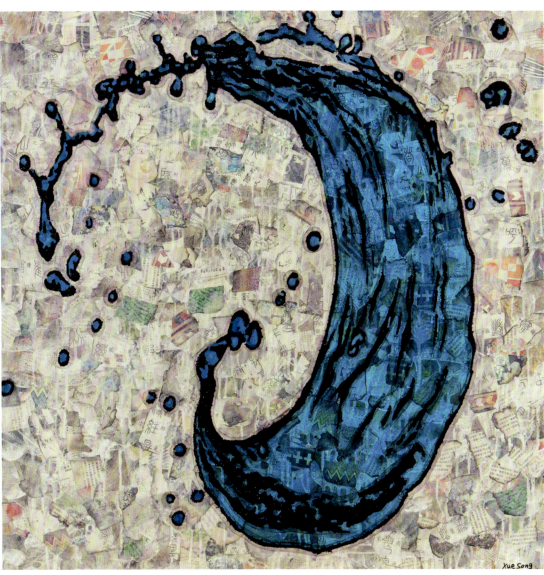

　　"法自然"系列是薛松近年主要创作的主题之一，和以往的创作相同，这个系列依然沿用了灼烧、拼贴等技法。一套稳定且行之有效的语言，是一个成熟艺术家必须具备的，但也往往会成为制约艺术家的枷锁。薛松则不然，或许是命运使然，自从三十年前开始以火为媒，似乎就注定了这一生的不解之缘，这套语言已然和薛松合二为一，它已经不再是一种选择，而是一种自然而然的相互生成，如此一来语言既是肉身，也是主体。那些被灼烧后的书刊、纸贴，那些文字和图像的碎片以物理肉身浴火成"道"，而"道"法自然。

　　老子《道德经》有云"人法地，地法天，天法道，道法自然"。宇宙万物，生成有法，运转有道，万物有法，法于自然，自然混沌清明，无始无终，无色无相，无欲无为。古人先以天地为尺，天地有涯，大道有法，而后以自然为法，以无法为有法，方为大自在。

法自然系列—火 布面丙烯综合材料 150cm×245cm 2022

薛松在创作中以有象的肉身（文字和图像的碎片）塑无相的自然，我们看《法自然系列—早中晚》《法自然系列—春水》《法自然系列—冬雪》，四时无形，自然变换，雨雪有痕，天然成象。《法自然系列—火》《法自然系列—浪花》则以水火为幻化，自然万物生成流转，水火既为肉身，亦为动因，水火之道，生灭之道。而《法自然系列—风平浪静》，在蓝色的水面上橙色波纹如火，水火相偕，动静共生。同样，《法自然系列—藤》中没有具象的藤蔓，只有红色的和绿色的线交织缠绕，互为限制，也相互生发。而在《枯木逢春》中那些黑色的枝桠上无差别地布满了红色、蓝色、绿色的圆点，无关乎抽象还是具象，生命是以更纯粹的语言才能准确言说的。枯木逢春，生生不息，水火土木，相克相生，薛松在"道"与"自然"中寻找到了一个无限广阔的精神世界。

"变像——薛松艺术展"展览现场 广东美术馆 2022

"非常道——薛松近作展"展览现场 香港季丰轩画廊 2022

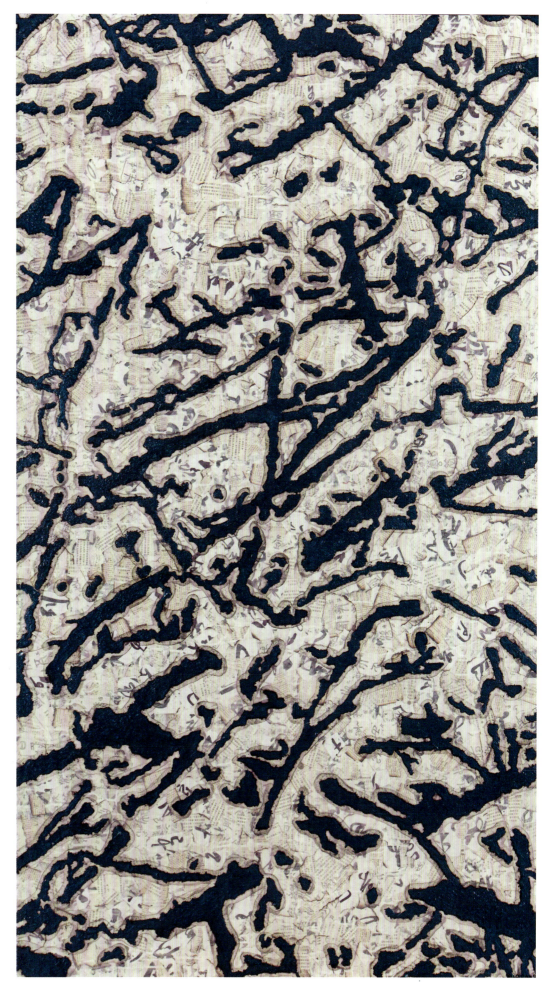

法自然系列—冬雪 布面丙烯综合材料 160cm×90cm 2022

法自然系列—春水 布面丙烯综合材料 160cm×90cm 2022

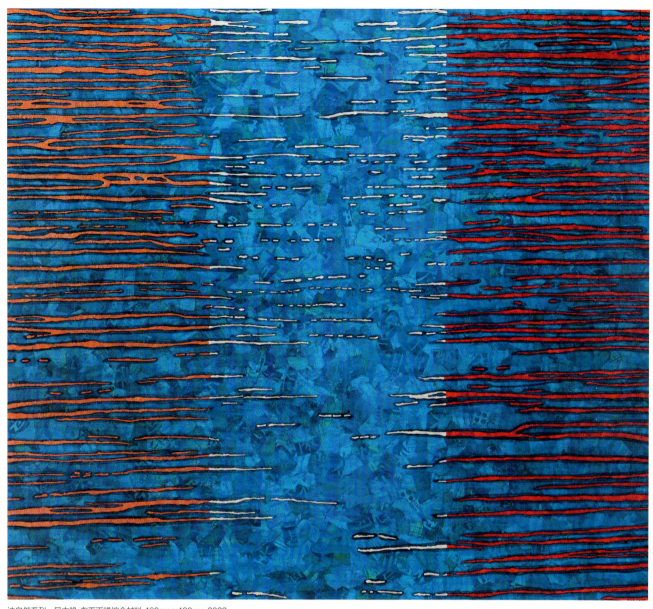

法自然系列—早中晚 布面丙烯综合材料 160cm×180cm 2022

　　中国古老的宇宙生成论，在今天的数字化时代是否还能生效？在薛松这里，它似乎并不是问题，艺术的效用，对于一个艺术家来说，或许是最不重要的。只是一路走来，薛松从西方到东方，从都市到传统，古老和现代，水与火，生与灭，不断消磨、纠缠，解构、建构。那些隐藏在画面里的符号和生成的新的图像、痕迹，在毫无思想光韵的当下时代，在功利主义、工具理性至上的今天，或许难逃被误认的命运。薛松在这个漫长的过程中，同样需要一遍遍地碰撞与确认，从无数次的灼烧中重塑，从灰烬中生发，那些如疤痕般的灼烧印迹，幻化成了春水、冬雪、火焰、浪花，幻化成了晨昏与四季，幻化成了青藤新发、枯木逢春。

　　薛松在人生走到最为丰厚的时段，由繁入简，由混沌至清明。一切过往，皆为序章，也皆为肉身。那些繁复的、简净的图像与样式，那些喧闹的、安静的生命时刻，那些华章与琐屑、锦绣与空白，一切皆是自然的造物，它们会随着时间灰飞烟灭，也会在薛松的炼化与再造中永存。绚烂与破碎，繁华与衰亡，都在那一方天地中变成地久天长。

法自然系列—藤 布面丙烯综合材料 250cm×250cm 2022

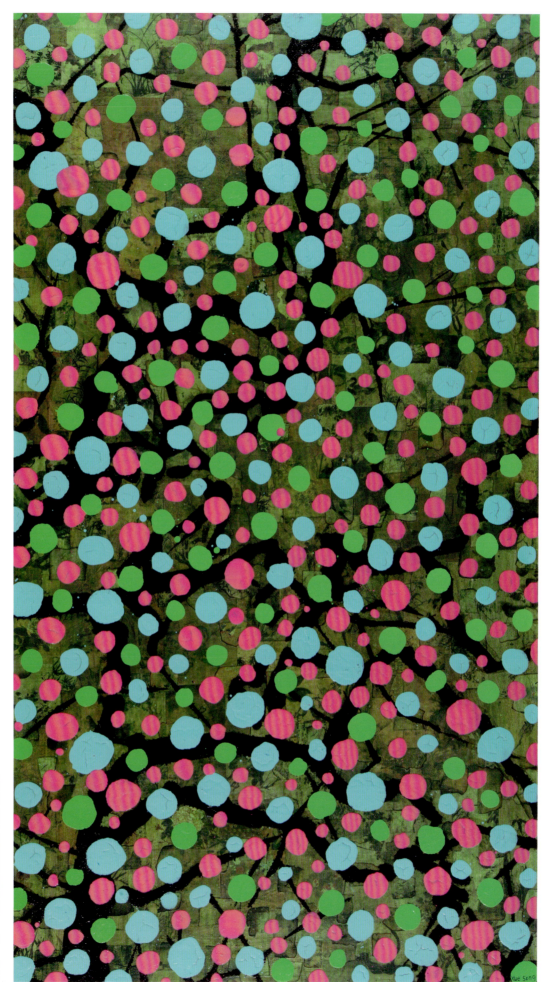

杨劲松

YANG JINSONG

图片 / 由艺术家提供 编辑 / 徐小禾

1955 年生于山西榆次，祖籍湖南湘潭。中国美术学院教授，博士生导师。中国美术家协会综合材料绘画与美术作品保存修复艺委会副主任。浙江省美术家协会综合艺术委员会主任。

覆盖 –3 综合材料绘画 100cm×100cm 2022

我相信"艺术到底是怎么回事"这个问题问一百个人，会有一百种解释。这也正是当今艺术成了百变之身的原因。这是时代变得包容了，视野变得开阔了的结果。在我看来，艺术越是变动不居，我们的实践就越发不可被定义。

—— 杨劲松

巴别塔一 布面综合材料绘画 240cm×240cm 2021

杨劲松：心见为实

采访 - 胡少杰

漫艺术 =M: 在近作"覆盖"系列中能够感受到一种强烈的虚无感，但是这种虚无似乎并不是来自一种私人性的表达，而是来自历史，来自时代。想了解，您创作"覆盖"系列背后的因由。

杨劲松 =Y: 画画，其实不需要什么理由。之所以要把不拘一格，有感而发，言之有物，内容决定形式，这些概念作为观点，是因为社会性阅读对新的绘画实践还没有形成辨识基础，人们需要可以把握的线索。覆盖，则是面对摊了一地无法往下发展的作品，忽然发现涂抹过程中出现的意外与错误，同样可以作为引导绘画内容的材料，换个角度反而引发了抵达未知彼岸的探索。当然，还有一个更深层的原因，是面对不可名状的感触作虚实相生的表达。

否定之否定是开始的动机。当涂抹、显现、迷失、覆盖、反复的过程到了一定的程度，作品似乎开始讲话了，有了我想看到的表情了，或是出现了几种因素可以激发我另辟蹊径走向未知时，画画的过程才算完成。

有感而发，基于这个念头常误导我陷入具体的人和事的关系，跳不出眼见为实的叙事逻辑。一旦画画的自主性念头不充分，往下画的方向就会摇摆不定。想来，这就是工作室一堆未完成作品的原因所在……

选择覆盖作为继续下去的主题，让我有了可以抽身于受教育被规训的定式思维，有了重新组织与建构的乐趣。这个过程中，我把常挂嘴上的"眼见为实"，"有感而发"的问题带向了内心追问。尝试剥去已约定俗成的定式，重新捡拾起所有曾忽略甚至违背法则与原理的尝试，功夫在诗外的想法生成了出来，发现与被激活的想象力也会活跃骚动了，最终结果的四不像和陌生感助力我走出了思想的樊笼。

事实上，作品能让人驻足三分钟，能在不同场合被议论，你的画就多少触动了观众，唤醒了人们某种生活经验和历史记忆。如果画画都是些似曾相识的东西，那只能证明自己不过是位重复与复制能手。

M: 而"巴别塔"系列则像是一片时间的废墟，您用了非具象的手法，以非叙事性的方式，呈现了类似于博斯《人间乐园》式的寓言性。这是我个人的一些观看所得，不知是否准确？想听您谈一谈您创作这个系列作品背后的思考。

Y: 我不会干涉也不在意朋友或观众对我作品的看法。即使面对"评价"，我也如此。也许是懂事前难得有人会夸我，也许是课堂上总坐在最后一排，站在队伍的末端，什么好事都轮不到我，直到恢复高考才有机会站在聚光灯下，一直有种诚惶诚恐的心态使然吧。

巴别塔、乌托邦、理想主义这些个大词，一直忽明忽暗地闪现在我的求知过程中。在似懂非懂的碎片知识里慢慢理清楚这些概念的顺序和产生的历史原因。这种附加在实践中的念头，也许可以称之为"反思"吧。但是，反思的基点似乎要有了些伤痕累累跌跌撞撞的生活阅历才会被触动被唤醒，才会质疑自己过往的执念和分辨"理想国"的诱惑，才会在典故中反观自己而体会其内的深意。

以"巴别塔"为题，前后画了两年多时间。期间正是疫情肆虐，我有了大把时间琢磨半途而废的诸多心头往事的滋味。似乎明白了好些闪烁着理想光辉的举止，大多一年两载就举步维艰，好些有意思的观点，还没养熟就戛然而止了的原因。细思量，莫不与希伯来人造通天塔的典故寓意相似。

此时回头看我过往用尽全力融入整体划一的"专业"，努力实现宏大理想的过程，其实是我在放弃个人观点和思维能力的过程。专业概念遮掩了我的日常感触，养成了刻意地视而不见，举手投足都是可以模仿标准答案的模样。无法穿透现实的迷障，无法叩问心灵的自由，止步于表象的模仿和所谓的专业趣味之中。

借"巴别塔"回眸自己一甲子的折腾，算是作别曾经无我的经验，也是我重启生命之阀重置历史观的开始。

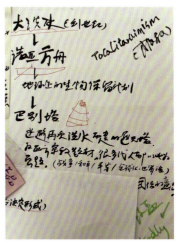

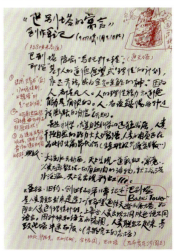

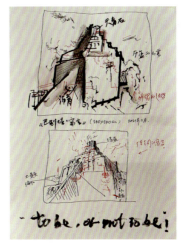

巴别塔 创作草图 2021

M: 您在综合材料绘画的领域深耕多年，材料作为一种媒介，有其自身的特殊属性，那么在创作的过程中，如何平衡材料性和您个人的主观表达之间的关系？

Y: 要说近十年来我在"新绘画"或"综合材料绘画"这些时代产物里折腾的体会，那就是"内容决定形式"这句话了。没有"内容"的材料，那叫堆砌。没有人文精神的劳作，那叫复制。

我曾试着从技术层面上将"综合"（融通）概念对应全球化的中国现实内容，使之作为艺术创作应把握的基本立场。在应用跨领域（cross- disciplinary）方法，打破画种的界限，在学科交叉（interdisciplinary）的碰撞里，复合（composite）自己与现实切身体会和感触，使固化的知识技能得以活化。把"材料"观，对应现实问题，内容即材料。立足在工商业文明和科学技术等正在改变现实生活的知识营养上，创作方法的调整不仅改变了我不假思索的劳作习惯，打开了思维的视域，作品有了日常的温度，才有了艺术一定不在教科书和堂而皇之的二手理论里的认识。

虽然此刻我的创作实践仍以"绘画"的方式呈现，但"绘画"已不再是眼见为实的摹仿了。我把读书写作所产生的联想，诗词歌赋在我脑海里生成的图像，乃至生活中有记忆的日常用物，开始有意识地选择入画的过程都称之为"绘画"。绘画既是寻找和发现的工具，也是内容视觉化的结果。是此，在我实践的意识里，"综合材料绘画"只不过是一种自我激励的说法，是我们面对正在改变正在重新解构过程中不被定义所牵绊的实践方式。它不是什么新画种，而是面对新时代日新月异的新内容的一种探索过程而已。综合材料绘画仍然在路上，是可以期待拥有更为宽阔想象空间的实践。即使如此，眼下的"综合材料绘画"也绝不是唯一的方式。

换句话说，画画，是思维外化形象化的过程，是新的生活问题为底色的艺术探索，是每个人的人生内容决定其视觉形式的产物。

M: 您的作品一直有着强烈的实验性，这种实验性既有来自语言本身的实验，同时也有来自观念的实验，支撑您持续进行语言实验和观念实验的内在动因是什么呢？

Y: 此前，我一直在试图找到能说服自己"笃行之"《中庸》的实践理由。"眼见为实"曾是我受教育且信以为真的基础。循着"学止于行而上矣"《荀子》自满于知识技能的掌握，常为肖似经典而窃喜，直到出现了"技不压身"后的疑惑与困顿，才乱了方寸。

跟着对象跑（美术史／美学理论）的确会有安全感，会产生方向性的依赖。跟着感觉走则到处是堵着的墙。为什么？眼见为实、知行合一不够吗？

"美术不等于艺术"，这个念头一直伴随在探索过程中。真到了说出来时，我也吓了一跳。经久累积的疑惑似乎自此刻才找到了依稀解惑的路径。至少开始质疑 "美术"二字能不能承载今天的内容，开始追问眼见为实的美术方式能不能表达日益丰富起来的精神需求，开始焦虑于自己心念着的生活与艺术之间的相关性问题了。

眼见为实，是人审慎明辨可视世界的基础。也是美术这个概念的内核。倘若实践的意识仅停留在以实用而摹仿鉴别传承的功能上，那么信以为真的摹仿抄袭不假思索者，就会迟滞发现与想象力的提升。其次，如果支撑"眼见为实"的知识技能仅占可视世界 5%，那么，我们所遵循的美学原理，赖以支撑实践的视觉造型方法，就显然难以描述这个世界的真相了。如果生活不是非黑即白的模样，那么为什么不能接受艺术所描述的不一样的事实，为什么非要将自己的愿望按既定的套路和美学模式塑形，为什么非要往已固化了的人云亦云式陷阱里钻？不可以纵情发掘与生俱来的想象力、直觉，激活体内 DNA 密码创造新图像吗？

由困惑到质疑，直至产生出的追问，所形成的"眼见为虚"的态度，在寻找假设的条件中，逾越概念定式乃至经典所形成的羁绊。如此累积而形成的视知觉经验，就不会再驻足在二维的认知茧房，不会满足于三维虚拟的真实观，更不会设法阻止想象力漫过既有的认知框架。事实上，这个过程产生出了新知识生成的能力，不仅拓宽了视觉文化的视域范畴，我相信人将会具有更大的创造力。因此说，画画，也就没有理由止步不前。

M: 您的作品虽然大都是非具象的，您也以综合材料绘画著称，但是在您的作品中似乎始终能够感受到强烈的人文性和现实性？想了解您如何看待艺术和现实之间的关系？艺术是否必然承担介入现实的功能？

基础 装置草图 2004

迁徙 装置草图 2009

覆盖 −1 综合材料绘画 100cm×100cm 2022

我不拘泥于具象抽象印象表现这些唬人的定式规则，是因为这些人为既定的观念解释不了自己今天的问题，不想自己"心见为实"的愿望被再度拖回无我的陷阱。我不认为当下的水货理论可以指导或影响我"内容决定形式"的实践。因为我觉得活在当下才懂得过去意味着什么和未来已来的紧迫性，才知道自己画画的意义。

—— 杨劲松

覆盖 −4 综合材料绘画 100cm×100cm 2022

Y: 艺术，本无所谓具象、抽象等样式和语境的好坏区别。如同科学一样，是人感性与理性分别之于无用与实用的表达。是人可以不计成本超越所有的现实利欲与权势的抓手。艺术与科学是人的是其所是。是生命只能以生命的方式存在的镜子（哈耶克）。可是，当现实不尽如人意时，即使艺术与科学（感性与理性）是人的一体两面，是解读精神与物质迷思的方式方法。现实中它们不可避免地会侧重或被要求关切现实问题。

改革开放四十余年来，我们的生活由贫穷到富足，思想观念从保守到开放，社群关系从封闭到包容，这些个巨变无论如何都是刻骨铭心的，也是极具挑战性的内容。因为强烈的物质与精神的错落关系，以及随之产生的许多从未经历过的问题和矛盾。曾经的生活方式，邻里关系等价值取向都面临解构与重组的问题。那么，新生活就必然要求与之相应的新语言新载体，包括新的理论加以探索和回应了。

至于说到我的创作实践，大抵也是循着如上的背景思考而展开来的。况且纵观艺术史，影响人类观念转折的艺术作品，无一例外首先不是因为它的形式奇特。情形如同身处巴比伦神庙，观众不会首先区分神庙的装饰手法和建筑材料，而是心灵感应被艺术地拨开迷雾窥见了未来的喜悦。艺术的内容与形式是一体的。就像人与社会的关系看似有着各行各业的区别，有着类群的分野，但他们仍然是一个整体。其属性无非是从单一视野扩延为多元视域，从神性转向人性，从人工智能等工具文化索求转向人本设问与提问的方式。其内涵与指涉随时代关切而变化。

我不拘泥于具象抽象印象表现这些唬人的定式规则，是因为这些人为既定的观念解释不了今天的问题。不想自己"心见为实"的愿望被再度拖回无我的陷阱。我不认为当下的水货理论可以指导或影响我"内容决定形式"的实践。因为我觉得活在当下才懂得过去意味着什么和未来已来的紧迫性，才知道自己画画的意义。

M："涂抹"是一种最原始的、天然的、自由的绘画手段，但是作为一个经历过严格的学院训练，又深谙所谓艺术之"门道"的艺术家，如何能够真正地回归到最本真的"涂抹"？您又是如何破除所谓艺术的"门道"，进入到一种"不被定义"的自由状态之中呢？

Y: 当初主张"涂抹的自由"，是基于盛行炫技和无以复加的制作的画坛风气，是基于自己无力破局走向创作自由的困顿情绪。自觉自己的文化根基浅薄，无路径进入思想的堂奥，无自信建构文化立足点。迷茫中以为回身退至所谓的本能，此类逃避问题的现象，自己先行鼓吹"涂抹"以作相悖性的创作思考。在我看来追求无懈可击的完美，并不能增强文化的视觉强度。那些面面俱到的作品除了一副忸怩作态言不由衷的模样，就是让人喘不过气来的累心感。

其次，圈子化或门户之见致使实践者们要么热衷于引经据典不说人话，要么随波逐流嘀咕些逢场假说。总之，"涂抹"说主要针对的还是我自己的心愿和结果凑不到一块，作者与作品是两张皮吧。

原以为基于直觉的胡乱"涂抹"，只需贴近日常经验贴近所思所想的模样，多少会促使自己的劳作产生可以续命的路径，可能会在由点及面中另辟蹊径地擦出想象力的火花来。事实上，从认识到产生认知觉悟的过程并非易事。由"眼见为实"开始的绘画实践（表象、具象、抽象、现实形式主义等审美概念）不停留在资历鉴别技能趣味专业壁垒等人为内耗层面，进入"眼见为虚，心见为实"的假设与质疑的视觉文化实践，这条自我假设的路径的结果，也并非简单地废黜掉旧瓶装新酒或持"洋装穿在身"的姿态那么简便易行。

要说今天的景致是新时代正在形成的新文化的一个复杂多变的过程，是各种理论和杂音碰撞杂交、各种观念融通激荡的本能反应不为过。虽然，这些现象并不真实，类似于根基不深风雨飘摇的虚拟景观。但某种清晰的自觉性文化态度已经变得脚踏实地了，这也是事实。

"不被定义"的念头，大致上就是这么纠结着产生出来的。我以为从内容出发的涂抹覆盖，虽然充满了随机偶发的因素（不确定性/碎片化），在涂来涂去的经验里生发出的否定之否定（发现与预见），在显隐搅成团的反复中（解构与重构），过程只需做出基于当下的不寻常的选择，画画，就能改变自己的视界。

M: 当代艺术的确应该是"不被定义"的，是时刻都在生长的，而在当下的此时此刻，也就不必急于建立标准。这似乎是当代艺术普遍性的现状。想了解处在这种现状之下，您又是如何确认自己的艺术创作的价值？

Y:"不被定义"，在我看来应该就是今天新艺术的基本特征。但凡心里有一肚子话，按既定的语言格式，不是词不达意就是跑偏，这类被定义被规训久矣的苦闷多起来时，都会各自寻找自恰的方式来表达。"不被定义"的念头大多会在这个过程中冒出来。为了弄明白此念不是霸蛮，就开始从自己实践经验基础上的反推。因为崎岖不平的成长经历和重实践轻理论的习气，虽然都得走在美术史学的道路上，心里面却并不认同那些既定的格式概念和权力原则。不仅因为此类典籍概念已不能解释当下"百年之大变局"中的现实问题，不能抹去新文化实践中遇到的出新想法。譬如我乐意剑走偏锋，认为画画是语言文字不可言传，情绪和直觉让我欲罢不能的结果。何况画画不是为了追求美不美，"美术了"也不一定能够得着艺术。

我相信"艺术到底是怎么回事"这个问题问一百个人，会有一百种解释。这也正是当今艺术成了百变之身的原因。这是时代变得包容了，视野变得开阔了的结果。在我看来，艺术越是变动不居，我们的实践就越发不可被定义。虽然，视觉文化有着可以捕捉的线索。"没有艺术，只有艺术家"。贡布里希肯定了艺术是人性崛起的表征。艺术不过是人的模样。艺术家的方式呈现了时代转折中说不清楚正在形成的人的模样，它的力量来自社会生活聚积而成的创造力，而非什么造型法则和技巧。另一层意思是说艺术家不过是人思想的视知觉载体，思想之光才是烛照人性的条件。也就是说传统艺术的骨子里是追求物化情绪的实证过程。现代艺术是从物化了的神坛走向人间的探索，当代艺术则是寻找看不见（心见）之存在的路灯。是追求超越现实利益和权欲，以及既定规范和准则为理想的实验。其强调科学和艺术的复合，乃至在进程鼓吹"不被定义"等主张，是因为人有思想，思想意识才是当代艺术这类重社会实践/社会调查/人类学及社会学等复合性方式的视觉实践的题中之义。

尤其，当我们开始认识到此刻拥有的知识和解释现象的能力还不足以揭开世界的奥秘，现状犹如"影子向影子提问"（齐物论）的提题式纠缠。故此，作画即使如同四不像的模样，至少它在推动我向问题作深度追问的努力。

覆盖－三联 布面综合材料绘画 58cm×78cm×3 2023

911 记之一 布面综合材料绘画 240cm×200cm 2016

911 记之二 布面综合材料绘画 240cm×200cm 2016

M：您有着数十年的艺术创作经验，那么走到今天，在对艺术的追问与探究中，已然收获的答案是什么？依然需要持续追问的又是什么？

Y：唯一值得说的是：庆幸折腾了一甲子的自己没有迷失在这座人造大森林里。虽然迄今仍然在踽踽独行的路上，心田里还没有长出念兹在兹的果实来，我依然兴致盎然地做自己该做的事情。

"内容决定形式"的确解开了我久思不得其门而入的困扰；一方面在鼓励我自废武功，抛弃定式思维，也获得了自赎的依据。

其实，"内容"对我们每个人而言都是具体的简单明了的事情。之所以会有真假莫辨心虚无主，随大流和放弃求自主的困惑，原因是面对现实的丰富性复合性，我们的知识系统局限真的处在苍白无力的状态了。同时，旧知识的垃圾已堆集成墙，这些习以为常的处境阻塞了艺术实践向更高维度的发展。虽然"看得懂"和"赏心悦目"作为标准要求画画的功能，"美术阵营"这个拥有庞大的资源支持和制度保障的美术早已丧失了感知生命和社会活力的能力。除了热衷于摹仿抄袭投其所好的能力得到了极大的发展外，在形成的千人一面格局里，现实多彩的内容，不仅被格式化的套路所遮蔽，文化的深度思考能力也被所谓的精湛的技法或权威的个人偏好所替代。美术创新的知识营养来源单一，一肚子的心愿被层层规范所规训，被形塑成欢天喜地的模样，内容的空洞化现象好不令人着急。

我深知许多问题是个人力所不逮的。既然求佛问道不易，或是求己自证澄明为打破心力枷锁的路径，那么，此类个人经验就是内容，就是倾听心声的结果。从内容出发，主动落脚在现实生活中寻找恰当的语言和材料，画画才会围绕着内容所触发的方向产生出创新的基础，产生出触动与激发性的文化效果。这些是我正在做且充满期待的事情。

M：三年疫情悄然结束，无论对于人类历史还是对于个人，这都是具有特殊性的三年，想了解，这段特殊的时间是否给您的艺术创作和思考带来了什么改变？如果有，那么这种变化是暂时的，还是一种长期的转变？

Y：疫情三年，犹如瞬间被无形手摁下了暂停键，朝气蓬勃的生活节奏戛然而止，恐慌和脆弱感，相信无人能够轻易忘怀。

自此，一种从未有过的紧迫感扑面而来。许多困扰实践的理论概念，一些行之有效却碍手碍脚的条规，包括忽明忽暗的感触和似乎已捕捉在手的实验方案，某些心有忌讳的顾虑，莫名的躲闪心理，一股脑涌上了心头。曾经可以用各种借口来封存的内心想法，已由不得我再做视而不见的选择了。

我相信每个人都有一套关乎美术和艺术的见解，且不论其见解来自书本知识，还是个人的生活阅历。有一个显在的认识困境不是各自喋喋不休的说辞，不是那些引经据典的结论，而是知识与现实境遇的脱节，前倾的乏力和后续的根基不稳，以及无力解决言不由衷的尴尬。

疫情三年，因一个看不见摸不着的病毒，顷刻间使喧嚣的地球静寂，繁忙的生产线停顿，亿万人陷入恐慌。不能不让人沉思和反省。不能不重新检视所谓文化艺术的意义和可能的功能。删繁求简，直奔主题的想法，不求闻达但求自恰的动机油然而生。

我相信画画（涂抹）是人最便利且自由的精神依托，无论处在怎样的环境里，画画是人之为人的证明。所以说，无论这个过程将被后人赋予多少新颖的名目和概念，它依然是认识感知的视知觉结果。虽然，曾经以学习的名义模糊了画画（涂抹）的功能，使它成为了各种技术与风格的代名词，今天之所以大量存在肖似真实仿作经典的画作，盛行摹仿抄袭挪用的习气和改头换面的创作套路。劣根不在人的天赋，而在之后的"学止于行而上矣"（荀子）。哪怕是深入人心的"博学之，审问之，慎思之，明辨之，笃行之"（中庸）。虽然其学以致用的道理没错，放弃生命感知力和认识的主观能动性，只有标准答案的美术和眼见为实的技能，才是无能面对日新月异的内容和人们日益增长的美学要求的障碍。

蛰伏三年的日子，给了我厘清知识垃圾的条件。

望着工作室内一堆作品和摆满一地未完成的画，除了脑壳里不断冒出的问号，便是些为什么不可以"走心"的欲求。如果说我皓首穷经的结果仍是现在的这副模样，这是在考验我思维的乏力还是技不如人？是不是表明了现有的所有努力走偏了道路？

量子纠缠之于《山海经》，碳基人在创造硅基生命所产生的别开生面，三维空间出现了没有"边"没有内外之分的"克莱因瓶"的思维妙境，无一不在敲打我的认知维度和不合常理的冥想机锋。

如此看来，画画，就还有着无限宽阔的视域未被开垦。现实的不可解与不可见物质的探知过程，恐怕除了要有"光"，要有形成思想之光的努力和进行创造性破坏实验外，此刻涉及的所谓艺术，或许才会如同克莱因瓶式的曲线，展现出新时空边界之于人类的烛照之光，才有可能产生出唤醒与激活被规则缠身而寸步难行的认知重新焕发出活力来。

八年前，《归零》的系列作品，是我借水墨（地缘文化符号）概念，探寻常态外内心自省与救赎的努力，是设想籍此扭转自己言不由衷的困局，通过用心地推开一扇门展现一页窗的方式，贴近内心，重建感知力。心想，有内驱力的动机，可以助我跨越障碍。何况此刻的我重心源的画画，恐怕远比画出一幅众人喝彩的画来得紧要。

生命是如此的美妙和广阔，经历过疫情三年的洗礼，感知生命意义的体会从来没有如此具体过。"Written in the Stars"将成为我接下来的实践方向。

疫情期间所作草图

覆盖 −8 综合材料绘画 160x160cm 2022

现实的不可解与不可见物质的探知过程，恐怕除了要有"光"，要有形成思想之光的努力和进行创造性破坏实验外，此刻涉及的所谓艺术，或许才会如同克莱因瓶式的曲线，展现出新时空边界之于人类的烛照之光，才有可能产生出唤醒与激活被规则缠身而寸步难行的认知重新焕发出活力来。

—— 杨劲松

人面桃花 绘画装置之二 58cm×78cm 2022

人面桃花 绘画装置之一 60cm×130cm 2010

覆盖系列 综合材料绘画 120cm×90cm 2022

覆盖系列 综合材料绘画 120cm×90cm 2023

张国龙　ZHANG GUOLONG

著名中国当代艺术家，中央美术学院实验艺术学院教授，研究生导师。1957 年出生于辽宁沈阳，1988 年西安
美术学院油画系研究生毕业，获硕士学位，1997 年德国美茵茨大学自由艺术系师从克劳斯·尤根－费申教授
（Professor Klaus Jungen-Fischers）研究生毕业，获硕士学位。2006 年起在中央美术学院任教。

图片 / 由艺术家提供 编辑 / 徐小禾

交合 NO.1 黄土 岩石粉 细沙 透明胶 300cm×240cm 2022

张国龙先生特别可贵的就是其几十年来坚定文化理想,这份理想就是要从中国文化艺术的传统思维观念方法中,来形成自己艺术创造的出发点,但是他又极其勇敢地、不懈地探索艺术语言、媒介形态、形式表达的各种可能性。

—— 范迪安

交合 NO.2 黄土 岩石粉 细沙 透明胶 300cm×240cm 2022

张国龙的造象艺术：生命宇宙图景的当代表达

文 · 夏可君

文化与艺术的双重自觉，也许只有身处异域与异质文化的双重启发下，才可能真正创造性地萌发，作为最早一批去往德国学习抽象的中国艺术家，张国龙先生在其 1997 年的毕业展上，其抽象话语的中国表达就是围绕两个要素展开：阴阳与方圆！他一下子就抓住了中国艺术与宇宙精神的本质，进入了中国文化的原初想象，即，发端于天圆地方以及阴阳互动，中国艺术一开始就是"宇宙技术"的感知，位于北半球的地理空间导致中国人以"北斗"作为宇宙极点，开始区分四时，并且在器物上也体现出来，比如良渚玉器及其神徽图像，都体现出天圆地方、玉璧与玉琮的统一形态，因此，中国艺术也是生命与宇宙技术的关联，这就决定了中国艺术并非仅仅只是一种个体化风格的想象，而是一种建构天空与大地，生死与魂魄的天人观，是大魂魄的宇宙艺术。

但是，进入现代性，传统超稳定的宇宙结构已经被冲击，并且被瓦解，天与地，阴与阳，圆与方，生命与技术，吾天与吾地，都有待于重建，但首先面对的是自我瓦解，在解构中重构，这是中国现代艺术一开始必须面对的命运。而且，其中有着中国当代艺术的双重困境：一方面，现代性的艺术要求个体艺术家建构自己的独特风格与图像表达，而另一方面，中国的现代性艺术不能仅仅是个体化的风格标志，还必须具有中国文化最为博大的生命宇宙技术的当代表达。

而能够同时兼具个体艺术风格与生命宇宙表达这双重转化的艺术家，在中国其实非常罕见，徐冰可以算一个，而就绘画与装置作品而言，张国龙先生无疑是最为具有代表性的艺术家！因为他是最为明确认识到当代艺术应该寻求"宇宙的统一性"，要寻求人与"绝对"的对话，要重建天地人三者之间的新关联！

一、在欧洲破解方圆

90 年代中国当代艺术自觉地自我解构，都集中于残圆与破方，在实验水墨中尤为如此，艺术家们都试图从传统阴阳和谐与内在圆融的封闭结构中冲破出来，在张国龙先生 1997 年德国毕业作品展的《方·圆》系列作品上，尽管圆看起来还是圆，但已经被纠结与皱褶的肌理所充斥，不再是光滑自足的圆，圆的核心不再是中心点，而是一个黑色或白色的方块，而方块中还有着黑点，或者是被分割的书法册页，中间还有红色色块来连接。由此形成了两种文化与两种感知的对比：西方抽象的肌理材质与东方书法法帖的对峙，强烈的触感与平坦的文字，大块的金色与小块的墨色。如此多重感知的丰富对比，打开了张国龙最初的形式语言与生命感知的张力。

当然，在略微同时稍早的《阴·阳》系列上，"圆"则被瓦解，打散，撕开，并且出现了纯粹抽象的红色的点与方块，传统自足的"圆"已经被混沌的力量打破，被内在与外在的双重力量所打碎，但在打碎中还有着加速度能量的新势生成，在圆环瓦解之后，要获得的是生命的能量，是那被解放的生命能量，而总是从生命本身的个体能量与宇宙能量来思考艺术，形成绘画或绘画装置的图像，这是张国龙作品的基本出发点，并且还要从物质中施行能量的转化，从中唤醒物质的元素，即土，火，气，水等元素的宇宙能量，使之具有生命的感受，同时克服个体生命的有限性，使之融入到飞翔轻盈的力量场中，这是张国龙生命宇宙艺术的基本转化方式。

从欧洲回到中国后的张国龙，开始更为自觉地回到中国当代艺术的宇宙图景的完整建构中。他更为自觉地开始思考人本身，思考生命本身，这是他 2003 年的作品《人，从，众，苁》，是艺术家从自我的危机意识上升到人性一般的思考，以布袋为材质，或扎，或绑，或撕破的方式，呈现出一个个的拟态人性，或者纠缠起来如同盲肠一般，让我们感知到生命的困苦，被献祭的痉挛，当然其中还回响着德国当代艺术家博伊斯的某种记忆，但带入了个体独特的文化解释与图像重塑，一个个样板化的与模板化的，稻草人或空心的生命，但也是有着痛苦挣扎的生命群体。张国龙此后的艺术，从抽象绘画深入到材质转换，不再仅仅是平面绘画，而是走向各种材质的开拓，而且是选取破碎的（人体残肢），无意义废弃的（布袋与石头），消除了地方性的（黄土的元素性），处于融化状态的大漆，等等材质，借助于剩余之物与废墟化的堆积来拓展表现力。

二、三问：问人，问地，问天

21 世纪最初十年的艺术，张国龙的艺术围绕三个维度展开了彻底地追问，即中国文化特有的"三才"：问人，问地，问天，他不是直接挪用传统的天地人之和谐的宇宙观，而是面对现代性的转化要求加以全方位的彻底重构。

首先是追问的姿态，张国龙并非仅仅是一个画家，也不仅仅是一个艺术家，而是具有他自己对于艺术本身元理论深入反思的哲学观，他要追问，追问乃是艺术反思精神的体现，他要问天问地，而首先则是"追问生命"与天地的原初关系，当然也要追问材质自身的宇宙能量之表达，这也是为什么他要把生命的视觉眼球加以解剖学的分解还原和重构，要把生命本身分解加以悬空的空间装置呈现（2010 年的《人在哪》），以及对于生命痕迹的大地谱系学的还原（2008 年的《生命·痕迹》），都是为了重新发现生命的生机。

同时，他也追问"大地"，从黄土系列的抽象绘画，到装置作品中让无数的手臂与大腿从地下生长出来，这既是生命的抗争与控诉，也是生命不止息生长的指向！是生命的逆觉，只有从一种倒转的、逆觉的，死里复活的，深入转化的感知出发，才可能带来震惊的视觉效果与激发反思的强度。张国龙也追问"天空"，把天人的痕迹对照，建构新的天人关系，把天空浩瀚与浩渺的宇宙爆炸形成的繁星，与人间的沙化残痕，形成对比，打开了高维的幻化想象空间。而在《问天·观象》中，张国龙明确告知我们，新的视觉形象的生成不是从现成事物与抽象几何中获得，而是必须从生命的形态，从生命生长的角度，从生命与宇宙的原初感应关系中获得，因此他以铁丝

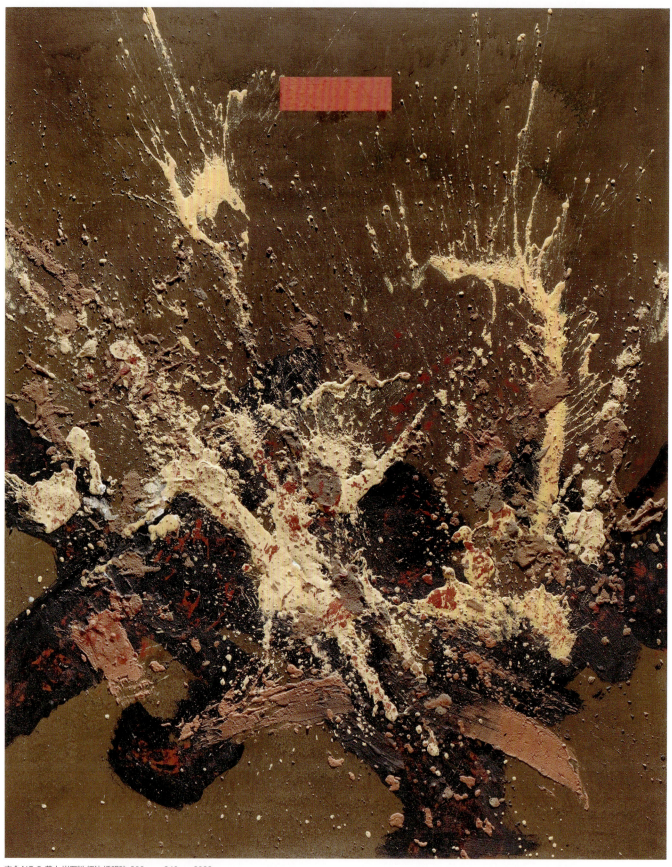

交合 NO.3 黄土 岩石粉 细沙 透明胶 300cm×240cm 2022

交合 NO.4 黄土 岩石粉 细沙 透明胶 300cm×240cm 2022

做出了很多奇形怪状的小雕塑，看起来如同恐龙，如同动物，如同飞行器，如同人体器官，总而言之，如同飞鸟，一旦悬挂在空中，似乎要飞翔起来。

这些"问天"式视觉形象的生成，具有重大艺术感知的价值：其一，这是原始宇宙感知的唤醒，是向原始巫术以动物肠胃占卜方式的回归，但首先要让物象回旋起来，因为只有回旋可以让事物获得加速度，由此张国龙转换了之前的方圆系列，使之如同光盘一样，如同光轮，开始连续地产生回旋的动感，这令人想到三星堆的太阳轮，以及杜尚1926年以盘子旋转做成的电影。然后则是《象·蒸发》中能量的融化与涌动，似乎是宇宙大爆炸的混沌成像，进入混沌，才可能生成新的图像，这是20世纪艺术最为基本的创造方式，波洛克如此，汤伯利也是如此，张国龙则以自己的方式开始重新"造象"！

与传统最为重要的差别是，张国龙是以《温度》的燃烧方式施行的，这来自中国文化生命宇宙技术中的丹鼎之炼丹技术，以及中国古代造物的宇宙技术，从陶器到瓷器的融化原理，把炉灶中的火焰以绘画的方式重新聚集起来，在张国龙的作品上，就形成了太阳与月亮中间融合起来的花瓣形态，尤其是画面上出现了火焰跳跃着的神秘光焰，这是火苗跳跃时所启发的神性，对于瞬间光焰的捕获，才是生命宇宙技术最为兴奋与最为必要的凝聚。

在2011年《悟道》这个作品上，一道天柱，如同宇宙的天梯，贯通上下，隐秘的光焰在高处燃烧，建构一个宇宙的天梯图景，这是幻化想象力的完美体现，是张国龙自己的宇宙神话，这已经不是艺术的崇高，而是文化原初想象力的重建，是贯通古今中西生命宇宙技术的宏伟想象力。随之出现了"三角形"，三角形倒立得尖锐显然要击穿一切，在2011年的《观天》中，张国龙把传统地球仪的宇宙技术与西方金字塔结合。其二是"即刻幻化"的想象力唤醒，这宇宙万物泛灵论的想象力，让器物具有了魂魄鬼怪的灵性；其三则是打开了多维的感知空间，不再局限于大地与眼前的对象，而是充满在天地之间，打开了天空与大地之间的超越维度。

此高维空间的打开方式后来会变得更为明显，这也形成了张国龙随后艺术作品最为基本的展示方式：作品以绘画装置的"悬空"方式呈现，打开一个高维度的"仰视"空间，具有萨满教式的"神圣感"，代表着中国"场域艺术"的崇高性。

这在2010年的《造象》上最为明确地体现出来，一条巨龙在空中展开自身，似乎在咆哮与奔跑。我以为，张国龙先生的这件巨幅装置作品，可能影响刺激了徐冰后来以垃圾堆积而成的《凤凰》。

一旦形成如此彻底的三重追问之后，随之而来的问题就是，如何再次"贯通"这三者，并形成新的"感通"？生命宇宙技艺的核心是重建天地人的感通逻辑，这是中国式哲学最为根本的诉求，如同李泽厚先生的思考，但对于张国龙而言，这不可能依靠传统的某种建构方式来制作艺术，而必须发明新的宇宙图景，以当代艺术的语言，以个体化的敏感，形成新的感知结构。

但这是当代艺术中无人做过的工作，只有纯粹依靠艺术家自己来进行苦思冥想与深入挖掘的艰苦创作，无疑，张国龙找到了自己的方式，这就是2008年的《道·象·气》，这个作品的出现，形成了宇宙能量的一气贯注，既是对传统道家"通天下一气"的重新理解，也是激活宇宙能量如同天柱一般地炸开，或者如同王羲之的那幅《大道帖》一般的灵气冲天，当然这还仅仅是第一步的唤醒，随之更为重要的则是建构维度，打通天地人的那个虚空维度，一个并不存在的维度，除非通过作品来打开。

张国龙先生对于维度的思考，就不仅仅局限于对二维平面绘画与三维立体雕塑的改造，也非仅仅是某种装置多维度的中国式拓展，而是要打开心灵"幻象"（phantasy）的更高维度。

三、悟道贯通的三角

这是幻象的更高维度！即通过悟道的天地感通，形成灵媒的连接，这就需要艺术家有着高维度空间的想象力。而要真正打开更高的维度，还需要更为彻底的从天而来的想象力，或者"即刻幻化"的想象力，不是从人间而来，而是要从太空而来，从宇宙的神秘中获得顿悟。角形的宇宙技术加以综合，形成了新的"观天悟道"的维度。这个维度的打开，张国龙还是以"三角"的角度，就是他自己"悟道"悟出来的三角形，从上往下的倒三角所形成的尖角，从天而下，"击穿"空间，施加"遥感"，或者从左右两边形成对峙的尖角，都是为了击穿混沌，宇宙的液体由此隐秘地泛出来，开始物质性地流溢与流动，让艺术的材质具有一种液体般的流动与喷涌感，这是张国龙的生命感知力的可塑性，不同于基弗的纪念碑式凝固的关键！

张国龙先生发现了自己建构空间维度与视觉图像的感知力量，这是在两种文明的相遇中，来自于西方地中海的三角形几何学理性，与来自中国的东方混沌气化的感通性，在带有瓷器融化与大漆坚固的双重感知中，以有形与无形的悖论方式进行了综合。或者三角形的尖角从下往上，形成《天上·人间》的维度空间，这在2011年上海美术馆的两层展示空间中，得到了全方位的呈现。

四、场域绘画的宇宙图景

在张国龙教授确立了自己基本的造象艺术与宇宙图景之后，他2010年之后的十年创作活动，则更为自由，更为博大，不断完善着之前的三角形与空中装置的绘画。

从宇宙能量的生成与视像形态的生成上，艺术家让材质更为内在的交织与混融，体现出升腾的能量，不仅仅是黄土，也是水土，还有光气，就是把不同的元素以更为凝练的方式，以书写的笔触，爆发式地表现出来，或者就是利用沙子在作品上炸开，形成不同于水墨现代墨象的绘画，但依然体现出材质与生命的内在关联，体现生命存在的博大与广袤，让生命融入宇宙，继续扩展综合材料的表现力，但具有内在书写的爆发力，是个体生命动作的在场化，是个体能量融到绘画材质炸开的势态中，这是中国式能量表现主义的极限表达。

这在《长城》这幅巨幅作品上体现得最为充分与完整，张国龙在建构他自己的宇宙哲学以及历史哲学，长城成为一种贯穿历史的长河与长龙，就是他心中的一道不可磨灭的历史印痕，是他把宇宙的龙与大地的生命痕迹，耸立起来，成为历史的一道个体化的图像建构，是他自己重构的历史景观与文化叙事。

这也是中国艺术家张国龙与德国表现主义大师基弗持久对话的成果，在厚度与强度上的较量，但一直带有张国龙他自己东方哲学的宇宙图景，这个宇宙图景是张国龙与基弗艺术观念最为根本的不同之处，因此就导致无论是材质的选择，还是图像的生成，抑或是作品的呈现方式，都非常不同。

我们有必要就二者的艺术做一些重要的区分：不同之一是张国龙的艺术是宇宙能量的内在涌动，而不是板结式的凝固，这是东方生命宇宙哲学与西方悲剧反思的根本差异；不同之二则是柔和性在绘画性的表达，张国龙对于整个传统艺术资源的征用与转化超乎寻常的丰富，除了生命宇宙的图景与基本的文化图像，还有大漆与水墨等材质，尤其是在花鸟画与装饰的纹理上，让我们既可以看出张国

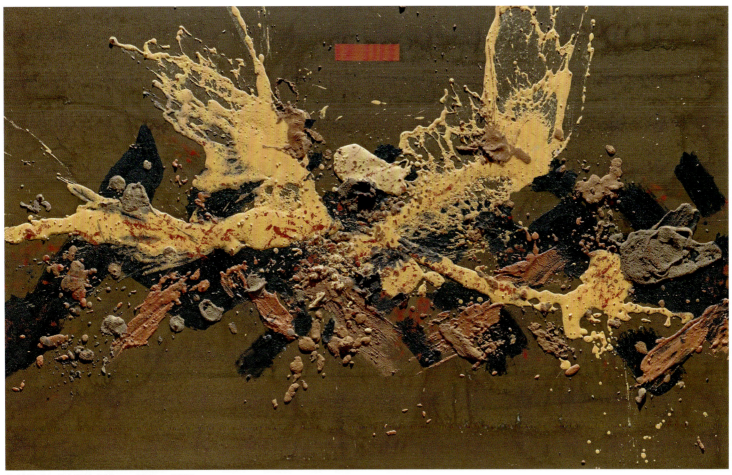

交心NO.21 综合材料 230cm×150cm 2022

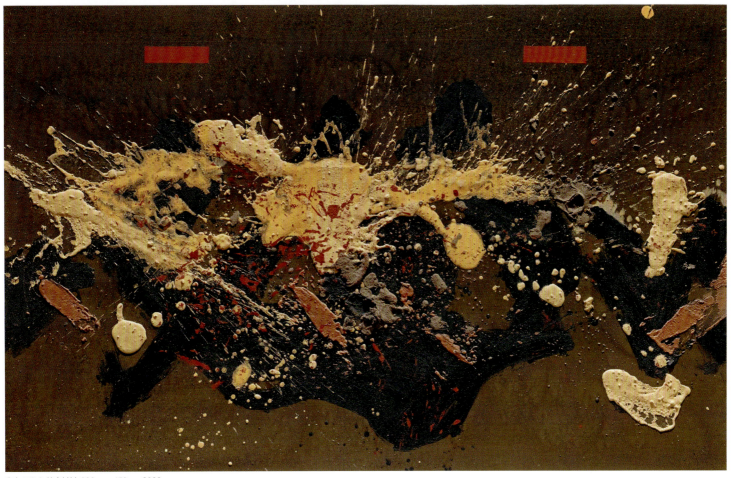

交心 NO.2 综合材料 230cm×150cm 2022

交互 NO.1 综合材料 200cm×200cm 2022

龙的古典艺术修养，也可以看出其柔韧细腻的抒情性，花卉与梅枝以综合材质描绘出来，既典雅又充沛，这是传统没有的表现力，基弗后来的水彩画也许具有此相似的魅力。第三个不同则是各种肩负的使命与理念不同，基弗主要是反思 20 世纪德意志精神败坏的灾难，而张国龙则是要唤醒中国文化内在的宇宙意识与生生之德。最后一个不同则是就空间装置的场域化而言，张国龙把整个空间按照天空与大地，不是"天下主义"，而是宇宙的"天地主义"维度加以展布，让空间本身具有宇宙能量流动的贯通性，而且巨幅作品主要采取空中悬挂的组合方式，具有动态的轻盈。

之前具有代表性的金字塔式三角形，作为抽象的符号与器物式的标识，其中亚克力之为绘画的平面也凝聚着混沌涌动的气流，在叠加中形成了一种能量发动的气场，就如同火箭发射台一样，能量的爆发既需要绘画的平面与形态，还需要空间场域的组合。这就出现了张国龙《日月·星辰》的作品，很多的三角形绘画装置，以各种形状，并置在空间，暗示宇宙星体，在颜色的照耀与彼此映照中，还与周围的绘画，以及垒集起来具有梦幻色彩的空间作品一道，建构起心灵感应的神秘场域。

这种场域式的绘画装置空间，不同于传统的墙上平面绘画，不同于当代多媒体的数字化沉浸艺术，而是建构一个立体的场域，场域化的绘画才是中国艺术的未来。对于张国龙而言，这个场域的绘画世界，还具有贯通天地人的感通性，是生命宇宙技艺的当代表达。艺术要围绕这个宇宙图景来形成视觉张力，建构形象，艺术才有着自身生发的源头，有着自身独特的感知逻辑，从而摆脱了对于西方观念的依附。

我们在最近天津滨海美术馆《风生水起》的现场再次感受到这个天地宇宙图景的当代表现，比如《飞舞》这个大型装置绘画中的《龙飞凤舞》，在艺术家的自我表达中，龙飞凤舞是本次展览主题"风生水起"的物化形态。龙，是阳性的象征，寓意着朝阳，龙之根是民族的信仰，龙之魂是宇宙的情怀，龙之韵是虚实的审美，龙之梦是无敌的睿智，龙之兴是恢宏的气度。而凤凰，是阴性的象征，寓意吉祥如意，耀眼的百鸟衣献给了凤凰，赞美着凤凰的潜质与热情，百鸟朝凤是一种聚会的力量。作品以亚克力和中国大漆的绘画组合而成，这是整合了之前的相关元素，重新改造了中国传统的青龙白虎的"四象"体系，而回到文化生命的图腾龙凤上，也是对于阴阳的再次重塑。这是张国龙自己发明的图像集，是对中国龙凤的生命宇宙与文化历史图像的当代重构，如此的具体，又具有抽象的提炼，还具有象征的力量，这是一种中国式的整体艺术，是一种凝缩历史主题与个体感知的场域艺术，如此的艺术才充分体现出中国当代艺术的世界贡献！

极地生花 装置 2023 青岛西海美术馆展览现场

"风生水起——张国龙大型空间艺术展"展览现场 天津滨海美术馆 2021

对时空、历史与生命的执着追问——我看张国龙的创作

文 - 鲁虹

张国龙的艺术年表告诉我们：虽然在 20 世纪 80 年代初期，他曾经依据特定情境创作了一批具有"乡土现实主义"特点的绘画，（见作品《高原》《黄河摇篮》等）但自从他于 1991 年赴德国留学以后，因深受德国"新表现主义"绘画——特别是其代表人物基弗的影响，所以其艺术创作的逻辑起点有了很大的调整，而这也决定了他后来的艺术发展之路。

熟悉世界艺术史的人都知道，所谓"表现主义"的艺术倾向虽然在世界各民族的绘画中早已有之，但形成特定艺术风潮还是在 20 世纪之初的德国，并具有艺术史的意义。其主要是由"桥社""青骑士社""新客观社"等团体的接替发展才形成。代表性艺术家有凯尔希纳、康定斯基、马克等人。据一些学者研究，德国"表现主义"之所以能够在世界艺术史中占有十分重要的地位，不但与本民族深厚的文化传统有关，也与法国野兽派、非洲木雕、印度早期佛教壁画等外来艺术的影响有关。特别有意思的是，"表现主义"绘画一经产生，很快就流行于德国，然后迅速波及到了北欧与世界。以远在亚洲的中国为例，还是在 20 世纪 30 年代，鲁迅先生就曾经向国内读者多次介绍过德国表现主义版画与其代表人物珂勒惠芝的作品，遂使中国的新兴版画带有明显的德国"表现主义"痕迹。与此同时，亦有"决澜社"中的一些艺术家或同仁在受到德国"表现主义"绘画启发后，巧妙结合中国的写意传统展开了难能可贵的探索，结果为中国的现代艺术注入了新鲜的血液与巨大的活力，其意义怎样估计也不会过高！而当时比较有影响的艺术家有林风眠、关良、刘海粟、常玉、吴大羽等人。仔细想来，德国"表现主义"的艺术追求，如强调主客观的碰撞、图像的再造、用笔的自由、个性的伸张、情感的宣泄、即兴的表达、构成的随意，在本质上与中国传统的"写意文化"有着一定相似性，故一些中国前辈艺术家在当年所做的历史性选择非常合理，值得我们做更加深入的研究。很可惜，因为持续的战乱、日本的入侵或 1949 年后极左的文艺政策使然，遂使这一本来极为正常艺术追求受到了莫名其妙的打压。只是借中共十一届三中全会召开的东风，一些更年轻的艺术家才接上了老一辈艺术家相关探索的路线，并有着十分精彩的表现！后来的历史足以证明：如果说，中国艺术家在 20 世纪 30 年代与德国"表现主义"的遭遇算得上是"第一次握手"；那么，中国艺术家在 20 世纪八、九十年代与德国"新表现主义"的遭遇则相当于"第二次握手"，也因为赶上了十分开放的文化大背景，于是也获得了更加辉煌的学术成果！这里需要说明的是，上面所说的"新表现主义"特指一批卓越的德国艺术家，如基弗、伊门多夫、巴塞利兹等人，在合理继承的基础上，用一种全新的概念演绎或发展了德国的"国粹"，进而率先突破了在世界范围内现代主义苍白空虚的表现境地，以致使绘画本身获得了再生。而"新表现主义"艺术能够率先诞生于德国，且为世界所瞩目，除了其深受北欧传统哲学的影响与传统"表现主义"的启迪之外，也因为其诞生之时主动采取了切入当下与超越时尚的文化策略。

最近，因为要撰写此文，我认真看了艺术家张国龙的一系列创作，结果我发现：30 多年来，这位有着强烈使命感的艺术家所始终极力强调的价值观一直就是"激活传统"与"再释传统"，其具体实施的创作方法为：一方面从东方审美理想出发，想办法使来自德国的艺术经验中国化；另一方面则站在现今的立场上，想办法将我们传统中仍然有着生命力的艺术经验向当代转型。不过，这两者在更多时候又是相互生发的。也正是往来于传统和现代、东方和西方之间，才很好成就了他的艺术。倘若仅仅从中国文化的本位立场出发，或者完全从"新表现主义"绘画的角度出发，我们根本不可能将问题谈得十分透彻。具体来说，在创作过程中，他始终在想办法寻求将中国的艺术传统与德国"新表现主义"绘画加以融会贯通，由是就使他逐步形成了具有个人特点的艺术面貌，而从此角度出发，我们并不难理解西方学者胡内克曾经说过的话："我们对于他者感兴趣的地方，恰恰是我们不能理解或不能完全理解的东西，而我们对于本国艺术形式的推崇，则在于它体现了我们最熟悉的东西。我们能建立起自己的身份感。这两者都各有存在的必要，紧张和运动总是产生于两个平等元素的交流与对峙。"

就艺术家张国龙而言，虽然其作品主题与表现手法不断在发生变化，但有一点始终是没变的，那就是：他以关注个人的身份定位与文化本源为前提，总是执着的将作品本身与中国现实，以及历史联系起来，进而呈现出了对时空、记忆与生命等重大问题的沉思与观照。以他在 1993 年创作的《黄土魂》系列为例，就以中国符号与中国材料为基本表现元素，深情讴歌了养育我们伟大民族的黄土地，并由此抒发了他内在的感怀与情结，进而引发人们的丰富回忆与联想。至于在艺术表现上，我注意到，他不仅强调从传统艺术的表现方式，如传统书法与传统水墨画等中汲取了有益营养，然后进行升华，直至转换为自己进行激情表现的工作方式；同时，他还很好借鉴了基弗的做派，即将泥土、石膏粉、颜料等堆积成类似浮雕的大块面，于是也形成了注重抽象和具象结合、绘画与综合材料结合、硬边处理与任意泼洒的结合、宏大叙事与内在感受的结合的特点。其实，相关特点在他后来的作品中也得到了出神入化的发挥，比如，他在 1997 年创作的《天地》系列中，就以传统的方圆文化符号、中国碑帖、宣纸等为基本表现元素，视觉化的表达了他本人对传统文化中有关"天圆地方"概念的再阐释。此外，正如基弗并没有将艺术创作仅仅局限在二维画面上一样，张国龙亦创作了一些令人叹为观止的装置作品，像《观象之云龙雾》就以传统皮影材质表

现出了巨龙飞腾于云气之中的美好意象；而相同的手法也见之于作品《观象之云凤雾》，类似作品总是会让人俯今追昔，感慨万千……很明显，张国龙的艺术智慧之处是既运用若干传统文化符号、特殊材料的质感、颜色和形状构成了其作品，也通过有意味的组合使这些元素内在的"生命活力"释放了出来。所以，当有着相关背景的观众通过凝重深沉而神秘的"中国基调"，便能敏感的体悟到一些包含于其内的文化观念或精神性信息，记得马蒂斯曾经说过，符号是根据进行中的作品自我暴露时才被确定的，而作品结构的严密性则出现在创造的结束而不在开端。作为优秀艺术家，张国龙当然知道其中的奥秘所在，这也使他逐步达到了自己的艺术目标。

我无疑还可以举出更多的作品作为例证，但限于文章篇幅就不这样做了，而以上文字足以表明：张国龙以一系列优秀作品向学术界提出了如何通过融汇传统艺术与西方艺术建构当代中国艺术价值的问题，因此，张国龙的艺术个案为中国当代艺术的发展提供了一种有益的视觉样本参照，其意义不可低估！

在我即将出版的新书《中国当代艺术史 2000—2019》中，我将"再中国化"问题当作了写作的核心概念。文中，我这样写道："如果将 20 世纪 90 年代以来的创作现象与 20 世纪'八五新潮'时期的创作现象做一番认真的比较与研究我们不难发现，艺术家们在不同时段所面临的文化情境已经完全不相同了：在'八五新潮'时期，艺术家们主要突出的是'反传统'的价值观。并且当时主要是通过挪用西方资源，如观念、图式等表现手法来与传统拉开距离，于是也使艺术创作和传统文化形成了二元对立的关系；但自 20 世纪 90 年代以来，艺术家们却突出的是与传统再连结的价值观，即在有效借鉴传统时又尽力改写传统，其方法是将传统中具有当代价值的元素予以放大，进而根据对现实的感受去创造更新的传统——当然，在此过程中亦会选择借鉴一些西方有益的元素，因此，新出现的艺术传统在很大程度上，其实是中西文化相互交融的产物。"也正是基于此，我在本书各章节中，结合许多优秀艺术作品对传统资源的合理借鉴的问题进行了逐一评介。而且，我还强调指出：通过想办法从传统中寻求借鉴，才能很好地解决中国当代艺术与传统断裂的问题，其实，在我们优秀的文化传统中潜藏着许多与当代文化对位的因素，关键在于我们如何去发挥它，转换它，在这方面，尚有许多空白文章可做！而这对我们摆脱西方影响的巨大阴影，以争取在参与到国际对话时，凸显明确的中国身份和文化立场肯定有好处；其次，这样做也有利于艺术家们用更合适、更贴切、更新颖的方式去揭示作品的内在意义；再其次，与上一点密切相关的是，这样也有利于大多数本国观众对作品意义的读解。毫无疑问，张国龙与大多数艺术家一样，做得非常好，这是令人甚感欣慰的！

2022 年 6 月 2 日于武汉合美术馆

"吾天吾地——张国龙大型空间艺术展"展览现场 武汉合美术馆 2022

"吾天吾地——张国龙大型空间艺术展"展览现场 武汉合美术馆 2022

同体 No.1 直径 180cm 综合材料 2020

同体 No.3 直径180cm 综合材料 2020

孕育 综合材料 240cm×300cm 2022

交会 综合材料 300cm×240cm 2022

陈 坚

CHEN JIAN

1959 年出生，籍贯山东青岛，中国美术学院教授、博士生导师，广州美术学院客座教授，湖北美术学院特聘教授。现任中国美术家协会理事、中国美术家协会水彩画艺术委员会主任、中国美术馆专家评审委员会委员。多次担任重要展览评委，国内外多次参加国家级重要重大展览，作品被多家重点美术馆收藏。

拍摄：田莉

茫 纸上作品 151cm×105cm 2022

不管画什么，怎么画，归根到底都要回到人本身，无论是做艺术还是做人，最终的理念就是 ——"真"。

—— 陈 坚

山涧的白光 纸上作品 45cm×54cm 2023

陈坚：以光为媒

文·胡少杰

再次见到陈坚，他略带倦容，像是一位刚刚云游归来的僧人。面容稍显清瘦，目光中略带风尘，言谈依旧风趣、恳切。谈及这次帕米尔之行，陈坚的心情有些复杂，原本静谧的高原变得纷纷扰扰，到处都是成群的游客，酒店、民宿、商业街比比皆是，朴实憨厚的牧民们头上的毡帽变成了棒球帽，宽敞的大院子变成了整齐划一的居民楼，看到这些陈坚的心中不免有些失落。但是想到他们艰苦的生存环境能够因为商业开发而得到改善，陈坚又替他们感到高兴。那些世代生活在这片净土上的塔吉克人，有的热情地拥抱着一切改变，有的则选择坚守在那高原的更深处，只是面对强势的现代文明，再深远的山林，一样会被时代的浪潮冲刷，而我们也越来越不确定，这浪潮过后，留下的这人间乐园里上演的是喜剧还是悲剧。带着这种复杂的心情，陈坚结束了今年的帕米尔之行，从纷扰的高原飞回北京安静的画室。

对于一个画家来说，画室永远都是最好的归宿。精神的高原，可以是万里之外的帕米尔，也可以是内心极深处，因为它们都是干净灵魂的应许之地。诚然，我们都离不开俗世的生活，每个人都有各自的牵绊，丝丝缕缕，缠缠绕绕，但是干净的灵魂和世事洞明并不矛盾，他们在这红尘泥淖中总能够给自己寻得一处安放灵魂的所在。陈坚从高原归来就开始埋头在画室的案前，那些堆叠的画作，那铺好的白纸，都变成了陈坚精神的乐园，灵魂的净土。

我们在陈坚画室的墙上看到了叔本华那句著名的格言：要么孤独，要么庸俗！显然，陈坚是远离庸俗的，那么他就注定是孤独的，孤独让他清醒，让他在喧嚣中辨明了生命的本质，坚定了艺术的信仰。孤独也让陈坚画中的那些植物一般的塔吉克人，那些冰山和深海，幽林和湖泊，毫无人间的习气，像是世外的风物。一路走来，陈坚越来越笃定自己到底要做一个什么样的艺术家，这个世界的繁华与沉沦自有它的因缘，而红尘散尽，最终能够留下的肯定是那些最朴素的干净的灵魂的印迹。这些印迹以哲学、艺术、文学、科学的方式变成永恒。

在陈坚的画室中我们有幸一一看了他近年的新作，在最直接的观看中，心灵的触动来得具体又绵长。在《寂》《白光之二》中，依然延续了他风景绘画的静谧与神秘，前景幽暗，远景透着微光，画面清冷中透着温度。《激情与浪漫》《茫》《春季》《龙井山瑞雪》等作品虽然依然在"状物"，但已然意在物外，那依稀可辨的海浪与天空，沙滩与人群，以及山野与瑞雪，在变幻的光线之下，激越、微茫、曼妙、情致翩翩。在《仰》《丛林里的光芒》《玄幻之境》等作品中则已逐渐隐去风物形貌，开始把光作为最主要的描绘对象，炽烈照耀迷蒙，如梦似幻。《湖光系列》《沉浮之雾》则完全放弃了具体物象，仅以流动的光和色来完成一个全新的精神世界的摹写与安放，那么抽象的形式在陈坚这里只是一个视觉的结果，一个光和色的容器，这是陈坚在绘画语言上做的一次全新的尝试，光与色完美组合，简静、清透、玄秘。而《安详》和《逝去》则是陈坚在青岛侍奉病重的母亲时，于老人弥留之际画下的临别之作，作品《安详》冥冥中自然形成的图像痕迹神似上升的灵魂，而右下角隐约可见一个婴儿的面容，仰视着飞升的灵魂。《逝去》中两棵树一老一小，像是在冬日的深林里行走的母子，老树在前，小树在后，只是光阴如流水，生命的逝去在所难免，而总有新生待发，在四季交替中，生生不息。

逝去 纸上作品 76cm×102cm 2022

暗色的心境 纸上作品 75cm×102cm 2023

暮光 纸上作品 47cm×30cm 2023

丛林里的光芒 纸上作品 151cm×102cm 2021

龙井山的景色 纸上作品 102cm×151cm 2022

仰 纸上作品 103cm×151cm 2021

沉浮之雾 纸上作品 172cm×76cm 2023

　　陈坚的绘画中始终有光存在。无论是人物还是风景,无论是具象还是抽象,光一直是陈坚绘画中一个内在的主题。当然,这种光不仅仅是一种物理的光,它更多时候是从画面中透出来,甚至是挤出来的光,它来自语言和形式之外,甚至来自现实世界之外。不同于西方宗教绘画中的信仰之光,不同于文艺复兴之后画作中常出现的人文之光,也不同于印象派诸家的自然之光,陈坚绘画中的光似乎是来自一个极致单纯的精神世界。那个世界一尘不染、阳光普照,那个世界没有俗世的喧嚣,没有莫测的人心,没有虚情假意、尔虞我诈,那里的每个人都有一个干净的灵魂,那里广袤、辽远、寂寥、孤独。

　　陈坚用他的绘画把两个世界连接了起来,而"光"就是连接两个世界的媒介,是打开通往那个世界大门的钥匙。陈坚作为这把钥匙的制造者和持有者,他在这个世界中看着那些一身疲惫的人们,在他的画前逡巡,就像是看着那些准备登上帕米尔高原的游客一般,心情复杂。只是陈坚依然是悲悯的,他为满是游客的帕米尔高原而失落,同时也为那些戴起棒球帽的塔吉克牧民能够改善生存环境而高兴,那么看着他画前那些疲惫的灵魂,陈坚一定会变成一个摆渡人,一个接引者,然后对每一个人说:欢迎光临,新世界。

激情与浪漫 纸上作品 151cm×94cm 2022

陈坚的风景画则是探求不同寻常的意境，他总是把平常的景色营造成可以表达心绪与心境的风景。营造，既出自他创造性地运用各种丰富的水彩画艺术语言，也来自他的激情想象、他的诗意生发以及他的学养、修为和品格。

———— 尚辉

龙井山瑞雪 纸上作品 105cm×151cm 2022

玄幻之境 纸上作品 90cm×148cm 2022

海边的树 纸上作品 38cm×54cm 2021

湖光系列之三 纸上作品 147cm×240cm 2022

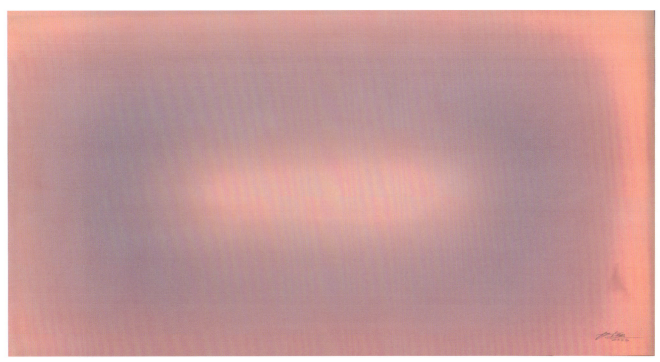

湖光系列之一 纸上作品 107cm×207cm 2022

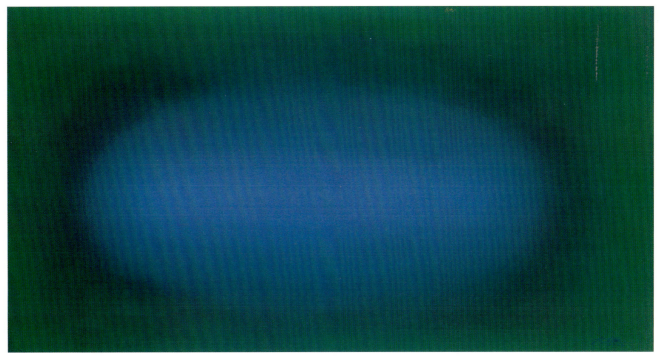

湖光系列之二 纸上作品 208cm×109cm 2022

疫景 纸上作品 73cm×107cm 2022

湖光 纸上作品 57cm×73cm 2022

夏福宁　XIA FUNING

图片 / 由艺术家提供 编辑 / 雯子

1962 年生于中国南京，1981 年就读于苏州大学艺术学院美术系，1985 年任教于天津工业大学艺术学院美术系，2020 年受聘于南京师范大学美术学院研究生导师。现居住于北京，职业艺术家。

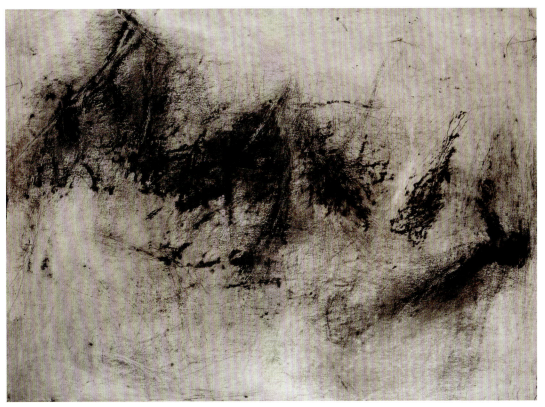

不虚 NO.2 纸上油画 110cm×80cm 2021

我不会固守着某一种语言风格，但是我的变化都是为了能够更接近事物背后那个不可知的世界，以及更接近自己内心最隐秘的感受。

———— 夏福宁

无妄 NO.2 纸上油画 110cm×80cm 2021

夏福宁：神性的痕迹

采访 – 胡少杰

编者按：

柏拉图把世界分为现象和理念，我们看到的一切都是现象世界对理念世界的模仿和分有。康德把世界分为现象界和不可知的自在之物，我们感知到的世界只是现象，而现象背后存在着一个无限的"物自体"世界，"物自体"永不可知，但是它却是一切可知世界的根源与来由。西方传统的形而上学走入了二元论的困局之中，如何破局？哲学家有他们的路数，而站在局外的艺术家，在探究终极问题之时，以完全不同的方法论或许能够找到一些接近真相的答案。

这是我看到夏福宁近作之后的一些感想。夏福宁的作品总会让观者产生这种关于终极问题的思考，从早一些的"物象"系列，到混沌枯寂的山石、苍莽的残垣古迹，再到这批完全抽离物象只剩下线和痕迹的近作，我们看到的是一位极具思辨深度的艺术家，以视觉为语言进行的长达数十年的潜心探求。这条逐步深入、推进的脉络，是一位艺术家一步步进入那个不可知的世界，并且带回答案的过程。而到了如今的这批作品，我们看到的是一种剥离掉了一切虚浮的表象，直抵不可知的世界之后和作为主体的"自我"浑然合一的结果。在这里没有了现象世界和理念世界，没有了"物自体"，那些动人心魄的色块和痕迹、那些自由又持重的线，都是"我"和世界背后的真相融通共生的证据。

我们共同经历了这个世界的纷扰与慌乱，外部世界风雨如晦，我们的精神世界也难获安宁，好在还有夏福宁这样的艺术家，他的沉静与超然，让他依然能够体察到这个世界最隐秘的精神之光，体察到人性与神性的乍现灵光，然后把它们化作了作品中的灵韵与清气，化作了《寂光》《空相》《无界》……在一遍遍皴擦与交融中，繁华落尽，纷扰也归于安宁，现象与现象背后的世界，也终将归于"无明尽"处。

漫艺术 =M: 夏老师，您这批新作越来越单纯，物象的痕迹越来越弱，我记得您 2013 年在中国美术馆做展览的时候展出了一批很有"现象学"意味的静物作品，十年过去了，再回看那批作品，您觉得两个阶段的作品之间存在什么样的内在联系呢？

夏福宁 =X: 我早期的作品通过对物象的表述，追寻表象世界背后的精神逻辑，形而上是我探究的兴趣。近期的作品通过对物象的消解和转换，追求更纯粹的视觉语言。几条线、几块肌理、几块颜色就能进入一种无限的精神自由之中。我觉得只有在相对纯粹中才能获得自由，而自由又可以让你的精神连通某种神性的东西，那是一种可遇而不可求的精神体验。我不会固守着某一种语言风格，但是我的变化都是为了能够更接近事物背后那个不可知的世界，以及更接近自己内心最隐秘的感受。

M: 进入到这个阶段，相比以前的创作是变得越来越简单，还是越来越有难度？

X: 越来越难，画面越简单画起来越难。因为之前还可以借助一些物象来表达，现在是直接面对物象背后的东西，面对一个深不见底的世界，你只能把自己完全放进去，赤身肉搏。但是越难越有趣，越吸引我，也越接近我对艺术最本质的追求。对于我来说，绘画的形式并不重要，也不是我关注的重点，我最感兴趣的还是精神性的问题。

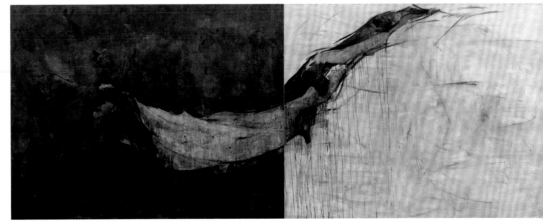

死侍 NO.1 综合材料 160cm×420cm 2018

死侍 NO.2 综合材料 180cm×286cm 2018

M: 您觉得这种精神性，是来自艺术家自身的精神世界呢，还是说他以艺术的形式呈现了世界背后的某种不可知的东西？

X: 首先是来自于艺术家自身的精神世界，他必须有丰富且细腻的精神世界。这个精神世界的建构基于他的阅历、学识、天赋，甚至是基因（物理基因和文化基因），它们会以一种无形的方式充盈到你的创作中，这就是那些不确定的线、那些肌理和痕迹的来源。另外，你的精神世界是需要和外部世界进行连通的，艺术就是用一种可见的方式把你从精神世界中获知的关于这世界背后的东西，比如真相、规律等转化出来，给观众提供一种认知世界的新的方式。

M: 您在创作中追寻的这种不确定的、精神性的东西，会随着您生命阅历的积累、随着时间的推移而变化吗？

X: 应该是变化的，因为你的生命体在变化，世界也在变化。但是无论怎么变，艺术家的创造性是恒定的。这种创造性反映了艺术家对世界的认知和对当代艺术的贡献。

不虚 NO.1 纸上油画 110cm×80cm 2021

度厄 纸上油画 110cm×80cm 2021

无界 纸上油画 110cm×80cm 2021

无明尽 NO.1 纸上油画 110cm×80cm 2021

空相 纸上油画 110cm×80cm 2021

M: 那这种对世界的认知，如何呈现在作品中？因为您好像一直都不是用创作直接介入当下的现实世界，您如何看待您的艺术和现实之间的关系呢？

X: 我个人对现实有自己明确的态度，由于我的性格所致，往往和现实世界采取了一种不合作的态度，但是这种态度注定是孤独的、悲情的、远离喧嚣的。

M: 您提到的这种出世的文人风骨，在您的作品中也能感受得到。这种东方式的文人气，似乎贯穿了您整个创作脉络，这是您在创作时主动追求的，还是一种事后的暗合？

X: 我认为文人的风骨是一种态度，不是追求的目标。我从来都没有主动追求过所谓的东方性、文人气，但是很多东西是存在于我们的文化基因中的。只是我长久以来的艺术训练和审美习惯让我摒弃了那些虚浮的文人气、那些浅层的样式。真正的文人气，是有风骨的、是疏狂不羁的、是沉郁雄浑的，而不是被把玩坏了的甜俗、矫饰的情调。

M: 所以您经常去右玉，您在那里找到了真正沉郁雄浑的历史感，找到了剥离矫饰和精致的地方？

X: 对，右玉没有太多现代文明的痕迹，地下埋葬着几千年的历史。我在那里画风景，大多时候都是画一种氛围，一种气息。那些残垣断壁、枯木荒野，高古、静谧，没有一点虚饰和浮华。

M: 在那里创作的作品是不是更容易获得您之前提到的神性？因为它单纯、高古、神秘。

X: 它的确是提供了一处远离现代生活的创作环境，在那里也能体会到那种苍凉和古老的神秘气息。但是我说的神性主要是指在创作中达到的一种说不清道不明的状态，一种意料之外的陌生感，就像灵魂开窍一般。我觉得这还是一种经过长期的视觉训练、经过长期对世界的体察和吸收之后自然焕发出的精神体验，这种体验让我着迷。其实它并不玄虚，它是一种实在的精神感知，只是难以言说，我只能以作品作为证据。

其实很多东西都说不清楚，特别是你进入到一种极致的创作状态之后。你比如说，在画的过程中会出现一些意料之外的肌理效果，它完全是不可预判的，就那么神奇地出现在画面上，有如神助。

异域 纸上油画 55cm×79cm 2021

M: 面对这种意料之外的肌理效果，您怎么判断它是符合您的主观表达的？

X: 很多时候创作都是处在一种寻找和取舍的过程之中，没有什么是固定不变的主观表达。我在画布上经过无数次的皴擦，可能就是为了寻找一种让我满意的效果，这种较劲，并不是为了要制作出某种材料上的肌理效果，我要的是一种情感和精神上的契合与连通。但是材料的属性和特点要充分地掌握，因为你要驾驭材料，而不是被材料驾驭。

M: 所以说您的兴趣不在材料上？

X: 不在，材料只是我借助的手段，重要的是精神性，是温度，是生命力。

工作室场景

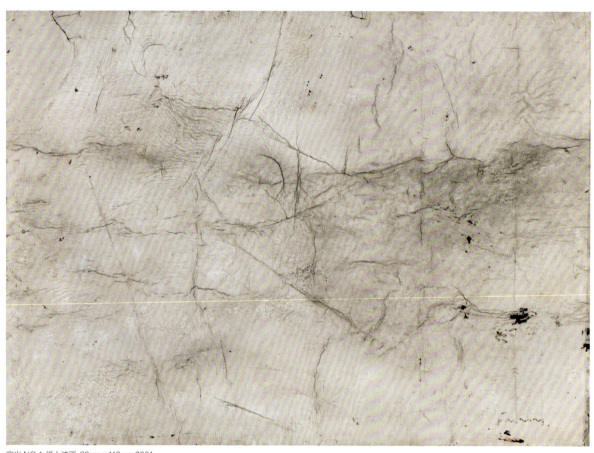

寂光 NO.1 纸上油画 80cm×110cm 2021

寂光 NO.2 纸上油画 110cm×80cm 2021

郭志刚 GUO ZHIGANG

图片 / 由艺术家提供 编辑 / 雯子

1965 年生于陕西，祖籍商州，九三学社社员，曾在中国湖北多所大学任教，现为西安美术学院跨媒体艺术系教授。在国内权威、核心艺术期刊发表论文 70 余篇、作品 800 余幅，在中国上海、北京、西安、湖北和法国等地重要美术馆、博物馆举办个展 10 次。出版学术著作有《何时为艺术》《骨症·一位知识分子的自我批判》《魂兮归来，回向东方美学深处的当代性》《失眠书——在美学的东方寻找一束光》。

编者按：

"东方性"是一个大命题，它博大深幽、气象万千，但是长久以来我们看到的只是一些把它变成一种形式上的借用、器物上的革新，变成狭隘的美学范式与把玩情调的假把式。在今天这个历史语境之下，如何借由艺术的方式让"东方性"重新生发出全新的时代意义？这亟须一个答案。

郭志刚作为一位潜心于回溯与连接真正的"东方性"与当下时代精神的艺术家，其艺术创作越来越精纯深湛，其深耕慢作，涵泳优游于东方文明的悠悠长河，思之辨之，存之续之，让真正的"东方性"于当代文明之中重焕荣光。我们的文脉源远流长，它承载着东方人的天人观想，承载着我们东方文明的元气与风骨，郭志刚的艺术创作让这元气与风骨与当下时代的繁复与浩大在他的绘画中衍合共生，让当代文明的一潭浊水接引了"东方"浩汤的文明活水，从而有了魂魄，有了气韵，有了诗性，在恣肆淋漓的涤荡中，清冽明澈。

在郭志刚的新作中，我们看到的那一面湖水似是来自创世之初，又像是文明的尽头，那湖面的褶皱之下隐约有光，那光来自华夏之肇始，来自汉唐，来自两宋，来自浩荡的东方。那光来自庄子的"扶摇直上九万里"，来自李白的"黄河之水天上来"，来自苏轼的"乱石穿空，惊涛拍岸，卷起千堆雪"，来自范宽的"溪山行旅"，来自梁疯子的"泼墨仙人"，来自《红楼梦》的"落了片白茫茫大地真干净"……而我们也有理由相信，这个时代有郭志刚这样的艺术家存在，这束光，定能千秋不灭。

一面湖水·清冽 布面油画 290cm×800cm 2022

一面湖水·恣肆 布面油画 290cm×800cm 2023

局部 2

局部3

从 1919 年以来，中国步入向现代社会转变的剧烈时代，尤其是自 1985 年以来，东方美学遭遇当代西方美学和价值观的强烈冲击，所有曾经深层积累的艺术观念和表达媒介也都相应地映射出与西方艺术互为依存的模式。如何寻找东方美学在当代审美的精神性，以及在面临当代世界文化潮流时，在国际当代文化的舞台上展现当代中国文化的语言面貌呢？艺术的发生总是时代映照的现实表达，在 21 世纪海洋文明时代，所有我们骄傲和崇高的陆地文明上的泱泱"普天之下莫非王土"的豪气都应放下，而应重塑"东方"的视野，以海洋的胸襟，探索现当代文化视域下对自身的身份特征的主动觉醒及文化认知，在面对海洋与陆地的同时，还要在更为广阔的天空及天空以外的星空银河上，流下东方人爱的眼泪。魂兮归来，回向到汉文明开疆拓土之初的那种精神与元气，回向到"日三省吾身"的那种教养与修身，回向到宋人《溪山行旅图》的那种宽广与雄浑，也就是在精神寻根和文化血脉的皈依上，让东方中国人的文化记忆和情感归宿被唤醒，转而更有青春气息地来开辟新觉知的审美时代，让这一面浩瀚的湖水更清澈、更丰富涵育出生命的健阔和诗情，因为湖水不仅是自然的情感之泪，也是人的情感之泪。

———— 节选自郭志刚《一面湖水一束光》

在郭志刚的作品中，能够感受到一种超越传统文人画诗性的东西。如果诗性表现在语言的形式上，那么魂性才是郭志刚画面上的精神内涵。魂性表现为一种布满画面的、弥散的精神气韵，从某种意义上来说，他超越了传统的气韵生动的诗性层面，进入一种从传统文人转为知识分子的批判视角。

如果说郭志刚的油画系列体现为在意象和抽象之间的一种皱褶的象征中，以最底限的形隐喻现代世界生命的身体与精神正趋入越来越低层，进入"至美"另一端的"至痛"边缘，那么其纸墨作品，则表达了他的超越传统又维系其根茎的精神，即境生象外、以神统形、尚意崇气，让画面成为一个精神生气的涌动脉冲的场域，以魂性在诗性的挣扎中获得自我的形式。

无论在文论还是作品中，郭志刚都修改了传统美学的结构，使其成为至美至痛的双重性。这一结构的重置却使得美学精神发生了重心位移，即从超越性的诗性美学，变为一种以魂性统形的现代性美学。但这一魂性统率诗性的现代性，并不背离中国的美学精神，它仍然是为超越痛苦本身，并贯之以诗性的风格与气格交相呼应的形式。郭志刚的画面中，这不再是一股幽深静寂的阴性气息，而更像是至美至痛的两股气流的交缠和荡气回肠的升华。

———— 节选自朱其《以魂性统形》

2022

年度艺术家档案

丰厚与超逸

武 艺　WU YI

图片 / 由艺术家工作室提供 编辑 / 雯子

1966 年生于吉林省长春市，祖籍天津宁河。
1993 年毕业于中央美术学院国画系，师从
卢沉教授，获硕士学位并留校任教。现为中
央美术学院教授，壁画系第四工作室主任。

远眺 布面油画 60cm×50cm 2021

三个女人 布面油画 60cm×50cm 2021

武艺的轻叙事

文 – 胡少杰

前不久，捷克作家米兰·昆德拉离世的消息引发了一代人的追思与感怀。从 20 世纪 80 年代开始，他的那本《不能承受的生命之轻》所提示出的关于生命意义的"轻"与"重"的思考与追问，让刚刚从宏大单一的集体叙事中挣脱出来的中国年轻人找到了新的精神旨归。米兰·昆德拉笔下的布拉格在当时的历史背景下高压、混乱，未来扑朔迷离。但是因为有托马斯和特蕾莎的存在，布拉格变得虚无又迷人。

而武艺画中的布拉格已然过了 50 年，往事如烟散尽，阳光落在街角、阳台、早市，桥边远眺的男女、门后抽烟的女人、路边休憩的女人，沉默、疏离、迷人。布拉格总是迷人的，无论是在米兰·昆德拉的笔下，还是在武艺的画中。布拉格也总是"轻"的，只是武艺的"轻"和米兰·昆德拉的"轻"却是不同的。昆德拉的"轻"是一种"存在"的方式，而武艺"轻"的是语言，是叙事。

武艺在给自己的绘画语言持续地做着减法，不断滤除杂质，那些越来越清透的颜色，越来越简淡的线，让他的绘画愈发天然、动人。特别是他的油画作品，画人物，轻盈但丝毫不轻浮，明丽又温婉，孤独又安然；画风景，悠远疏淡又秀色绵绵，不染风尘，不惹烟霞，清清白白，干干净净。武艺的画中人物和风景都是"轻"的，"淡"的，那丰盈安适的布拉格女郎和景山脉脉春色中的楼台，都各自静默，往事和此刻都注定在时间中流转，能留住的历史和人事都在轻轻的一瞥之间，而太重的纠葛都已沉入了时间的水底。

武艺就这样用极轻、极淡的笔墨进行着他的轻叙事。像是轻声絮语，也像是不足与外人道的陈年心事。《远眺》中那桥边的男女，彼此像是在说着什么，又像是什么也没说。《准备起飞》中机舱门外的夜色漫漫，沉默如迷。同样夜色下的《紫禁城》和《颐和园之二》像是深海中的岛屿，灯火璀璨，形单影只。《阳台之一》中的抽烟少女，带着明媚的倦意，《羞涩》中的裸体背影，欲说还休。而《西厢记》《献寿图》《牛郎织女》等古典叙事的作品则再进一步剥离了绘画的常设语法，像是一个顽童用看起来稚拙但却极其天然的语言讲述着一些古老的故事。讲得那样认真，那样诚恳，当你信以为真之时，他又略带狡黠地跳开，当你刚开始着恼之时，他又跳回来，继续认真地讲述。

武艺的绘画语言是多样化的，但又是极致单纯的。无论是水墨还是油画，无论是佛道造像还是日常风景，信手拈来，但都真挚平实。武艺用这种一以贯之的"轻"和"淡"，打破了语言和媒材的壁垒，走出了一条独属于他自己的绘画之路。在武艺的绘画中，他不在意空间、转折、过渡、纵深，不堆塑涂抹、不点染勾画，他看到的只有形与色，但是那稀薄到近乎透明的形与色构成的布拉格日光下的女人体，吹弹可破又柔韧丰腴，颐和园的水光山色，像是被细雨打湿了，一派青翠迷蒙。武艺用他简单到极致的语言获得了绘画的鲜润与丰厚。

在武艺的绘画中我们看不到他任何图谋，也不显野心，更没有自恃清高和自鸣得意，我们看到的只是绘画本身，画布上的一切痕迹，都是为了把"画"画好，语言和叙事全部用来"状物"，用来"摹写"，并且不做丝毫的赘述，一笔不多，简净明了。最好的诗人都是用最少的笔墨和语词，造就最干净、最澄明的诗章，不露山海，锦绣暗藏。而最好的画家，亦如是。

绘画在今天的艺术情境中早已不是显学，那么在图像泛滥，视听被无限制满足的时代，绘画如何保持自己的清白和矜贵？我想我们在武艺的绘画中或许能够获得答案。也或许，这些于武艺而言，都不重要，一个画家，把画画好，仅此无他。

布拉格早市 布面油画 60cm×50cm 2021

武艺：布拉格

文 – 戴卓群

　　2013年夏天的一个正午，只因看了一部捷克电影《Kráska v nesnázích》（中文译名《陷入困境的美人》），随后武艺便飞往了布拉格。自此，艺术家在过去的数年间，多次前往和逗留这座古老的东欧城市。从中心街头到郊外乡野，画咖啡馆，画男人女人……时时留心，处处观察，这些绘画，尺幅都很小，目光所及，也都是微小、日常或私密的浮世转角一瞥。

　　武艺在布拉格，入住巴黎街129号五层，友人Sklenar先生的房子。像这样如同居家一样地逗留，就和5年前在日本大船一样，他似乎融入了当地人的生活，甚至一度感觉就像一个日本人或捷克人那样生活。参加当地朋友的家庭聚会，结伴郊游，跟同行的艺术家、收藏家、评论家、画廊主、美术馆长以及大使、医生各色人等往来憧憧。武艺也在布拉格画了不少人体写生，他的模特，有咖啡馆的服务员，画廊的会计，还有戏剧学院的学生……只要对上了眼，就大大方方请来画，一个个鲜活逼人的生命。画家很动情，生命的美打动了画家，一系列的摄影和绘画泉涌而出。后来，捷克出版的《道德经》，全书使用了武艺笔下的女人体局部作为书籍插图，一本极美的书。

　　早在2002年，武艺在寓居巴黎的半年时间里，画下超过四百多幅的游记式小画，并配以日记体文字，结集出版《巴黎日记》。自此，行走与游历、日常观察、摄影、绘画和文本记录并行的复合书写，形成了武艺后来游记式创作的个人方法范式。

　　武艺的油画，多以游历处的地名作为主题，以全维度"组画"的形式，配以细腻入微以至琐碎如流水账式的日记文本，捕捉下旅途中的见闻和感受。也因游历中的条件限制，所画皆小尺幅，正如武艺所言，旅途中画小画有两个特点，第一是可以方寸间最大限度捕捉当时气息，第二则是，需要用许多幅小画，来组成一幅大画所要表达的东西，是为"组画"。

　　武艺喜欢用油画的圆头笔作画，因为和毛笔很像，可以发挥线的魅力，把神采勾勒和提炼出来，油画也便带有了"写"的味道，以书法线条入画，平面化的造型和只用固有色的画法，形成武艺油画的个人风格。

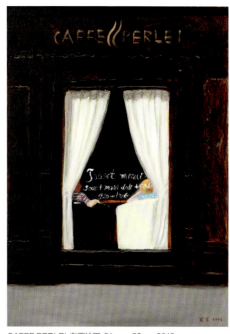

CAFFE PERLEI 布面油画 31cm×22cm 2013

阳台之一 布面油画 60cm×50cm 2020

"武艺：布拉格"展览现场之一 松美术馆 2021-2022

"武艺：布拉格"展览现场之二 松美术馆 2021-2022

"武艺：布拉格"展览现场之三 松美术馆 2021-2022

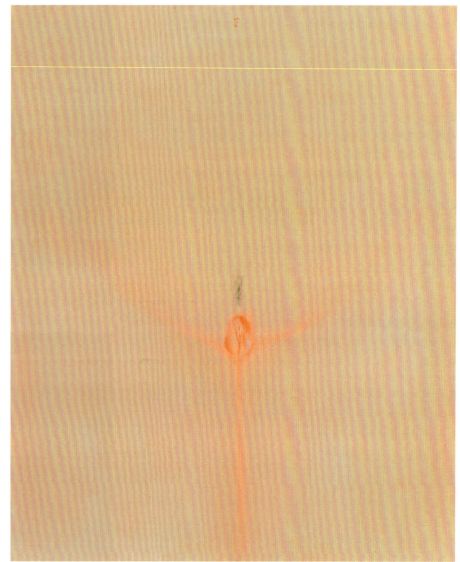

水中花 布面油画 45cm×38cm 2021

阅读 布面油画 46cm×38cm 2020

准备起飞 布面油画 60cm×50cm 2020

女人之一 布面油画 60cm×50cm 2020

景山之三 布面油画 24cm×33.3cm 2022

颐和园之二 布面油画 38cm×45.5cm 2022

牛郎织女 布面油画 40cm×30cm 2019

献寿图 布面油画 50cm×40cm 2019

浴 布面油画 60cm×50cm 2021

武艺的图文本

文－崔灿灿

　　武艺的小幅油画作品，总是画得如此善良和朴实，那些略带笨拙的笔触，细微的目光总能将我们引向生活中的一撇，像是清晨或是黄昏，百叶窗背后的世界，平凡却又动人的生活。

　　我总想象，当一个画家在描述对象时，是对象的文本意义打动了他，还是因为某个瞬间的情动，促使他拿起画笔。博物馆里总是有讲不完的故事和历史，那些动人心魄的壮举，足以让观者震撼，有时仅仅是一张微不足道的郊外景色，一组并不起眼的静物，却也能让观者获得某种更为实在的共情，完全可以分享的乐趣。雨果是一个在文本的历史中无法忽视的人物，他的《巴黎圣母院》和《悲惨世界》，足以改变读者的一生，但雨果又是一个艺术家般的人物，他时不时拿起画笔，画下一些不能称之为"经典"和"优秀"的画作。透过武艺描绘的这些作品，我或许可以猜测，生活中颇有情趣的雨果和那个描述悲剧的巨匠雨果，或许在描绘和写作时能获得同等的快乐。

　　巴黎、布拉格、北京，这些古老的城市，同样有着文本的含义。城市里遍布的古迹，遗存的建筑总是将我们引向遥远的历史发生。在这一点上，人们总是对有历史沉淀的城市有着偏爱，那些满是现代建筑的城市，总是乏味而又单调地活在一个世纪。北京，始于辽金的北海公园，建于明代的故宫，仍有着歪脖子树的景山，这些古迹在武艺的笔下有着全新的活力，你能借着那些古迹的历史去想象无尽的夜晚和白日，有时它们又不是历史，只不过是吸引着画家去描绘的形状，它们和一棵古树一样，在画中有着蜿蜒的身姿，沉默却又动人的时间脸庞。

　　记忆总是不确定的，我们很难将它在脑海中连成一幅完整的画面，它们只是一些闪碎的文本和朦胧的画面拼凑而成。虽然，我们总是确凿地相信记忆的力量。对于绘画而言，"记忆"显然是轻松的，甚至某些方面篡改记忆，以接近于记忆的美感，或是加入联想，才是绘画的正题。武艺笔下的记忆，几乎都是一些只言片语，故事里没有因果，只是一些目光所及的发生，昏暗的灯光，浴池的一角，卷起的被褥，它们确实真实发生过，只不过时间、地点、人物、事件，早已不明。某一刻，我们或许也为之动情，也曾沉溺于一个狭小空间中的世界，但最终这些文本化的故事，也不过是平凡的生活，画家笔下的图形，一段留下色彩的往事。

　　身体总是和文本息息相关，它的衰老和丰盈，都是小说、电影、艺术反复描述的主题。武艺画中的身体，多数是局部，我们所看到的也多是线条、图案和颜色之间的关系。这或许也和我们的记忆的方式有关，脑海中很难有一个全息的身体，它总是留给我们几个可能记住的朦胧之"物"。生活里的身体，是一种感受，这种感受随着情境而变化，有时它微微发热，让我们意识到它的存在，有时它略微有些变色，提示着时间的流逝，有时它被我们赋予一种品格，说着爱欲与道德。但无论如何，身体总是我们的一部分，也是人们认识世界的一部分，它和感知、经历、故事一起塑造了真挚的生活。

　　这个展览即是分为这四部分，文本与博物馆、文本与古迹、文本与记忆、文本与身体，它所呈现的既是武艺在文本的世界中，那些不断交错的图像和经验，又是平凡的生活本身，那些我们想起、走过、记下的善良、朴实的图文本。

"武艺的图文本" 展览现场之二 上海誌屋 2022

"武艺的图文本" 展览现场之一 上海誌屋 2022

段正渠 DUAN ZHENGQU

图片 / 由艺术家提供 编辑 / 雯子

1958 年生于河南偃师，1983 年毕业于广州美术学院油画系。现为首都师范大学美术学院教授与博士研究生导师，中国国家画院油画院研究员，中国美术家协会油画艺委会委员和中国油画学会理事。

霜降 布面油画 50cm×80cm 2021

恍惚 布面油画 150cm×180cm 2022

段正渠：画坏了就画坏了，没什么大不了

采访 - 胡少杰

漫艺术 =M: 段老师，上次采访是两年前了，当时您提到正处在一个持续探索的过程中，一些东西尚未明确，那目前呢，两年了，有没有更清晰，更明确？

段正渠 =D: 为了方便创作，疫情这两年我一直在右卫创作：2021年待了半年多，2022年又待了半年，过一段时间还去。右卫主要是安静，一天到晚只用操心画画这一件事，没有别的干扰，很单纯。

之前画陕北、黄河的时候，我很清楚我想要什么，决定转变后一时没了方向，甚至不知道自己"要什么"、该怎么画……通过这几年高密度的静心创作实践，手感出来了，不少原本混乱的问题也慢慢捋顺了……多清晰、多明确说不上，因为还依然在过程中，但至少比之前好了很多。

M: 这个方向具体指的是什么？

D: 除了内容，所谓的"方向"更多的是一种感觉，不大容易用语言描述清楚。比如之前画北方的雄浑，画黄河的大气，画寒夜的神秘……追求厚重和单纯；现在则主题弱化甚至分解了，更注重"自我"感受，更喜散淡与神秘，色彩也更饱和绚丽了；还有以前喜欢把画画得饱满完整，现在则愿意让它松散和"随性"，也爱在其中留一点"莫名"的"不搭调"。

M: 您之前提到过在2000年参加上海双年展的时候，您的作品和那些国外艺术家的作品放在一起展出，您觉得自己的画很"土"，现在呢，您还会有这种感觉吗？

D: 土不土不是问题所在，只是当时拿的作品和那样的展览不搭。作品虽然用的方法是表现性的，但是它的气质还是更接近古典主义，所以和那些在精神上偏向于"当代"的作品放在一起，会有点格格不入。现在的画里那种古典情结已经逐渐减弱了，那些宏大的、主体性的东西被消解了。

M: 这种求变的动因是外在的还是内在的？在您身上有一些标签，比如乡土，比如表现主义，那您近些年一直求变，是想摆脱这些窠臼、这些框架，还是说主要因为自己内心的表达需要变化？

D: 两者都有，首先会受到外在的刺激，因为我一直在关注一些新绘画，包括经常出国去买画册、刊物，那些更年轻的画家会刺激到你，因为有的画得很好，你看到后肯定会反思自己，哪个地方有问题，怎么改进。作为一个画家必须要有这方面的敏锐度，而不是关起门来自己闷头画。然后就是你的内心也在求变，我80年代就开始画陕北，

当时整个文化生态和那种艺术的气质是吻合的。但是经过了几十年我再那么画，我自己都觉着没劲。因为你对陕北的情感，对陕北的理解，不再是当初那个样子，几十年了还在重复着一种东西，没有意义和价值，所以我就一直在寻求新的变化。但是也经常会挣扎，因为你好不容易形成了一种所谓的个人面貌，轻易把它扔掉，也会纠结，患得患失。另外也怕自己完全丢掉那个厚重的、古典的东西，之后画的看起来莫名其妙，会让人觉得很造作。一直到2018年，在魔金石做展览的时候，我想我都六十岁了，为什么还要在意别人怎么想，无所谓了，干自己想干的事情吧，不纠结了。有些东西搞不清楚，那就试着去把它搞清楚，行或者不行再另说，不计后果了。原来是很怕画坏了，怕别人说，顾忌太多，现在觉着画坏就画坏，没什么大不了的。再者说，好和坏本来就很难定义。

M: 这批新作确实有很大的变化，外界的反馈应该也大多都是正向的。那您觉得这批新作和之前的作品之间是一种什么样的关系？

D: 改变是一个十分漫长的过程，这期间有反复，有纠缠，但是整体的方向是在一步步地把之前建立起来的那个面貌一点点消解掉。如果说之前的画像是一个舞台，聚光灯的照射营造出画面中心，故事在中心徐徐展开的话，现在则把聚光灯关掉了，灯光分散，画面变得多义。现在作品里也有人物，但人物不再高大，不再顶天立地站在画面中央，甚至很多时候形象是模糊的，他们或背对观众，或身处画面一角，或被塞在茂密植物里……这些人物和之前那种在黑夜里瞪着眼睛惊惧的奔走的形象之间有相似的地方，但是更多的是不同，它会更陌生，也稀释了原来那种浓烈的情绪。但是它又不是凭空冒出来的，它有来源，也有支撑。

M: 所以说，您的作品有一种底色，这种底色是不会改变的。

D: 应该是，过往的经验太强大了，即使我想，改变起来也没那么容易，何况这才是真正支撑我继续工作的动力。变化的主要还是表达方式。

M: 在新作中有不少作品，其实是看不出来地域性的，无论从题目和内容上也更偏私人化，这和西北和乡土似乎没有直接关系。但是也依然有作品无论从内容上还是命名上都有地域的指向。包括展览的名字，直接以右卫命名。您怎么看待您作品和特定地域之间的关联，去关联性或者强调关联性，这是您需要面对的选择吗？

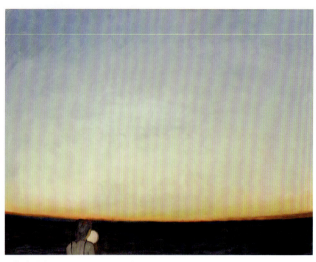

日落 布面油画 140cm×180cm 2022

D: 给作品取名字前后用了一个多月，直到作品被拉走我还在改，我本来是想取得模糊一点、虚一点，但是又觉得很造作，有点故弄玄虚。展览的名字是策展人取的，我一开始觉着太具体了，但她的意思是说我这几年的工作就像卢梭在瓦尔登湖写作一样，右卫也是我的瓦尔登湖；再者，这个名字对于一些不了解它的人来说，很陌生、也很神秘。这么说我觉着也挺好。其实我的画和右卫这个地域本身没有太大的关系，我只是在这里画画，它只是一个很普遍意义上的西北小镇，我不是为了画当地的一些风土人情，我只是喜欢这里的安静和边缘。它不像陕北，那么浓烈。所以说我现在不会去有意地强调地域性，也不会刻意地回避。

M: 我注意到在 2022 年的作品中，有两幅很有意思，一是《日落》，一是《黄昏》，都是表现一个大概相同的时间，但是两者却有非常大的差异。为什么呢？

D:《黄昏》是我们有一次开车去看明代的一块石碑，开了很远，在一个山沟里，上面就是长城，长城边上有一棵树，树上有个一人高的鸟窝，我就拍了很多照片，回去后就画了那张画。其实每张画开始画的时候也不会想那么多，觉得有意思就画，画的过程中反而会出现各种想法，你就在那反复地试过来，试过去，想着得到一个你最满意的结果。但是有的时候，怎么都不满意，有的时候当时很满意，后来又不满意了。就是这样，反反复复。

《日落》是我有一次把画都拿出来摆了一屋子，当时就感觉画得太满了，乱哄哄的，那就画一张静的吧。那张画总共就画了一天，一遍成，然后我就把它挂在了墙上，挂得很高，我怕我哪天看不顺眼再给涂了，因为它太另类了，和其他的画差别很大，但是我还挺喜欢。后来展览的时候，拿去挂在展厅里，我觉得也挺好的，最起码它和其他的那些表现力很强的画之间形成了一种对比。特别是和《黄昏》那种视觉和情绪张力都比较强烈的画之间形成了一种呼应。

M: 在这次展览中，也看到很多世俗生活的场景，像《欢乐》《化妆》，包括还有测核酸的这种日常场景，变得相对平实，少了陌生化和神秘性。这一类创作，是近年才开始的，还是在您的创作脉络中一直存在，只是被那些更具张力的表现性的作品给掩盖了？

D: 以前也有，但都是一些小画。《欢乐》是去年春节期间画的，当时北京下雪了，就想着画个雪景，画得亮堂一点，动感一点，其他也没多想，就想着画张画，但是画得很放松，像速写一样，我觉得还挺喜欢，就留了下来。像这一类的作品也画过，但是它也不完全是生活场景的写生，像那只兔子，还有那个打滚的人，是我之前拍的照片里的。

M: 您不想画得特别实？

D: 对，还是要有距离感，就是画实的东西，也要实中有虚。但是有时候也会画着画着就不自觉地进入到一个形的限制里。你比如去年那几张有人群的画，其实都是用各种现实中的人物，拼在一起的，我当时就是想画成乌泱泱一群人，但是谁跟谁都没关系，各干各的，每个人之间没有任何呼应的关系。这样的话那种荒诞感就出来了。我是这么想的，但是那几张画有的还行，有的还是差点意思。

黄昏 布面油画 100cm×130cm 2022

欢乐 布面油画 140cm×200cm 2022

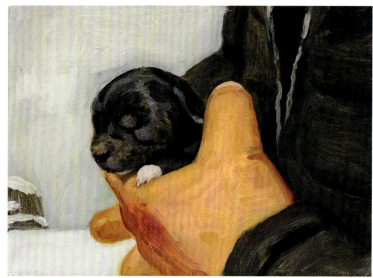

幼崽 布面油画 25cm×35cm 2022

化妆 布面油画 25cm×35cm 2022

梦乡 布面油画 135cm×180cm 2022

大荒 布面油画 150cm×200cm 2023

M: 您觉得具体差在哪？

D: 主要是画面本身的问题，度的拿捏以及画面的抑扬顿挫轻重缓急等，另外可能还需要加入一些更不和谐的东西？具体我也说不好，后面我会再试试。之前没怎么画过这一类的画，没有经验。一群不知道从哪来的人，互相之间磕磕碰碰，但是又彼此没有关系。那种只有"人群"才能产生的拥挤又疏离的荒诞感，是我近阶段感兴趣的，这和我之前画的"人群"本体上的感觉是完全不同的。

M: 这种拥挤又疏离的荒诞感其实也存在于我们的都市生活中，但是您选择的是把它设置在一个远离我们日常生活场域之外的场景里，为什么呢？

D: 还是怕画得"实"。从几十年前画陕北开始，我一直想让作品和生活保持距离。虽然我现在更多的时间生活在都市，但由于早年的生活经验，我对都市一直是有隔膜的，对乡村反倒一直充满感情。再说现代人之间的疏离与荒诞这类题材很早就有很多人在画了，而我对这个一直不关心也没有兴趣。我不是那种善于思辨的人，与其说我想表现疏离或者荒诞，倒不如说这是我近几年反复尝试之后，想让画里有种以前没有的、不可名状的情绪。至于这个东西的来源，我没有仔细研究过，作为画画的人，我关心更多的是画面。画面中有，那就是有，没有就是没有。

M: 这种"有没有"的标准来自哪里？

D: 来自自己的感觉，尽管这个说法武断或者主观。我一直认为画画不是做理论文章，不需要把什么说清楚，而且有些东西可能根本就无法讲清楚，因为它没有一个具体明确的标准，只能靠画家和观众的个人判断。绘画不需要承载什么，那么也别给它制定什么要求和标准。绘画就是绘画本身。

M: 您现在会警惕一些东西吗？

D: 我会警惕造作、矫情，我就想画得自然一点，诚实一点，无论画得好坏，一定不能让人觉得在装腔作势故弄玄虚。

西偏北二 布面油画 135cm×180cm 2022

王华祥　WANG HUAXIANG

1962 年生于贵州，1988 年毕业于中央美术学院版画系留校任教。曾为中央美术学院造型学院副院长、中央美术学院版画系系主任。现为中央美术学院教授、博士生导师、博士后导师、国际学院版画联盟主席、国际版画研究院院长、中国传统文化发展委员会副主席、中国美术家协会版画艺委会副主任、中国艺术研究院中国版画院副院长、意大利罗马美术学院客座教授、比利时欧洲版画大师展评委、阿根廷 ace 当代艺术基金会国际名誉顾问委员会委员（FACE-IHAB）、中国高等教育出版社终身专家、中国教育部专家库成员、中国民族品牌发展工程顾问、CCTV【灿烂中国】诗书画名家汇艺术委员会名誉主席、西安美术学院客座教授、万圣谷美术馆馆长、江苏版画院名誉院长。

图片 / 由艺术家提供 编辑 / 雯子

贵州人之一 彩色木刻 36.8cm×27.7cm 1988

贵州人之二 彩色木刻 36.8cm×27.7cm 1988

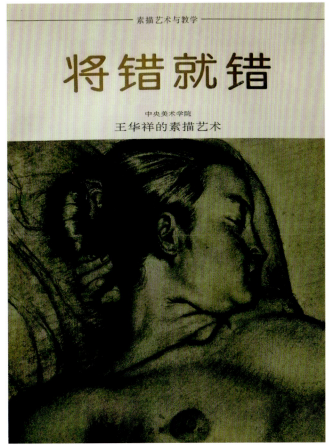

《将错就错》封面

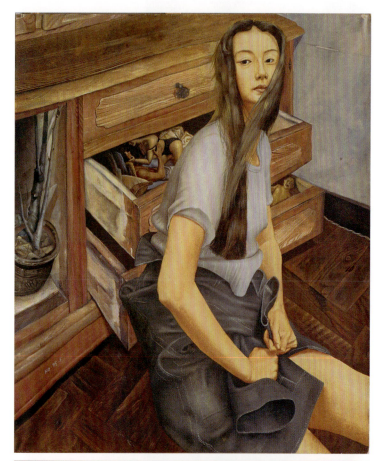

（上）拉开的抽屉 布面油画 100cm×80cm 1995

（中）皇族后裔 布面油画 80.5cm×61cm 1995

（下）杜尚之后的混战 布面油画 386cm×647cm 2006

王华祥："存在"如何变成"肉身"

采访 - 胡少杰

漫艺术 =M： 王老师，在您的作品中始终能够感受到一种古典艺术和当代艺术的融合，这是很神奇的一种特质，很难用现有的评价体系去归纳和定义。

王华祥 =W：如果从根源上说，应该和我的艺术启蒙有关。我的运气很好，接受了两种艺术教育的启蒙。最早的老师是田世信，是中央美院毕业的大雕塑家，后因出身不好被分配到贵州省清镇第一中学任教，我第一次接触他大概是在初三时，一开始田世信老师并不认识我，但我因喜欢画画那时对田世信老师的油画就记忆非常深刻，总想路过他家时多看两眼。后在高二时，国家恢复高考，学校恢复招生，机缘巧合下，经姑父带领便去了田世信老师家里拜师学画，我内心非常激动，记得还拿了一筐鸡蛋作为见面礼。从绘画启蒙到浅显的艺术观，田老师给了我非常大的肯定和鼓励，半个多月后，就参加了考试，考到了艺校，也就是现在的贵州大学艺术学院，当时还叫贵州艺校。考上以后田老师还给我介绍说版画专业里有一位蒲国昌老师，他的造型功夫好，让我跟他学素描，我就报了版画专业。蒲国昌老师也是个现代派，非常前卫，尤其是在那个年代，全国都没有几个现代派。但蒲国昌老师又受过严格的学院派教育，他的老师是徐悲鸿先生的学生李斛，素描画得非常好。我就这样一直跟着蒲国昌老师学习素描，学了四年，打下了非常坚实的写实基础，但是他的现代派的艺术观也深深地影响了我。田世信老师和蒲国昌老师，他们对我的影响都是一生的，性格、审美和野心都与他们的影响有关。在做人，做艺术层面，那种执着，那种单纯，那种激情，对艺术的超强的或超级的信仰都感染着我并决定了我艺术生命的基调，所以说我一开始就接受了两种教育，正宗的古典写实教育和现代主义的教育。到了后来这两种教育一直支撑着我的创作，支撑着我建立自己的当代艺术语法。以至于我到了中央美院，我既没有被所谓学院派的写实传统绑架，也没有一股脑随着后来的艺术潮流去搞现代主义，正是因为我的艺术启蒙让我见识过什么是真正的写实，什么是真正的现代艺术。所以我不会再受到束缚和影响，这个时候我就可以思考什么才是我自己的艺术语言，而不是肤浅地追求表面的成功。但是不得不说这条路是孤独的，因为很难找到同类。我只能从那些美术史中寻找那些价值观接近的人，我喜欢米开朗基罗、丢勒、伦勃朗、拉图尔这些古典主义大师，同时我也喜欢毕加索、柯克西卡、贝克曼这些现代主义的艺术家。我会从这些伟大的艺术家身上找到力量，会觉得他们是我的同类。这就像一种艺术的血脉，无论时间多么久远，都能在他们那里获得认同感。但认同并不代表我要模仿他们，我只是从他们那里获得给养，然后建立我自己的艺术观念、艺术语言。因为我毕竟属于这个时代，面对新的语境，我需要建立新的方法、新的逻辑。

M： 在您看来那些美术史上伟大的艺术家，无论是古典主义还是现代主义，他们有没有什么共通点，这个点同时也是您在艺术上追求的？

W：我觉得他们都在追求一种永恒的东西，或者用世俗一点的说法，也可以称作是终极的真理。科学家在追求它，哲学家也在追求它，那么真正伟大的艺术家同样也在追求它。如果用我们中国人的说法，就是道。对于西方人来说，就是存在，具体为一个肉身的话，就是上帝。

我们再看古今中外伟大的艺术家，他们的作品之所以被历史留下，之所以成为经典，是因为它们无限地接近了那个道，那个存在。道成肉身，肉身可以是耶稣，也可以是释迦牟尼，同样可以是一幅画，一座雕塑。

所以我们一定要对艺术保持敬畏之心，虽然现代艺术、当代艺术要反叛、要解构，尼采说"上帝死了"，但是谁也不能否定那个终极的真理，那个永恒的道是存在的。只要明确这一点，一切手段都只是接近道的工具，古典艺术也好，当代艺术也罢，都不重要，重要的是背后那个至真、至善、至美的存在。但是因为真正到达这种境界的艺术家少之又少，特别是在当下，这种碎片化的、撕裂的时代语境之下，对艺术的信仰缺失，邪恶的成功学大行其道，真正的理想主义者寸步难行。

M： 在您看来，怎么判别在这个时代什么样的艺术家是伟大的，是无限接近于那个"真理"的？

W：艺术走到今天，进入当代艺术的阶段很难再产生不朽的作品，因为市场化、权力化太严重，很多情况下都是用倒推法来判定艺术的价值。就是说因为他卖了天价，或者他被批评家放进了所谓的美术史，那么他就成了这个时代成功的艺术家。但是价格和价值不是一回事儿。我觉得还是要看他是否可以超越时间，如果他的作品中真有那种永恒的东西，时间会把他留下来。

M： 在这个标准里，技术重要吗？

W：技术很重要，但技术不是全部。在古典艺术中，技术和艺术是一体的，好的艺术必然要有精湛的技术。但是在当代艺术中技术和艺术是分开的，技术并不意味着艺术。艺术是思想、学养、价值观的体现，而技术是作为一种表达语言，可以极其复杂，也可以极其简单。

但是对于我个人来说，我今天依然注重技术，依然认为技术在当代艺术中是重要的。因为技术是有永恒性的，思想和观念可能会过时，但是技术不会。我们今天看到不同民族、不同国家、不同时间的伟大艺术，我们依然会感动。这很大程度上得益于技术，而不是观念。我们今天推崇观念，是因为技术太难了，我们看不到那个技术的最高境界，就只能转换路径用一种虚无主义的态度来应对。

M： 所以您要用古典艺术的方法来进入当代艺术，建立一套"王氏语法"？

被缚的奴隶 布面油画 200cm×300cm 2008

等待花开之老王 板面油画 120cm×80cm 2014

铜瓷六 布面油画 60cm×120cm 2020

W: 古典艺术如何进入当代，这是一个特别吸引我的课题。但是大部分人是回避这个课题的，因为这需要充分的古典艺术的知识和技术，也需要对当代艺术有深入的了解和认知。其实我是从当代艺术中获得的启发，当我看到当代艺术可以把一个小便器，或者把自己的身体当成一个艺术载体的时候，甚至摄影都能成为当代艺术，那么古典艺术为什么不可以？

当然，古典艺术确实是出现在19世纪之前，是工业时代来临之前的艺术，而今天已经到了数字化的时代，古典艺术被看作是一种农耕时代的产物，包括宗教信仰，都是人处在一种蒙昧时期的幻想，今天神好像已经不存在了。那么以宗教题材为主的古典艺术当然被看作是过时的艺术。这是今天的普遍看法，所以在这种情况下，古典艺术除了被当成装饰画之外毫无用途。特别是今天的人工智能绘画出现以后，古典绘画就彻底沦为了一种历史的遗存。但是谁说历史遗存就不能是当代艺术？我为什么不可以用古典艺术的方法回应当代的问题？我觉得只要是建立一种有效的方法，完全可以把古典艺术转化成当代艺术。人工智能和古典技法都是基础的方法，没有什么本质的区别，重要的是如何转换，如何把"道"，把"存在"，变成"肉身"。

阿瑟·丹托认为现成品之所以能够成为艺术，是因为它出现在了美术馆或者画廊的橱窗里。我觉得这个说法是靠不住的，他用一种倒推法来证明什么是艺术，是荒谬的。小便池之所以成了艺术品不仅仅是因为它被放进了美术馆里，主要还是因为杜尚做了一种转换，而这种转换让小便池变成了艺术的承载体，变成了艺术的肉身。

一直以来当代艺术和古典艺术都被看作是割裂的，当代艺术在资本和权力的助推下已经形成了一套既定的话语系统，被各个权威的人士争相定义。但是我不认同，我要为我认为的当代艺术争取定义权，这些年我一直在做这方面的抗争，我坚决不做他们的附庸。

M: 您在2020年开始创作"铜瓷"系列，而之后两年发生的种种，以及今天的世界现状，其实印证了您作品中的某种预言性。

W: 这其中有几个层面。首先"铜"这个概念是中国特有的，它是中国传统的一种修复工艺，有着很广泛的应用，中国又是一个陶瓷之国，所

铜瓷十 布面油画 100cm×120cm 2020

以这其中有很强的中国性。另外，"锔"这个概念本身带有象征的意味。面对一个撕裂的时代现实，一个破碎的世界，我只是用我自己的一种语法来表达我的感受，我的思考。这其中无所谓古典还是当代，如果是戈雅，他也会这么干，换成达利，我相信他同样会这么干，甚至15世纪的博斯也这样干过。至于说预言性，我想艺术就是要触及一些本质的问题，历史上那些伟大的艺术家的价值肯定是超越时间的，博斯是这样，毕加索也是这样。

M: 从您作品中的图像选择来看，您要说的主要还是绘画本身的问题？它的时代隐喻性、象征性，是您主动的选择，还是事后的暗合？

W: 不是暗合，是一开始创作的时候就经过深思熟虑的。我接到苏州博物馆的合作函以后，一直没有画的动力，我到底要画什么呢？面对一个极端的撕裂的现实，不能只考虑绘画本身的问题，但是又不能刻意地表达现实，也不能走西方当代艺术的套路，那样就没有意义了。其实这么多年来，我写"王的词典"，写各种文章，我一直是有"问题意识"的，其中不乏对于社会问题的批判和生命本身的思考，但是近些年来我在艺术作品中，似乎很少直接涉及。其实我是不想落入到西方当代艺术的语言窠臼里。那么我最终找到了"锔瓷"这套方法，这是我自己的语法，不是西方的，它来自我多年的语言经验，也来自中国传统。

至于说绘画的问题，它依然是我最感兴趣的课题，也是我长期的工作课题。因为绘画是我接近那个终极真理最有效的方法，也是出于我本能的选择。绘画在今天依然是可以焕发生机的，我不认为它会被所谓的新媒介、新技术所替代。只要我们对艺术，对人本身，还存有敬畏之心，那么我认为绘画就不会消亡。

M: 在"锔瓷"系列中很重要的一种手法就是把不同时空的图像拼接在一起，但是这种拼接法和我们通常认知中的现代主义的拼接法又是不同的。

W: 它不单单是一个拼接的问题，虽然我有的时候也会用这个词来描述我的绘画，因为我们没有其他的词汇可用。这就是我们评论语汇的滞后性，它没有及时更新，我们只能把原有词汇套用到一个全新的艺术作品上。那么这当然会掩盖作品本身的贡献和价值，但是没有办法，我只是艺术家，更新和建立新的评论话语不是我的任务。

M: 您在油画创作中注重方法，注重语言实验，是否和您长期从事版画研究和教学有一定关系？

W: 有关系，版画对我整体的创作都有内在的影响。你比如说我的版画《贵州人》，那是我独创的一套方法，应该说是我对中国版画的一个贡献。我用了无主版套色的方法，因为当时没有电脑分版，全靠脑子，我必须用三到四个版把一个真实的形象组织起来。这需要不断地分解，再组装，这是一个剔除和压缩的过程。我做了很多实验，最后成功了。这套方法后来被国内很多版画家普遍应用在创作中，它能流传开，我很高兴，说明它是有效的，是科学的。版画的创作经验帮助我在素描研究中创立了五步法，我用这套方法把素描给破译了。在色彩上我则创立了色彩变调的方法，它可以让一个初学者快速的认识色彩，了解色彩之间的逻辑和关系。就是说版画的创作经验让我懂得了分解和归纳的重要性，懂得了方法的重要性。所以我在之后的教学以及自己的艺术创作中，就会非常注重建立语法，有了语法就不再受任何媒介、题材的限制，就会让你更接近绘画的本质。

M: 建立一套稳定的语言体系，一套行之有效的方法论之后，会使您在创作上变得更自由？

W: 当然，因为这是你自己的一套方法，它来自你的文化血脉和学识阅历，来自你的长期研究和领悟。

M: 自由是否会使创作变得轻易？会落入到一种圆熟之中。

W: 我觉得不会，因为我在艺术上是一个善变的人，我的艺术伦理观不允许我重复别人，也不允许我重复自己。另外，语言体系并不是僵死的，它一定是流变的，是开放的。比如说同样是古典技法，还有当年的德拉克洛瓦和安格尔之争呢。两个人的技法都是来自同一个传统，但是德拉克洛瓦已经开始出现了表现性的笔触，有了表现性的苗头，但是你也不能说安格尔就是过时的，他细腻的画法在他后来的学生中不也都继承下来了嘛。不过德加也是他的学生，德加却走了完全不同的道路。

所以说，一定要尊重多元，尊重变化，只要你不是死死地抱住某一种风格或形式吃一辈子，你不被市场所绑架，那么你就不会被限制，就能获得真正的自由。

镉瓷五 布面油画 60cm×80cm 2020

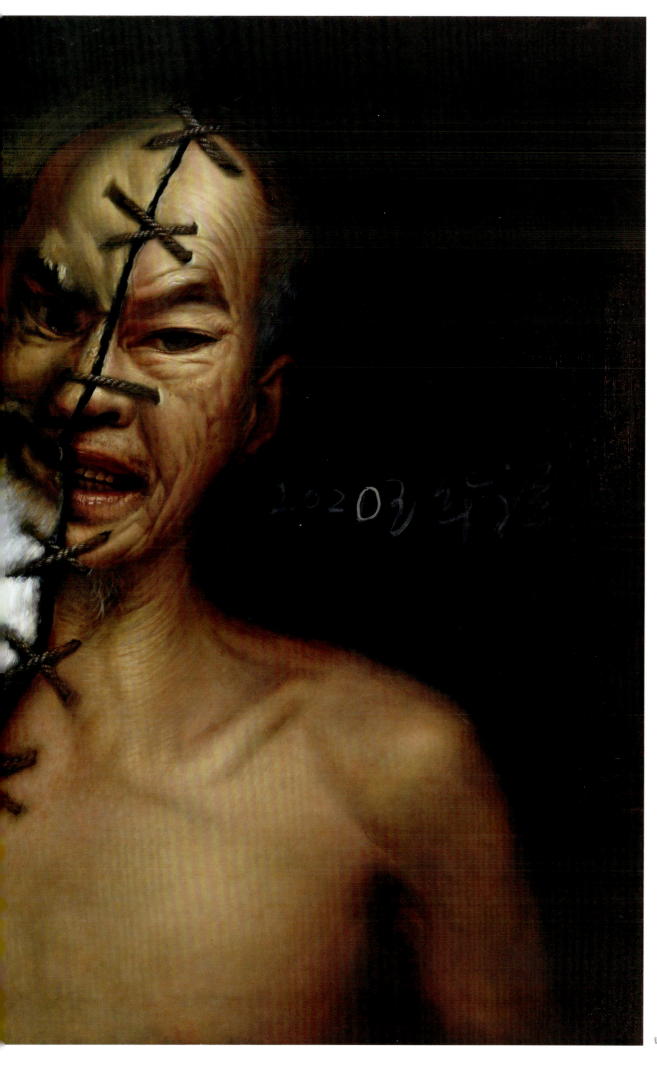

锔瓷一 布面油画 120cm×160cm 2020

锔瓷十一 布面油画 120cm×160cm 2020

王华祥的艺术观

王华祥，1962 年出生于贵州，1988 年毕业于中央美术学院版画系，后留校任教。他的创作涉猎油画、版画、素描、雕塑、装置艺术、行为艺术、建筑环境设计、艺术评论和杂文写作。在中国艺术界是一位特立独行者，也是一位传奇人物。二十六岁创作了木版画《贵州人系列》获全国美展金奖，在木刻版画中实现了"写实"理想，不攻自破了人们对版画的简单认识；二十八岁创作了《近距离系列》导致了艺术潮流的转向，成为"新生代"的代表人物；三十一岁出版《将错就错》，被中央美院评为改革开放三十年的标志性成果之一；三十四岁创立"一幅肖像的 32 种刻法"，现仍是中央美术学院经典课程；在 2016 年，策划发起成立"国际学院版画联盟"，为世界范围内的版画工作者提供交流平台。

从"将错就错"到回归传统，从传统到现代，从创作到教学，王华祥都敢于打破常规，也敢于逆流而上。作为时代的亲历者，在艺术史走过一圈后再回溯，更清晰了方向与艺术的价值所在。通过这些实践和经历，不断自我思考，也逐渐演化出一种思考方式、艺术方法，力求打通艺术各个环节，并具有鲜明的个人特色。在 1993 年，王华祥出版素描教学专著《将错就错》影响了几代画家，多年来"将错就错"也从一种素描方法逐渐演变成艺术家在创作过程中的一种理念，不断指导艺术家的创作实践。所谓的"将错就错"，是因为艺术本没有对错，所以艺术家需要不断在缩小和放大自己的轴线上移动，勇敢的打破固有思维，打破东西壁垒，打破传统与现代的壁垒，打破二元对立非黑即白的绝对理论。在此观念指引下，王华祥在艺术上一直都秉持着探索性与实验性。

在架构中西桥梁、分享经验的艺术观中，创立平台也是实现他的艺术普世价值理想的方式之一，这在倡建"国际学院版画联盟"并担任首任主席的过程中尤为凸显，如，在国际学院版画联盟学术研讨会中，对于版画的"新定义"，会议上邀请了迈克尔·坎普森（Michael Kempson）、艾丽西亚·坎迪亚尼（Alicia Candiai Argentina）、彼得·博斯蒂尔（Peter Bosteels）、迪米弛耶·佩西（Dimitrije Pecic）、约瑟夫·舍尔（Joseph Scheer）等 16 位嘉宾分别进行主题演讲，讲述了澳大利亚、阿根廷、法国、比利时、美国、塞尔维亚等不同国家的版画发展现状，涵盖版画创作、版画展览、版画工作坊以及版画教学等多个方面。国际学院版画联盟主席王华祥对此次研讨会议题与表决原则提出倡议，经过协商，会议议题围绕"数码版画是否可以纳入常规展览的行列、独幅版画的界定、基于原作再创作是否也被界定为原创版画、摄影版画作品是否纳入版画展览"四个议题进行自由讨论。"国际学院版画联盟"对于版画当代的发展与出现的问题，通过研讨会以及展览等形式，在同僚之间不断对问题深入分析与给予回应，围绕着版画的本体问题、版画的发展、版画与艺术家的关系、版画与科技的发展等话题，使得版画能够不断与时俱进，同时也为艺术家、青年艺术家提供了"方向标"与展示平台。

在"国际学院版画联盟"的提出与发展过程中，王华祥也创立数个"第一"。2015 年，召开"国际学院版画系主任论坛"，第一次召集国际十一国及中国九大美院版画专业掌门人开会，为之后更大规模的国际会议做了铺垫；2016 年，策划组织第一届国际学院版画大展（北京太庙）。成立全球规模最大和具有国际版画史里程碑意义的"国际学院版画联盟"，并确定双年展机制；2017 年，"第一届国际学院版画联盟巡展"（南京金陵美术馆、厦门中华儿女美术馆）。"国际木口木刻版画作品展"及巡展（四川美术学院、天津美术学院、湖北美术学院）。"管中窥豹——中国版画精英展"（意大利国家版画中心博物馆）；2018 年，"第二届国际学院版画联盟大展"提出讨论和确立数码版画、独幅版画和摄影，具有版画的逻辑特征与合法身份，这也是版画史上的首次宣示。"1+1 波兰版画交流展"（中央美院美术馆、波兰克拉科夫美术学院、格旦斯克美术学院美术馆）；2019 年，"第二届国际版画联盟巡展"（贵州美术馆、淮安美术馆）；

2020 年"第三届国际学院版画联盟云展"，它是全球最大规模首次版画云展（中央美术学院）；2021 年"第四届国际学院版画联盟首届数码版画展"（湖南长沙）；王华祥曾说："通过国内外同行们齐心协力的合作，全世界的版画家通过'国际学院版画联盟'这个平台，全面开展了平等、广泛、积极而有效的交流，'世界版画命运共同体'已经变成了现实，这在艺术的各个门类中，只有版画家才有这样的机会，条件和胸襟。我们不仅拆除了画种媒材之间的藩篱，拆除了学校与学校之间的围墙，拆除了传统与当代之间的路障，也搭建了国家与民族之间的桥梁。这是中外版画史上从来没有发生过的事情。我可以自豪地说：优秀的版画家从不担心版画的蛋糕会被新技术分掉，传统的地盘会被不断发明出来的技术'敌人'占领，倒是随着数码技术的广泛应用，当代版画人赢得了可以使用传统版画无法想象的技术工具，把海量的摄影图片，强大的编辑与转化功能，或以传统版种的效果为出口，或是用纯粹的数字印刷作品展示，这真是版画人的幸福，是版画再次复兴繁荣的又一次千载难逢的机遇。我们应当怀大笑，并且把这种笑声传到世界的每一个角落。"

在版画艺术的发展中王华祥将个人力量发挥到极致，团结起世界力量寻求版画发展的当代"新路"。在艺术创作中，艺术家也具有极其敏锐的直觉与判断力来进行创作与研究，如早期将油画与波普结合，雕塑与装置重组，扩大了艺术的语义，直指艺术与现实存在的弊端，通过自己的实践一次次挖掘艺术的深度，并将其引领于时代前列，如《"整容"——王华祥的美术史肖像》系列、《欲望中国——王华祥雕塑》系列、《等待花开》系列、《风往回吹》系列再到《铜瓷》系列。

尤其 2021 年，在苏州博物馆举办的《铜瓷》王华祥个展系列，可从观念到方法论再到对绘画技术的重视与演绎，几个角度一览王华祥的艺术观、价值观。对全球所面临的天灾人祸，社会分裂、质疑、颠覆、混乱、碎片化、消费主义、虚无主义等等成了主流。王华祥通过"铜瓷"系列对种种问题进行回应，他意图以传统技艺的方式对支离破碎的现实加以缝合。不仅修复着缺失的神力，也修复着对绘画的信仰。其将狂躁与克制、冲动与理性等极端的对立情绪统一在画面之中。

在此次"铜瓷"系列中，一方面以观念对支离破碎的现实加以缝合，提供希望之可能，愿其重生。在其中我们可以感受到一位当代艺术家对于社会现实的忧虑与责任的自觉。纵观历史上的伟大画家，他们都自觉地承担了历史使命，但这种宏大的责任感在当代社会消耗殆尽，而在《铜瓷》系列中我们似乎看到这种精神的"复活"，通过一种自觉的责任意识，在生活与绘画中关注、探讨个人的价值观与世界观的方式，从而建立符合、贴切于当下时代的艺术。另一方面以传统技艺的表达方式修复着对绘画的信仰，对于绘画在当代的质疑处境给予肯定答复。《铜瓷》系列中包含王华祥在所处时代不断探索与时俱进的绘画创作方法，也为我们提供了新的可能性，使我们相信在不断虔诚地瞻仰这些经典佳作的同时也能够破土而出，而在这"肥沃的土壤"之中，给予了王华祥不断成长、思考、探索的养料并能够结出属于自我的茁壮果实。这些古典绘画以及背后所蕴含的人文知识既是养料也是根。对于"王华祥希望用一生来恢复绘画的荣光"应抱以敬意。因为我们看到王华祥在绘画中不断用肉身和行动坚守着艺术的永恒，文化的永恒以及人性的永恒。

从成名之作"贵州人"到"近距离"，从"将错就错"到"三十二种刻法"，再从"整容"系列到"铜瓷"系列，王华祥在不断创作、教学以及理论实践中，都能够提高自我的艺术修养同时也注重自我感受。通过文字和作品与实践传达自我的内心世界，将多种内容、思考或周遭的一切在不同层次的经验间完成内化，使得作品在不同时间、不同题材，以及不同媒材的表达中都能够紧扣时代。在艺术观念上不断的在"小我"与"大我"之间相互切换，在寻找艺术"垂直高度"的道路上不断前行，我们看到艺术家不只是在自己艺术创作道路中的"深思熟虑"，也有对于艺术的历史与未来抱有的"深谋远虑"。在两者相互协同的作用下，不仅拓宽了视觉图式和创新语言，在开拓思维与创作导向方面都具有长久的生命力与影响力，体现了作为一个当代艺术家所应具备的视野和格局。

左上：铜瓷十一 纸上作品 2020　　右上：铜瓷十二 纸上作品 2020　　左下：铜瓷十三 纸上作品 2020　　右下：铜瓷五草图 纸上作品 2020

图片 / 由艺术家提供 编辑 / 徐小禾

张杰　ZHANG JIE

1988 年毕业于四川美术学院油画系，获硕士学位。现为四川美术学院副院长，二级教授，教育部美术教育指导委员会委员，中国美术家协会油画艺术委员会委员、中国美协重大题材艺术委员会委员、中国油画学会理事、国务院政府津贴专家、重庆市学术技术带头人、重庆英才计划创新领军人才、重庆市突出贡献中青年专家，重庆市宣传文化系统"五个一批"人才，重庆美术家协会副主席、重庆美协油画艺委会主任。许多作品在国内外美术馆举办个展和参加重要学术性展览，并被中国美术馆等国家级美术馆、博物馆正式收藏。

映照的时光 布面油画 130cm×100cm 2022

我们看惯了当代艺术的浮光掠影，看惯了虚假的批判或矫饰，而张杰的绘画或许会让我们重新认知艺术本该有的样子。张杰安静地描述他的城市，观看他的城市，他知道世界喧嚣，盛衰流转，但他更知道一切亦真亦幻亦如梦，只有时间绵延，不曾断绝。宇宙万方，皆是"看不见的城市"。

傍晚的暖光 布面油画 130cm×100cm 2022

绵延的城市

文 – 胡少杰

柏格森认为生命的本质是时间，而时间则是一种"绵延"，一种流变生成的状态。"绵延"不可以度量，我们日常认知中的时间只是时间的表象，只是被分割为若干同质等量的抽象时间的刻度，而刻度是定格的，不流动的，它只是一种我们为了确认时间的存在而把时间空间化的结果。就如尼采所说：世界是永恒的生成，但为了处理具体的事物，我们必须把生成变成存在，即利用我们的理智将生成的某一部分暂时定格固定。而生命则是这个宇宙最基础的存在，它不仅仅是指有机的生命个体，而是指更广泛的宇宙生成的内在动力。这种"绵延"的生命动力，就是时间本来的样子，也是这个世界生成的真相。

那么如果把目光着落在一座城市、一方水土之上，"绵延"就具体为错落的建筑、交错的道路、闪耀的霓虹和一个个平凡的人。这应该也是为何我们总是能在张杰作品中感受到一种流动的时间的原因。在斑驳的色彩与跳动的笔触中，城市不再是一个有限的空间，而变成了一条"绵延"的生命之河，暗涌的时间之海。城市因人而存在，但是城市和人都是宇宙的生成，张杰以一城而探知宇宙的秘密、时间的秘密、生命的秘密。

张杰以前常常画山水，山水有灵，雾月光风中山色斑斓，像是不曾沾染人世的五彩仙山。但是你细看张杰如今笔下的城市空间，似乎和那山川并没有本质的不同，流岚与霓虹，霞光与灯火都是时间的造物，都是"绵延"的幻化。我们看他的近作，在《阳光下的北外滩》《傍晚的暖光》等作品中，那柔软的光像是来自遥远时空的礼物，落在树梢、楼头。而在《映照的时光》和《彩云湖》中，真实的城市和映照在水中的城市镜像虚实相生。在"重庆空间"系列中，城市则变成了悬浮在绵延时空中的一座孤岛，一座亦真亦幻的海市蜃楼。在意大利作家卡尔维诺的作品《看不见的城市》中，作者借由马可·波罗之口描述了五十五座城市，其中有一座叫镜城瓦尔德拉达，它建在湖畔，和湖中的影子互相依存，互为映照。而另一座叫埃乌特洛比亚的城市，则是一座一直在更新的流变之城，它一直有一座崭新的城市等在那里，城里的居民一旦居住得厌烦了就可随时搬迁至新的埃乌特洛比亚城。如此一来，这座城一直是一座崭新的城市，几乎看不到时间的痕迹。我们在张杰的绘画中看到了镜城瓦尔德拉达，也看到了崭新的埃乌特洛比亚。

但是张杰似乎并没有进入到一种玄奥的叙事之中，因为张杰画中的城市有人存在，同时也有带着人类情感的目光存在，这个目光就来自张杰本人。我们承认人也是宇宙的造物，但是我们作为认知的主体，必然不能甘心仅仅作为一种被动的生成物存在，我们有所思，有所求。张杰画笔下的城市，也是张杰目光中的城市，而张杰笔下的人，在某种程度上也是他自己，就这样在一种观看与被观看的交叠中，完成了一次次时空的蒙太奇。人终究是倔强的，也是诗性的，我们把时间给刻度化，不仅仅是为了确认生命的轨迹，我们在晨昏与四季中感受时光脉脉，感受岁月如风。我们知道自身生命时间的有限，但是却从来没有失去对无限的追寻和想象。张杰的绘画又是克制的，他把对时间和宇宙的观想都深藏在了最寻常的人世风物之中，张杰的画中不设奇观，高楼就是高楼、道路就是道路、霞光就是霞光、晚照就是晚照，而人就是最平常的人。面对时间和生命这种终极的命题，或许平实和诚恳，才是最有效的。

我们看惯了当代艺术的浮光掠影，看惯了虚假的批判或矫饰，而张杰的绘画或许会让我们重新认知艺术本该有的样子。张杰安静的描述他的城市，观看他的城市，他知道外面世界喧嚣，盛衰流转，但他更知道一切亦真亦幻亦如梦，只有时间绵延，不曾断绝。宇宙万方，皆是"看不见的城市"。

阳光下的北外滩 布面油画 130cm×100cm 2022

从美学上讲，张杰的作品倾向于崇高而非优美。展现出壮美和崇高相互融合的特点，这是一种具有现代化特征的诗性创作。

—— 王林

彩云湖之二 布面油画 130cm×100cm 2021

重庆空间 布面油画 200cm×150cm 2023

重庆空间之二 布面油画 200cm×150cm 2023

追梦人之十 布面油画 150cm×130cm 2021

城市梦之七 布面油画 200cm×150cm 2022

城市梦 布面油画 600cm×200cm 2022

在这个确定的世界里，我们分身乏术。每一刻具体的时间里，我们只能选择身在某处，当我们在一处空间就必然不在另一处空间。可是这并不是这个世界真实的样子。日出云跷、绿水金山、冰峰蓝天、明月雄关、高楼升炊烟、灯火或阑珊、路上车连连、秋水欲望穿……在时空的纵轴上这一切同时存在。

—— 张杰

康 蕾 KANG LEI

图片／由艺术家提供 编辑／雯子

艺术家，美术学博士，中央美术学院教授，任教于油画系第二工作室。作品曾参加第14届达喀尔非洲当代艺术双年展、第十四届巴西库里蒂巴双年展、北京国际双年展、AISA NOW 巴黎亚洲艺术博览会；作品曾在加拿大 UBC 亚洲中心、巴黎大皇宫、韩国光州市立美术馆、德国柏林中国文化中心、智利普罗维登文化中心、西班牙巴塞罗那 MEAM 现代艺术博物馆、基辅乌克兰宫、纽约艺术学院、俄罗斯列宾美院美术馆、巴拿马运河博物馆、巴拿马当代艺术馆、白俄罗斯明斯克、俄罗斯中央美术馆、哥斯达黎加国家画廊等机构，以及丹麦、澳大利亚、秘鲁等国家的艺术展展出；作品被中国美术馆、中央美术学院美术馆、中国国家大剧院、时代美术馆、嘉德艺术中心、东亿美术馆、AISA 基金会等艺术机构收藏。

向日葵 布面丙烯 100cm×120cm 2022

我会用自己的方式对现实生活进行提取、转化，然后重构一个精神的世界出来，这个世界是熟悉的，也是陌生的，是私密的，也是开放的。

———— 康蕾

小径分岔的花园 综合材料 200cm×700cm 2017

采访—胡少杰

康蕾：每朵花都是感觉

和经验的共鸣

漫艺术 =M: 康老师，您在文章中提到"有距离地观看"，这种距离让您用绘画的方式建构起了一个有别于表象真实的个人化的精神世界，这种距离让更私人的表达得以实现。那么这种有距离的、私人的表达在完成了个人的精神安放功能之后，如何实现它更普遍性的价值呢？

康蕾 =K: 绘画本就不应该是对生活的简单复写，绘画作品不是纪实照片，不是只追求对现实生活的记录和还原，是艺术家对现实生活内化之后的认识和反映。而表达本身是个体的、私人的，但是也会有共通性，因为社会生活是共通的，虽然每个人的表达方式有其独特性，但是谁也跳脱不出生存的大时代和大环境。社会生活、文化、地域这些大圈子、小圈子，我们谁也跳不出去。只不过艺术家是敏于发现的，用自己的方式对现实生活进行提取、转化，在画面重构一个"世界"出来。这个"世界"是物质表达的，更是精神的；是熟悉的，也是陌生的；是私密的，也是开放的。这也是艺术作品的意义。

M: 您怎么确认这种表达的有效性呢？

K: 个人的追求不同，我并没有刻意地去考虑它的有效性，更想追求内心真实的表达。就像我去年展览里的那些作品，都和当时的生活息息相关，都是疫情之下的切身感受，包括我对周边的人、事、物的经历，以及社会新闻事件的感受。我们共同经历着一些事情，做不到无动

于衷。但是不想像翻拍照片一样把它直接重现出来，我借助一些植物，一些符号，有距离的表达。但是无论怎么转换，都来自生活，来自我们所处的现实。这有点类似于诗歌；诗歌也是对生活的提纯，一种精神化的表达。我的绘画也是这样，来自生活，来自现实，但更多的是一种情绪和精神的投射和渗透。画面中出现的那些符号就像诗歌的词句一样，并不是为了叙事。

M: 所以您在作品中使用了像隐喻、象征这样的表现手法。

K: 对，就像诗歌有"象外之象，景外之景"一样，绘画也有画外之意的精神意象。

M: 隐喻往往是双向的，画面里的场景、符号，在隐喻现实世界的同时是否也是对您个人潜意识世界的一种对应，一种外化？

K: 应该会吧。画里出现的那些符号、那些植物、动物，都有原因，有来处的。比如说戏曲元素，应该跟成长经历有关，我妈妈喜欢看戏曲节目，我小时候也跟着看；后来下乡采风，去戏班子现场、后台，那种生动、陌生又熟悉的感觉，很打动我。包括仙人掌，之前去南美旅行，看到过大片的姿态各异的仙人掌，在视

选择的选择 丙烯 120cm×100cm 2022

乐园 2020·长夜 丙烯 170cm×215cm 2020

觉上很震撼。仙人掌本身所带有的那种特性也很吸引我,表面坚硬,长满了刺,看着很危险,但内里却很柔软,清透。再比如我画过蛇,是因为怕才画,直面细节具体画的时候反而并不害怕。

M: 新作中出现了老虎,也是某种隐喻吗?

K: 这倒没多想,因为去年是虎年,趁着新年的"热闹"情绪就画了。

M: 女性主义学者露西·利帕德,在她的研究中归纳出了女性艺术家的作品中经常出现的主题或意象,如圆形、特定的生物造型等抽象符号,以及碎片化、非线性的手法。这些在您的创作中也有所体现,您认为这和性别有关吗?

K: 应该有关系,但是粗率的对号其实没有意义。就我个人来说,对女性身份的认知分为几个阶段。一开始,我并没有自觉地知觉这个问题;但是之后也会有过一个阶段,对这个问题的认识比较敏感,因为确实会看到社会对于女性的很多限制,有隐性的,也有显性的。这些问题肯定是存在的,毋庸置疑。但是到现阶段,我认为不用刻意去强调,也不要刻意回避,只要意识到它存在就可以了。谁都脱离不了自己身体来通达、认识世界,通常来说对于事物的感知,女性可能是相对感性一点,感性也没有什么不好。我认为感性也不是无缘无故的感性,它是建立在一定理性积累的基础上,最后形成的感性。感性的人可能更尊重于自己的情感。但并不是绝对的,男性、女性、感性、理性归根结底都是人性。至于作品中的一些符号,包括经常出现的圆形构图,是一种自然而然的选择。不过它和之前的经历感受可能是有关的，"人的经验赋予了性质某种情感意谓"。比如对一些事物的敏感、喜欢，都是一些潜在的原因。我喜欢壁画，中国早期的壁画和造像中有圆形的背光，也喜欢西方中世纪和文艺复兴早期的作品，西方宗教绘画中也经常出现光圈，我虽然不信教，但会被神性的表达打动，还有我们生活中经常出现的一些圆形的意象，似乎被圆形圈住就代表着某种特殊含义。这些可能都是喜欢圆形的潜在原因。不单单是因为某个具体的事件，也不仅仅是因为女性身份。

M: 在您 2021 年的作品《乐园 2021·世界》中，圆形里的图像描绘的是和主体画面不同的内容，看起来像是用大小不一的圆圈构成的一个个不同时空？

K: 那张画也是反映了特定阶段中的一个状态，当时哪也去不了，都受困于身边的环境，所以我就试图在画面中用一种方式跳出去，只不过我画得不是那么写实，但我的意图就是通过这个方法，像魔术似的，随便在你的生活当中"开一个口"，画面上开一个洞，一下就可以"跳"出去。不会被限制在那个时空里，"跳"出去之后精神就是自由的了。

M: 那对颜色的选择呢？比如说粉色、绿色，在疫情期间创作这批新作，也大量地使用了粉色、绿色。

K: 这算是一种"对抗"，一种对死亡、对现实的对抗。在疫情开始阶段，比如 2020 年的作品中，我用了黑色。但是后来经历了长时间的等待，感觉精神和生活被疫情双重压抑之后，就想在画面中进行对抗。小时候喜欢过粉色，长大后觉得粉色俗气，但是转到 2021 年时，体会到粉色是有力量的。绿色是自然的颜色，是生机和希望。

M: 就像女性艺术并不意味着就是纤弱的，粉色也不意味着是俗艳的，她也可以是对抗，是力量。这种刚柔并济，往往还是在女性艺术家的作品里才能体会到。

K: 是的，所以不回避粉色了。有一种"双性同体观"说法，说艺术创作的最好状态就是雌雄同体。但还是有侧重的，这是生理构造注定的，只是要尽量让自己丰富。因为每个人都是丰富的，每朵花也是，"一花一世界"。

M: 如果从另外一个角度来讨论，女性艺术家可不可以完全"去权力化"地表达自己想表达的，或者完全说进入到一种通常意义的"女性表达"之中？

K: 可以。我觉得不是问题。关键是女性拥有主动选择权。"去权利化"的表达和通常意义的"女性表达"都是表达，这个世界需要各种各样的声音。

乐园·辑录 1 丙烯 28cm×23cm 2022

乐园·辑录 2 丙烯 27cm×22cm 2022

圆规在草地上画着圆圈 板上裱布 综合材料 100cm 2021

作品暗喻人的自我矛盾、冲突、分裂和拉扯，探讨人对自我完整的不断认知和建构。卡尔维诺："现代人是分裂的、残缺的、不完整的、自我敌对的；马克思称之为'异化'，弗洛伊德称之为'压抑'，古老的和谐状态丧失了，人们渴望新的完整。"

作品名字来源于卡尔维诺小说《分成两半的子爵》中一段文字描写。在分裂的"善""恶"对决时，周遭紧张的环境的精彩描述与铺陈。

"黎明时的天空泛着青白色。两位细长的黑衣人持剑立正站好。那麻风病人吹响号角，这就是开始的信号。天空像一张绷紧的薄膜似地颤抖着，地洞里的老鼠将爪子抓进土里，喜鹊把头扎进翅膀下面，用嘴拔腋下的羽毛把自己弄疼，蚯蚓用嘴咬住自己的尾巴，毒蛇用牙咬自己的身体，马蜂往石头上撞断自己的蜂刺，所有的东西都在反对自己，井里的霜结成冰，地衣变成了石头，石头化作了地衣，干树叶变成泥土，橡胶树的胶汁变得又厚又硬，使所有的橡胶树统统死亡。人正在这样同自己撕打，两只手上都握着利剑。

两位剑客互相扑过去，有防守、有佯攻，木头脚在地上跳来跳去，圆规在草地上画着圆圈。"

—— 康蕾

M: 您的作品通常都带有很强的文本性，这也被反映在作品的命名上，比如《乐园·存在的喧嚣》《圆规在草地上画着圆圈》《小径分岔的花园》等，作为一种视觉表达，您在作品中注入文本性的原因是什么？文本和您创作之间是一种什么样的关系？

K: 因为和画面内容、表达的契合。像《小径分岔的花园》，本身是我喜欢的作家和喜欢的作品，小说中的时间概念正是我画中想表达的，特别合适。还有，像之前的《晴翠接荒城》，色彩关系表象上很合适，青蓝色向日葵衔接废旧的钢厂，但实际上那首诗中的"野火烧不尽，春风吹又生"表达的那种暗藏的生机和希望是我真正喜欢的，是藏进画里去的，跟我的表达方式契合了。我并不是刻意给画找一个好像很有深度的文本，是机缘巧合看到了，然后感觉表达是准确的、合适的，就用作了题目，是自然而然的选择。

M: 似乎有一种趋势，就是绘画要进行"去文本性""去叙事性"才是时髦的，才是不过时的。但是在您这里似乎并不存在这个问题。

K: 当然也知道，但是无所谓。我的绘画并不是对文本的直接解读。我画的《小径分岔的花园》的画面内容和小说中的故事是不相干的，只不过就是因为书中对于时间的概念的阐释和我的理解正好是契合的，画面中那种转折起伏的结构和这个概念也是一种暗合。而《乐园·存在的喧嚣》是疫情的原因会思考一些问题，看书的时候就会选择一些哲学类的，而外界的各种讯息、新闻层叠，身边人的各种遭遇，纷纷扰扰，所以就创作了。

M: 如果观者并不了解文本，也不了解您创作背后的思考，仅仅从画面本身进入观看，会是有效的吗？

K: 是有效的。绘画作品不用文本来背书。只是我画的时候有我的想法，至于我画的理由，想要依托画面表达的内容，观众能否体会到，对我来说不是最重要的。每个人都有自己的观看角度，获得的体会当然也不一样。如果能够直观地感受到画面中色彩和造型，节奏关系的美感，也能够有个人理解，就是非常有效地观看了，因为这也是我想在画面中传达的一部分。

M: 其实还是能够体会到的，因为您的作品有很强的代入感，也很强的精神张力。像 2022 年创作的《乐园·存在与喧嚣》，画面的丰富性、复杂性，以及整体的画面情绪，只要经历过的人，都会深有体会。

K: 那张画去年断断续续画了一年，正好在那样一个特殊阶段，是特别较真儿，想看看"花花世界"到底能画到什么"喧嚣"的程度，就画得彻底一些。以后可能也不会那样画了，人不可能老较真儿，过了那个阶段了，或许会画得"轻松"一些，在去年那个情绪下就想画"繁杂"，那是当时的状态。

M: 那么大的尺幅，画起来应该很累。您会觉得被消耗吗？还是说，艺术让您的生命更丰盛了？

K: 我觉得是更丰盛了。创作给生命带来的不可思议的乐趣与存在的意义。有时候会听到别人说不知道应该画什么，感觉枯竭了，我倒没有。可能是因为我的艺术创作和生活感受是融为一体的。世界太丰富多样了，一草、一木、一片云都不同，包括去过的地方，读的书、看的剧，都能带来新的体验与感受。艺术让人更加懂得生活。

乐园 2021 · 世界 丙烯 200cm×140cm 2021

乐园·存在的喧嚣 丙烯 200cm×420cm 2022

图片 / 由艺术家提供 编辑 / 徐小禾

叶剑青　　YE JIANQING

1972 年生于浙江宁海，2004—2007 年中央美术学院造型类油画博士，1994–1998 年中央美术学院壁画系本科，现为中央美术学院壁画系教授。

汇 布面油彩 矿物色 200cm×150cm 2021

期盼一个灵动、深邃、混沌的画面慢慢浮现出来，不同于华丽、谄媚和掠影的表达，在政治和商业之外。
尽管不合时宜，尽管和者寡少，却是力图走向一个幽明、自由和神圣的世界。

——— 叶剑青

星云 布面油彩 矿物色 300cm×960cm 2021—2022

一个遥远而深邃的世界

文－叶剑青

中国人和自然的关系，从原始时代农业生产方式中就埋下了深刻的种子。《稷神崇拜图》中，人物、植物以一种紧密不分的形式摇曳生长，生命之间互相依存，悠扬喜乐，如同山水画的缥缈意蕴，生机盎然。

在中国人的意识里，自然和道是超乎于人的，这和西方当代艺术中突出以人为中心的艺术是有差异的。《论语》中讲道，"人能弘道，非道弘人"，山水绘画的根本在于：天道之中才是包含了人道。

"道"本身是常无，是不可捉摸的，是"这宇宙里最幽深，最玄远却又弥沦为万物的生命本体"。人在追求道的过程中反复修炼，自我提升和完善，而山水自然能够与人相应和，也正是因为有道显隐于其中。

早在商朝时期，中国古人已经有了一定的天文学知识和宇宙万物的观念，早期中国人的宗教信仰以超自然的神仙"天帝"为中心，天帝控制了风雨自然和人间万象，中国人信仰天宇、星宿、大地、江海，以及与之相关的各种自然神仙。这也是中国山水画发展由来的探源和依据之一，一种天人有序、自然和谐的神性文化基础。

　　在先秦直"观"取"象"的过程中，不仅有直面外形的敏锐捕捉，同时通过主观经验的整理和提炼，古人还发展出一种在直觉基础上整理全局的意象思考，也就是在表象基础上更为本质的规律性整理，二者相互结合，又互为补充。比如良渚玉器的琮和璧的造型和古代人"天圆地方"的意象联系，璧是用于礼天的，而琮则是用以祀地。这种天人对语、上下通灵的观念，是在形象思维的基础上隐藏着的一种更为宏大系统的整体构架。

　　而这种整体观和具体形象的结合赋予了画面一种"尺度"和"分寸"的超然把握，也就是每一个局部都会在一个语境中被空气般笼罩到一起，如行云流水般转承而连续。这些传移摹写的整体流传，经营位置的整体安排、气韵生动的整体贯通……形成了中国绘画源头对于空间、宇宙以及人生的一种全局性的整体观，这样的整体感包含了和谐有序又广袤无垠的艺术境界。

　　古代山水画正是表现了这种广阔无际的宇宙意识，也体现了出世和入世哲学相结合的精神。画家通过心灵和综合感觉探寻万物的根本，突破视觉表象的表达去更接近自然，依赖一种"内部的观察"去看清事物的本质。这种向内的探寻和"统觉"的观看，在魏晋时期凸显出来。到了宋代，向外的观看（体悟的感知）和向内的观看（统觉的体验），非常自然地统一了起来，自然的外在世界和人的内在精神世界有序的连为一体。山水画表现的正是一种整体的宇宙意识，在这种整体观照之下，画家表现出一种超然自得，自由通达的文化风度。

　　内外兼顾的观看也是物我两忘的连通式的感受方式，对于风度自由的看重，同时又对自然寄托依赖。因此主观感受和客观映照之间有了统一的途径，这样合乎内心和自然的观看和表达，是自然之道的参悟和无功利性的审美。

　　到了唐以后，山水画继续着一条结构完整复杂、画面空灵悠远的绘画道路，不同于文人画传统里的简约散逸，一种以全山全水之貌现乱世之外的绘画成熟了起来，他们以匠人之娴熟谨严、禅者之神思妙趣、哲人之深究细研，创作着面貌独立的全景山水绘画。在五代十国那个纷繁战乱的年代，士大夫们在放弃政治后撤到山林的过程之中，努力搭建起一个完备理想的桃源世界。

在深入观察山形树石具体而微的形象过程之中，体会自然景象真切的特质和可究的规律，慢慢转换到笔墨之中的精微和活泼。这些细微互联到整体的串通，由每个局部贯穿组成一个复杂而深远的画面。画家的目之所思和自然的感染启发，发现局部一隅的景观已经不能承载一个全身浸染、通灵道遥的广阔世界，因此，那个更加完备，更为独立，更显整体的大型山水凸显出来。

全山全水既是在洪谷之中的整体观看，也是外在的可视景象给画家包含所有的全局之"思"，这是现实和历史的渗透和融合，是一个被迫隐居于乱世之外的文人试图重新构筑的一个完整且缜密的世外之地。当洪谷山川的雄伟景象在画家眼中变成了墨线交织的鸿篇巨制。搭建的谋局和山岭的浸染，一起在纷扰之外的清凉之地诞生出一个笔墨交融的神性世界。"蟠虬之势，欲附云汉"，眼中的劲松和心中的云林，相伴而生，生成了一个茂密交错的有序画面，这些全景图画引发出一个别样世界和隐秘之地，同时还有一个连接着的更为遥远的宇宙世界。

在一个世事无常、激烈突变的现实社会中，如果能感受到山川永驻、宇宙悠远的恒定感觉。那么山川挺拔、雄伟壮阔也就有了一种崇高而稳定的神圣力量，这种力量映射到了人心所向的巍峨与不朽、坚定与超越，以及可以抵御现实世界中那些纷乱和困顿的力量。

这样渴慕到达的结构完整、自我成序的全景山水，在世界范围内有着非常独特的面貌。欧洲文艺复兴之后的自然风景画，往往是一个定向角度之下的局部风景，哪怕像普桑这样画出宏伟大风景的画家，视觉角度也是相对固定。而全景山水视线穿梭往复、上下贯通，没有一个相对稳定的看视，因为画家的视角居于山岭之中，在高崖绝壁之间。另外，佛道的思想，使得在山林之外有了一个超出可视之眼的神圣视角，在危峰突兀的林泉之间肃然而观。作为全景高远的构图，画家时而纵览时而俯瞰，时而侧视又和直观兼顾，从不同角度游历山峰瀑布，树梢屋宇，最后把这些不同时间和形态的自然景观组织在一个整体而空灵的画面之内。

将真山水化为艺术山水，自然是人"身所盘桓，目所绸缪"的自然。人身处在山川之中，脱去了此前种种烦扰，所以能够"应目会心"，以精神的眼光去看山水，将自然纳入自己的眼中心中，抛开纷繁和束缚，将自我无限自由的心境慢慢呈现出来。

在法国的后期印象派画家塞尚，也掌握一种不同于欧洲风景画中模拟眼前景物透视画法的双眼观看，也有一种神、理结合，物心相通的绘画途径。画家领会到自然风景中的连接原则，并且与之相应。因此，当圣维多克山连通到塞尚的"统觉"思想，这样的风景画，尽管不同于全景山水的全观和质感，也是一种自由灵通的妙境。尽管那个阶段欧洲画家背后的思想范畴和宋元画家的思想出处相异有别，他们之间的材料手法亦有天壤之差。但是，自然和画家之间的道、理连通关系，画家内心和自然的契合自由之上，他们之间有了相近与同理之处。

重 -1 布面油彩 矿物色 200cm×200cm 2022

重 -2 布面油彩 矿物色 200cm×200cm 2022

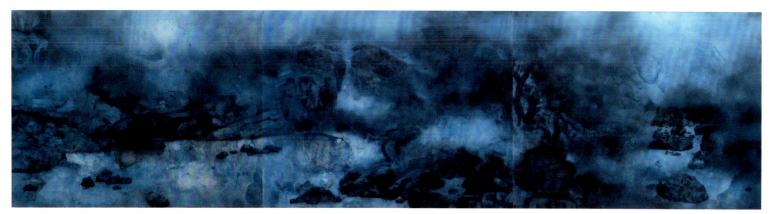

声声相应 布面油彩 矿物色 130cm×510cm 2020

透视画法的局部和聚焦，是为了更为精确地把握对象，并且无限接近，这和摄影术越来越清晰的追求是一致的，在无限接近对象的过程中，似乎可以囊万物于掌心。然而，如今世界摄影化、现代化和机器智能的高度发展，相伴而来的还有人的异化和漫长的失落，人似乎无限地接近了对象，各种卫星也可以做到万里探影，一切往越来越容易和简便发展。但是，自然世界中渐微而长的微妙和连贯通神的感觉也在慢慢流失，我们在抵达对象的最近处，似乎能看到的是一个个放大到无限的局部，如果以人为视觉中心点，你和它本质上还是身在两端，越近也是隔开来的。

因为远和不可把握，才有了整体的感觉，因为天人无际，才有敬畏的目光，这和当代文明中以人为尺度的观看——尽量地靠近和攫取是不同的。

距离遥远、不可企及，也是心怀崇敬，不可亵玩的心境。敬重天地、神明，同时崇尚先辈和圣贤，山川烟云、四时朝暮在岁月的共处往复中感怀眺望。

就远近的关系而言，《鬼谷子·抵巇》曰："物有自然，事有合离。有近而不可见，有远而可知。近而不可见者，不察其辞也；远而可知者，反往以验来也"。因为过度靠近的迷惑让人弱化了观察深究的动力，变成在局部世界里的迷恋和深陷，而整体、全局的思考力也深受限制，我们会执迷于盲人摸象的被动指引，好像时时看到一个个变化着的——清晰无比、光怪陆离的表象世界，其实是离现象之外的那个全观大道和本质真相越来越远了。

如同西方当代艺术之前的塞尚——打破了单眼局部的那些混沌构图，他是在重组表面化现象背后的真实，为了一个更为整体、更为长久和崇高的世界，不是看似明晰的角落，而是去强调一种永恒和坚固的整体。

同样还有那些不可望尽的世界真相，难以捉摸。如同那些优秀的中国山水画中：浸润着清新的空气和画家感觉中的气韵相互交融，尽管没有身置山水，我们依然可以在深远且灵动的画面中感受到混沌和迷人的气息，笔端营造的空气和灵韵——连接着往昔和今朝、连通着天人，充满了道和神灵的光芒。

因为遥远和神圣，我们在这样遥远相望的观看中似乎感受到天人互语、物我同在的自然之境。然而，时至今日，中西绘画史在视线越来越靠近的过程中慢慢消散了神性和遥远深邃的感觉，当代绘画的式微是总体趋势。在这点上，不管是中国的还是西方的，在全球化语境中，都有着或多或少的相似性，都是在往局部和世俗化的方向发展。因为整体性、神圣化的社会环境没有了，人们丧失了礼神、礼圣贤或者崇道的精神生活，这是否是当代文化越来越往庸俗、快速、狂躁和肤浅倾向发展的个中原因呢？在商业文化环境中，我们不免回望文明的源头去重新思考艺术的本来质地，同时我们又在东西交错之际遥想未来和未知，尽管面对自然的途径和呈献山水的方法已经大有不同，但是在机械复制时代中，我们同样渴慕画面中以新鲜之法营造出来的：那种亲切的自然气息和深邃的宇宙大道，一种对于难度复杂、神性超越的重新构想。

长空 布面油彩 矿物色 300cm×1250cm 2020

蓝色的山峰 布面油彩 矿物色 290cm×592cm 2020

期盼一个灵动、深邃、混沌的画面慢慢浮现出来，不同于华丽、谄媚和掠影的表达，在政治和商业之外。尽管不合时宜，尽管和者寡少，却是力图走向一个幽明、自由和神圣的世界。

在中西美术的追真求圣之中，不管是塞尚分析重构的几何风景，或者是普桑崇高稳固的静谧风光，还有郭熙劲健笔法的全景峰峦，抑或还未有过的那些别样盛景，这些风景画和山水画中的全局之"真"——包含了画家深究真相和追求永恒的决心，也就是画家心中的"真"和自然万象的"真"在神性和"道"的笼罩下重新交融在一起。

在一个激荡且荒诞的世界中，困顿且无奈。然而，依稀可见：那些神圣相望的"遥远"，天人可见的"真"，还有悠远未来的"深邃"——将要抵达的是一个恍若幻境的高地。这里有着一种常人未察觉的宇宙奥秘，那将是一个超拔人，提升人的所在。

2022

年度艺术家档案

笔触与心迹

岳敏君　YUE MINJUN

中国当代艺术的领军人物，国际著名艺术家。生活、创作于北京。

图片 / 由艺术家提供 编辑 / 雯子

凝视的笑 -2 布上油画 140cm×110cm 2022

球根海棠 布上油画 250cm×200cm 2020

教皇 布上油画 200cm×190cm 1997

岳敏君：艺术要面对复杂，但不需要变得复杂

采访 · 胡少杰

漫艺术 =M：记得上次采访时您说过，最早创作"大笑"系列的出发点其实是表达一种个人情绪和态度，那走到今天，到"花朵"系列，您更着重的是个人表达、个人追问，还是想要达成一种更普遍的有效性？比如更广泛的批判、讽喻、刺痛或者揭示？

岳敏君 =Y：我觉得两方面都有吧，艺术表达首先是个人性的，但是它脱离不了所处的时代，因为人和生存环境是息息相关的。哪怕是纯形式主义的绘画，它的产生也是有历史背景的，工业社会普及了科学和理性，绘画不再承担它原始的功能，只能走向形式。但是形式依然可以产生普遍的有效性，因为它对应的是一个普遍的时代问题。我在 90 年代创作那批作品的时候，因为处在一个思想活跃的时期，作品中既有个人感性的排解和释放，也自然而然地会对当时的现实进行一种反应，批判、讽喻、反思是那个时代的风气，我们当时的艺术家都会有类似的表达。那么到了今天，我觉得很多当时需要面对的问题依然存在，我的作品也同样需要面对这些问题。

M：您在创作的时候是会带着这种目的性吗？就是说要对现实做出反应，要用艺术介入宏观的社会问题。

Y：开始的时候肯定是稀里糊涂的，没有那么具体，但是它肯定是一个内在的因素。这个东西它是存在于你的身体里的，你只要还在思考，还在表达，它就会持续地起作用，只是表达的手段在不断地更新和深入，思考问题的维度也会变得更多元，但是那个态度是始终不变的。你不用刻意地谋求在作品上达到某种介入现实的功能，因为艺术的产生离不开现实的土壤，介入现实是必然的。

M：这种态度是不是也可以看作是您各个时期，不同的作品系列之间的一种内在的线索？

Y：对，应该是这样，虽然我某些阶段的作品面貌出现了比较大的变化，但是审视和批判的角度是没有改变的。我不介意用什么手法和语言去表达，或者说我抛弃了现代主义的那种思维逻辑，不再受限于某一种风格或者某一种材料，我只要觉得这样做适合我的要求，就行了，所以才会出现一些从形式上、风格上看完全没有关联的作品。比如说"迷宫系列"看起来好像和"笑脸"系列没有任何关系，但实际上它同样是在审视和反思，只是它针对的是传统文化。"迷宫系列"表面上看起来是一种文雅的感觉，但实际上我是把这种文雅封闭在一种文字的结构当中，通过文字组成一道围墙，提示出在传统文化之中思维的封闭性。这种封闭的、围墙式的结构像一个愉快的游戏，所以我说是迷宫，从一个空间可以转换到另外一个空间，看起来好像是改变了、进步了，但实际上没有任何变化，因为它还是在自身的一个思维逻辑里面。这就是我想通过这个系列表达的东西，虽然看起来和"笑脸""花朵"没有什么联系，但是它们内在的线索是相通的。

M：新作"花朵"系列在当下这个时期，应该是有更即时的意义，它对应的是当下的现实情绪和精神困境？

Y："花朵"并没有明确地指涉什么，我之前画了那么多笑脸，但是笑脸背后的含义是被遮蔽的，所以"花朵"也是一种遮蔽和隐藏。可能是因为这两年大家都处在一种被遮蔽和隐藏的境况之中，所以观众会看出一些象征性的东西，我只是做一个提示，然后背后的复杂性也许会穿透"花朵"单一性的表征，它是美好的象征物，也可以是其他的含义。艺术要面对复杂，但是并不需要变得复杂。简单一些，会更有趣。复杂全藏在背后。

235

M: 其实"花朵"和"笑脸"一样，都是一种符号，但是和"笑脸"相比，"花朵"的表达更隐秘？

Y: 因为语境是一个延续性的状态，它的问题也在延续，所以我今天的艺术创作面对的依然是一些老问题。我也试图寻找更有效的艺术语言，更有效的表达形式，但我不知道那是什么，慢慢也就习以为常了。一路走来，走到今天这个节点上，好像被什么卡住了。

M: 您如何应对这种被卡住的困境？

Y: 我会尝试从更根本的层面寻找原因，从自身的文化基因中寻找答案。比如像"迷宫"系列、"场景"系列，做了一些尝试和探索。但是艺术的整体走向是和大的文化背景同步的。它们互相促发，但是今天这种情况，艺术很难进入一个新的境界。在 20 世纪的初期，艺术通过转型解决了问题，立体派、超现实等一众新面貌把艺术带入一个新的阶段，但是今天不行，艺术困境靠现有的艺术家解决不了。这就是现状，我们很难改变。虽然我们一直也在谋求改变。

M: 您个人也在一直谋求改变？迫切吗？

Y: 迫切，这是一直萦绕在我身体和大脑里最重要的问题。

M: 您觉着最大的阻力是什么？

Y: 我们并没有一个接受彻底改变的艺术生态，个人在这样的环境之中他的努力是得不到回应的。所以会很茫然，不知道如何是好。只有这个艺术生态具备一个整体条件了，各个环节交织成一张网，互相激发和碰撞，各个领域才会有新的建树，而不是死气沉沉、鸦雀无声。

M:20 世纪 90 年代算是这样的时期吗？

Y: 算不上吧，从 80 年代开始，是形成了一个风潮和氛围，虽然现在回看会有一些着急，但是它起到了一定的作用。延续到 90 年代，中国的当代艺术变得相对成熟，思考的也更深入，大家都有很强的参与性，对未来都很乐观。但是好景不长，真正的艺术生态还没有真正的建立、展开，就进入到一个目的不明的混乱时期。嗡的一声，来得快，去得也快。

M: 从您个人的创作上来讲，改变的阻力是否也来自您过于鲜明和成熟的语言符号？

Y: 其实并没有，我反而觉得自己思考的和想要表达的太多了，不断变换语言，反而是对语言的一种伤害。很多人说我为什么老是画一个题材，相同的符号反复用，其实我恰恰觉得应该更专一，把一个符号做到极致，或许那样才是正确的选择。我们说的改变并不仅仅指的是语言，更应该是思想和认知。

M: 如果从符号学的角度来进入您的作品，那么可能就不免进入到波普艺术的讨论范畴了。您认为您的作品有波普艺术的属性吗？

Y: 可能有相通的地方，我不否认。因为我们这代人早期受的教育和思想熏陶，让我们比较容易接受这种表达方式。艺术要传播和灌输一种简单的思想，要通俗，要让普通人看得懂，这种概念深入人心。当我们在 80 年代了解到波普艺术的时候，发现它和我们自身的这套语言表达习惯完全契合，所以就自然而然地接受了。

M: 今天您依然在沿用这种创作语言，为什么呢？

Y: 每个人都会选择适合他的表达方式，况且波普的概念也在发展和变化，而我的创作也不仅仅是单一的波普艺术，你可以从波普的角度进入，但它并不是全部。

M: 您对绘画有情结吗？这么多年来，绘画依然是您最主要的创作方式？

Y: 没有什么情结，最多算是一种心理要求，我就是想看看绘画是否还有新的可能性，是否可以找到绘画新的逻辑和解构。比如抽象绘画，如果不从已有的绘画逻辑进入，是否也有可行性。你比如我画了一些看似抽象的画，但是它并不在抽象绘画的逻辑之内，我觉得其实没有什么抽象绘画，一切"象"都是具体的，我们也没有那个理性的土壤和脉络，所以我想从我个人的经验入手，尝试着找出绘画更本质的结构。

M: 西方哲学里有把理念和现象分开看待的传统，他们的抽象绘画是建立在这个基础之上的，但是作为东方人，我们很难这样理解，因为并不是我们习惯的认知方式。

Y: 这是黑格尔之前的古典哲学，就是把现象和理念二元对立，但是黑格尔不这么看，他把两者都统一在一块儿了，现象和理念都是绝对精神的产物。

M: 所以您觉得没有绝对的抽象？都是现象？

Y: 也没那么明确，只是我自己的一些想法，然后尝试着画了几张画，也无所谓抽象具象。

M: 您对现象背后的不可知的世界感兴趣吗？比如像康德所说的现象界之外的那个物自体的世界？

Y: 我觉得艺术目前还只能服务于现象界，对于那个不可知的世界，艺术是无能为力的。艺术还是属于现象界的产物，如果拿它去认知那个不可知的世界，那就乱套了。

M: 您会经常思考这些哲学上的问题吗？您觉得这对您的创作会产生什么影响？

Y: 不能老是想这些问题，因为这些问题太大，想多了就会产生错误的匹配，就会试图进行一些超越性的尝试，那么结果可想而知。这样就会让你老是否定自己，因为很多问题确实是艺术解决不了的，也是你解决不了的。

M: 您在唐人艺术中心的个展命名为"幸福",这个"幸福"有什么特殊的含义？

Y: 没有特殊的含义，"幸福"就是幸福本身，我们经历了三年疫情，大家都忘记了追求幸福才是生命的全部意义，是本能。

M: 如今疫情刚刚过去，大家好像又开始忘记了，忘记幸福也忘记伤痛，您觉得艺术家应该提醒大家不要太轻易忘记吗？

Y: 忘记挺好的，不忘记就得背负着。无论是幸福还是苦难，都别背负，轻松活着最好。

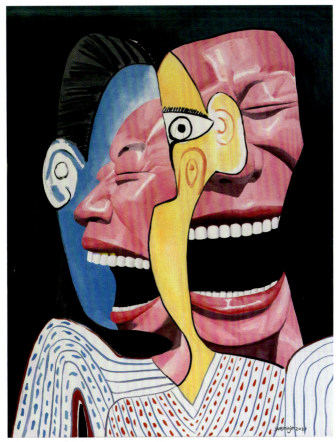

毕加索系列 -2 布上油画 90cm×70cm 2021

芙蓉葵 布上油画 200cm×250cm 2021

一定 布上油画 120cm×120cm 2022

吕山川　LV SHANCHUAN

1969 年出生于福建泉州，1992 年毕业于福建师范大学美术系，1997 年结业于中央美术学院油画系第九届研修班，2005 年获中德文化交流奖学金赴德学习交流。现生活和工作于北京。

图片 / 由艺术家提供　编辑 / 徐小禾

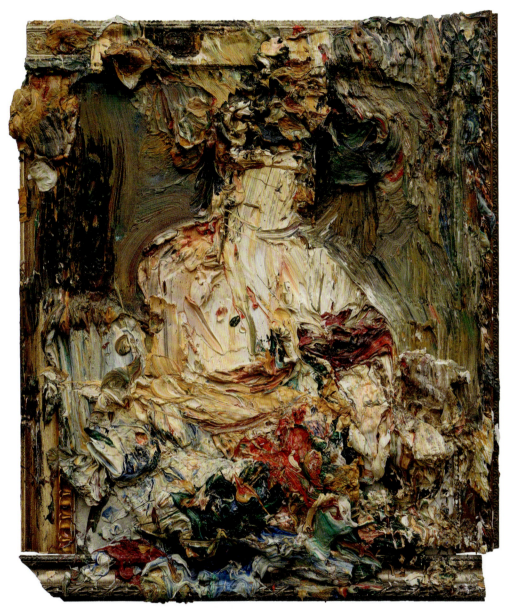

虚拟的真实 NO.3 – 仿卡拉瓦乔酒神 布面油画 120cm×100cm 2019

我画画的时候面对一块空白的画布，有的时候想得太多，那些标准和规范会跳出来制约我，那些大师的经典也会跳出来制约我，所以就只能先去打破一些东西，才能从这些制约中突围出来。不破不立，破坏是为了更好地建构自己。

—— 吕山川

虚拟的真实 NO.19 - 仿提香 布面油画 130cm×100cm 2022

吕山川：精神的景观

采访 – 胡少杰

漫艺术 =M: 吕老师，我看到您的近作中有一个系列是对西方经典绘画的仿作，或者叫再创作，那么这是一种解构？还是一种致敬？

吕山川 =L: 其实算是某种意义上的致敬，因为经典就是经典，我们这种有绘画情结的人，对这些艺术史上的经典会始终保持着敬意。但是我有自己的绘画语言，所以仿作也可以看作是一种再创作。至于说画面上那些具有破坏性的痕迹和笔触，我想也算是一种解构吧，解构和致敬并不冲突。今天的画家如何面对经典，如何连接经典，这是很值得思考的。如果经典永远躺在历史中，高挂在博物馆中，供我们追思和远观，我觉得没有多大意义。其实几年前我就有一个想法，就是找一些画商品画的作坊，复制一批世界经典名画，然后我再用自己的方法破坏它、覆盖它，做成一个系列，后来因为种种原因没有着手去做。所以说我这种解构经典的念头，由来已久，现在这个系列，算是一次初步尝试，但是因为环境和心境的变化，今天它的含义相比几年前已经变得更加复杂。这个系列画得不多，算是我的一个阶段性创作。

M: 以后这个系列还会延续吗？

L: 说不好。因为我不是一个喜欢给自己制定计划的人，大部分时间是随性而为。一些想法可能会一直都在，那么就时不时地翻出来，想画就画一些。有了新的想法或者触动，那就去画别的。我是个感性的人，平时无论是创作还是生活都是这样。有些时候我也会反思，因为感性会让你在很多事情上显得有些草率，特别是在生活上，比较容易吃亏。但是没有办法，这就是我的性格，也改变不了，这种性格也注定了我的艺术创作方式以及我的作品面貌。

M: 这可能就是无论您画什么题材，用什么方式，您的作品中始终有一种很个人化的内在气质的原因。

L: 因为我始终是在表达我自己，虽然画的是人群，是广场，是池子里的鱼或者开满墙的花。我只是依托它们，画我自己。我有一些经常画的题材，比如说广场，但是不同阶段的广场是不一样的。不同时间、不同地点的广场它代表的是我当时的心境和情绪。其实我画的广场和人群多数都有现实中的缘由，但是多少年后再看的话，我想这些缘由也许就不重要了，只有那瞬间的心绪，会一直留存在画面里。

M: 这一类公共景观的题材虽然一直在延续，但似乎是越来越内化，画的是社会景观，其实表达的是您内心的精神景观。这也体现在您对作品的命名上，比如"虚拟的真实""这个世界会有光吗？"。

L: 因为这几年我们的生存环境确实发生了很大的变化，这个世界让人越来越捉摸不透。到底什么是真实？我们所看到的真实是真实本身还是被虚拟出来的？一百年前梁漱溟的父亲梁济问：这个世界会好吗？到了今天我们依然不能给出答案。这些思考和触动来自外部世界，也来自我个人的生命经验，所以我画广场与人群，也画骷髅与鲜花。我们每个人既是独立的个体，同样也是人群的一部分，所以个体的精神景观和群体的社会景观本质上是一致的，相通的。

M: 我看到您近期的一些作品越来越抽象，画面中的形象越来越不可辨认，这是因为您在尝试着减少对具体题材、事物的依托，让表达变得更纯粹？

L: 其实我那些看起来抽象的作品和所谓的抽象绘画还是有很大的区别的。因为我的绘画并不在一个抽象绘画的逻辑里，我的语言依旧是具象范畴的，依旧需要一个实体，一个肉身，只是我用个人的方式把自己从具象中解放出来，不再受其束缚。作为受过严格的具象绘画训练的人，丢掉那些束缚是很艰难的。前些年我会用喝酒的办法，让自己进入到一种忘我的状态，直到最近这些年我才变得更加自如，更加轻松。但是这需要时间，也需要对自己狠一点，需要把那个肉身蹂躏得面目全非。其实那个肉身也就是你自己，你只有不再想着把它塑造成什么形象的时候，那么它就最接近真实的自己。我最近画了一幅画，拿给别人看都说看不明白画的是什么，因为画面中几乎没有可辨认的形象，只有我自己知道，我画的是两个搏斗的人。我画的是一种气氛和情绪，是两个纠缠在一起的肉身互相缠斗，最后分不清彼此，混合成一块颜色。那块颜色还是肉身，有肉身就不是所谓的抽象绘画。你看德库宁画的"女人体"和他的抽象作品没有本质的区别，因为他画的也都是肉身，只是他不再塑造肉身，或者说不再把肉身当作肉身，但是肉身始终都在。

M: 其实看您早期的作品，您有着极其扎实的具象绘画的基础，您提到自己用了很长时间去剥离这些训练带来的制约和束缚，那么这些早期的基础训练和造型经验在您今天的创作中扮演什么角色？

L: 我觉得它已经变成了一种肌肉记忆，无论怎么剥离，有些东西是无法完全丢掉的，因为它已经和我融为一体了。有时候它会成为我的助力，让我可以比较容易地表达我想表达的东西，但是有时候它也会跳出来把我带入到一种比较圆熟的表达里。我不喜欢太圆熟的东西，我喜欢生涩，因为只有生涩才能生动。所以我会警惕太容易实现的东西，但是我不会刻意地追求生涩。因为比起圆熟，绘画最怕刻意，刻意就会很做作，就不再是你自己。

每个人都有自己的局限性，要正视自己的局限，不能回避它。其实画了这么多年，我越来越明白什么是自己的局限，当然也越来越了解自己身上那些别人不具备的优点。

M: 明确自己的局限和优点，会让您变得更加自由吗？

L: 应该是变得更加自我吧，人生苦短又变幻莫测，那么就只有在自己的创作中自我一点，真诚一点，才不枉此生。

M: 自我？那我就明白为什么在您现在的作品里依然能看到一些纠结的东西存在，因为您的答案是自我而不是自由，自我它永远都是自由和不自由纠缠在一起的。

L: 你像是一个心理医生，哈哈。对，我追求自由，但是现在的我依然是自由和不自由共存的状态。这是我最真实的状态。自由和不自由之间的纠缠，理想和现实之间的纠缠，自我满足和自我怀疑之间的纠缠，都一直存在。

这世界会有光吗？ NO.5 布面油画 150cm×110cm 2021

这世界会有光吗？ NO.2 布面油画 120cm×90cm 2021

M: 看您的创作过程，很有张力，那它起到一种释放或者宣泄的作用吗？

L: 没有宣泄，宣泄只是表象。状态好的时候可能会是一种释放，但是释放不是目的。因为每一幅画的创作过程都是不一样的，有的时候一气呵成，有的时候也会面对空白的画布一坐就是几个小时。你在视频中看到的创作过程，有一定的表演成分，其实真正的创作过程大多时候是没有那么潇洒的，哈哈……不过状态好的时候一气呵成，确实很痛快，这也是我所追求的，我不喜欢慢炖，我喜欢爆炒。当然慢炖有慢炖的好，但是不适合我。

M: 这种爆炒式的快意，其实是离不开前期的积累和酝酿的？坐在空白画布前的几个小时其实是在为出手后的一气呵成积蓄能量？

L: 对，就像是踢足球，前期的所有奔跑、传导，都是为了那临门一脚。或者说像拳击，我现在的拳击教练获得过全国冠军，他教得很专业，专业是什么，专业就是标准和规范。但是这只是一个基础，真正厉害的拳击手在比赛的时候靠这些是打不赢的，他需要爆发力，需要致命一击。但是爆发力绝对离不开你前期专业、规范的基础训练。我觉得这都是相通的，我画画的时候面对一块空白的画布，有的时候想得太多，那些标准和规范会跳出来制约我，那些大师的经典也会跳出来制约我，所以就只能先去打破一些东西，才能从这些制约中突围出来。不破不立，破坏是为了更好地建构自己。

M: 但是破坏是有风险的，因为遵从标准和规范意味着安全和稳妥，也意味着能被所谓的"大多数人"所接受。

L: 没错，但是艺术如果只追求被"大多数人"接受，那么你就去画一些漂亮的画好了，那样的话就和那些复制世界名画的工匠没有什么区别了。我会很警惕自己把画画得很漂亮，之前有段时间画鱼，因为锦鲤本身的颜色和体态都

很漂亮，所以我就用我自己的方法去消解一些过于绚丽的色彩和轻盈感，用很厚的颜料去堆积、覆盖。

M: 这种厚涂和堆积的画法是您一直以来所沿用的绘画方式，那么您是对这种表现手法带来的表现力感兴趣，还是说对颜料本身的物质感、肌理感感兴趣？

L: 其实我并不是刻意地追求颜料的厚度，只是因为我只有这样画才能表达出我想要的效果。有的时候我也不想画那么厚，因为太沉了，很不方便。我最近的画已经在偷工减料了，我想画得稍微薄一点。但是这不是最主要的问题，我觉得绘画的厚重感不仅仅因为画得厚，主要还是因为画的内容和精神厚度。当然，我不排除材料性对绘画起到的作用，因为材料也是绘画的一部分，只是我不去刻意强调它。至于说别人看到我的画，会把注意力都放在厚重的颜料和肌理上，那么也无所谓，每个人都有他观看的方式，也都有他的兴趣点，怎么观看都不是问题。

M: 观看者反馈给您的感受以及一些建议会对您产生影响吗？

L: 一般不会，我前边也提到了，我在绘画上很自我，别人的看法我会认真听取，但是我还是会按照自己的内心想法去创作。前些年也听过一些朋友的建议，也动摇过，去尝试了，但是事实证明那并不适合我。所以不要被旁人左右，绘画只忠实于自我。

M: 除了因为太沉了会画得稍微薄一点，最近在创作和思考上还有什么其他的变化吗？

L: 不好说，很多都是一些很细微的变化，只有在实践过后才能分辨出来。我不是一个善于总结自己的人，但是作品不会骗人，它是最直观的答案。

虚拟的真实 NO.4 布面油画 140cm×110cm 2019

虚拟的真实 NO.9 布面油画 110cm×95cm 2019

广场－科隆 布面油画 120cm×90cm 2023

C－17 布面油画 150cm×110cm 2022

不过状态好的时候一气呵成，确实很痛快，这也是我所追求的，我不喜欢慢炖，我喜欢爆炒。当然慢炖有慢炖的好，但是不适合我。

———— 吕山川

C-17（局部） 布面油画 150cm×110cm 2022

景观 NO.3 布面油画 150cm×110cm 2019

江山如此多娇 布面油画 140cm×180cm 2017

尹朝阳 YIN ZHAOYANG

图片 / 由艺术家提供 编辑 / 徐小禾

1970 年生于中国河南南阳，1996 年毕业于中央美术学院，现工作生活于北京。90 年代末，以尹朝阳为代表的"青春残酷绘画"，震撼人心地展示出一代人彷徨而"残酷"的青春体验，重新使绘画在叙事性、图像概念以及美学趣味上，具有一种崭新的实验性和思想深度，并构成 90 年代前卫绘画的重要倾向。在此后的《神话》《乌托邦》《正面》等系列作品中，通过不断深入的内心追问和与之相应的繁复而深刻的语言探索，他完成了从表现敏感的青春体验到展示一个更复杂深沉的精神世界的转变，成为中国"新绘画"的重要代表。2011 年以来，尹朝阳转向一种有着强烈的个人气质、敏锐的当代视觉和雄浑而深厚的传统底蕴的"心灵风景"。以恢宏与纯粹的绘画语言，发展出一种全新的，包含着个人与社会、历史与当下的山水画景观。

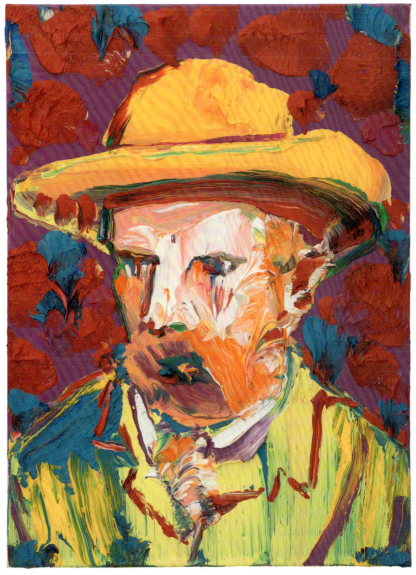

烈日梵高 布面油画 72.5cm×53.5cm 2022

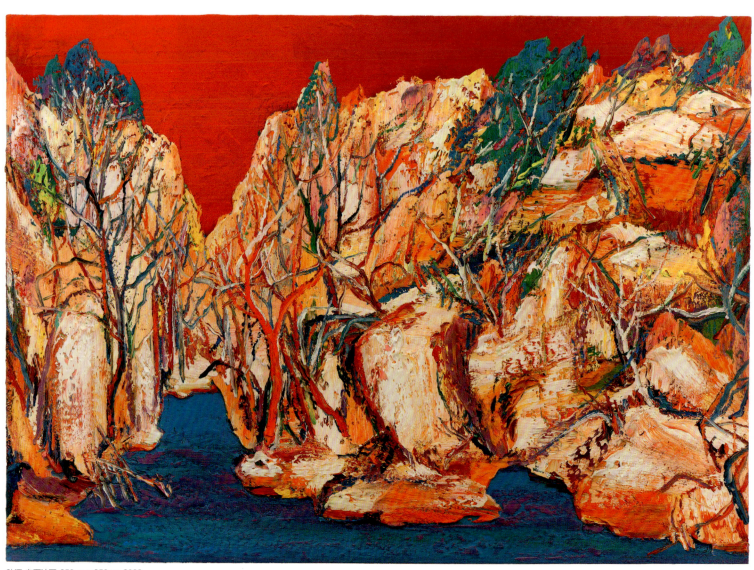

秋潭 布面油画 250cm×350cm 2022

另一种自然：再评尹朝阳

文 – 郑闻

"想象力（作为创造性的认识功能）有很强大的力量，去根据现实自然所提供的材料，创造出仿佛是一种第二自然。"

—— 伊曼努尔·康德

美术史发展演进的主要线索与动力之一，正是一代代杰出的艺术家，向其领域内的前辈佼佼者，不断致敬、演变、挑战，甚至超越的连绵不断的过程。而在今天的艺术生产机制以及展示现场中，艺术家对于上述艺术史的逻辑演变与自身定位的探究，日趋成为一个不合时宜的话题，逐渐淹没在对于流行趋势以及市场风向的关注当中。

但是，总有艺术家会以个体的坚持与行动来证明，艺术的精神性以及尊严感的存在。作为中国20世纪70年代出生，最具代表性的画家之一尹朝阳，坚持在东方与西方两个庞大的绘画体系以及伟大的造型传统中进行实验与突破。2021年，到了知天命之年的尹朝阳在上海龙美术馆举办了以《浩瀚史》命名的大型展览。以长达十多米的油画巨作《浩瀚史——极昼》为代表的几十件作品，将其砥炼半生已达炉火纯青的绘画技艺展露无遗，其高度标志化的强劲风格打开了中国当代绘画领域中一个气势撼人的艺术世界。

那么，在今天的中国艺术界，再次回望尹朝阳艺术发展的过程，可以放在如下这三个范围内展开讨论：1.艺术家与艺术系统及文化传统的能动作用；2.当代绘画重构其自身以及"人"本身的尊严与主体意识；3.绘画作为一种创造性认知的力量与动能。

双峰

如何打造同时具备国际艺术语汇与中国文化精神的艺术，是当下艺术界面临的共同问题。当然，这也是自20世纪初，百年前中国美术先驱们就在探索思考的问题。回望林风眠等人远渡重洋再归国实践的艺术命运，中国20世纪的美术发展，几乎无一不是对于这一命题的回应与探索。而20世纪早期的现代艺术运动之后的艺术体制，逐渐无法关注所处的国际艺术语境与上下文关系，以极大的僵化与惯性停留于对民族艺术口号式的肤浅表达。"85新潮"以来的中国当代艺术发展，则是20世纪末另一次大规模的，甚至是激进的、嫁接式的吸收西方艺术样式与思潮的运动。在2000年后全球化的逐步退潮之际，中国的当代艺术需要进入一种更加深层、更加自然的内在化过程。

尹朝阳的创作提供了一种可能。作为一位学习版画出身，从事油画闻名的当代画家，尹朝阳针对西方绘画，特别是现代主义以来的各种运动，一定在深思熟虑之中给出了自己的回应。在他早期的绘画中，他以现代性的批判视角勾画了剧烈转折时代个体人物的精神世界，其大胆的表现力度与存在主义的气质使他的早期绘画具有可以与德国新客观派绘画相类比的一种力度与锐度。而对于中国重要历史场域和公共空间的描绘，使尹朝阳的创作进入到对于中国现代历史乃至革命的深沉思考之中。

在其后的艺术发展过程当中，尹朝阳进一步确认并转化自身所处的历史文化资源。他在艺术创作与阅读观展的同时，收藏了大量的中国古代雕塑与书画。他建立的不但是一个"收藏"体系，也是驱动他自身艺术发展的一个历史宝库。无论是他收藏体系中历代的佛教造像、黄宾虹的山水画或是关良的风景。对于一个曾经以前卫姿态为人熟知的画家，随着岁月的流逝，对于中国文化传统的关注、着迷与深究，又赋予了他另一重来源于中国古代士人的文化身份，也确定了尹朝阳现代艺术表达方式背后深沉的历史底蕴与艺术格调。

如同当代中国的塞尚，尹朝阳继《残酷青春》《神话》等成名系列之后，在四十岁的年纪重返嵩山，以一种直面现实自然的方式，展开了他作为艺术家个体的山川之旅与自然体悟。"在山中"的这十来年，尹朝阳从早期作品对于个体、自我、人物形象、历史场景为主的观察中，逐渐走出来，进入到以山川景观为主的自然世界，从人走向了山，从社会生活走向了天地万物。同时也从一种对社会学、心理学的观照转向了向宇宙观、自然观，从关注客观真实走向了重视主观挥洒的内在转折。

在潘天寿所讲的"双峰"理念之中，尹朝阳想必是尊重了两种艺术体系各自的高度与尊严，找到了自己的表达方式以及生命体验。他从未尝试过简单的图像移植或者波普的图式，去通过挪用一个中国文化符号，去体现艺术的中国性或者东方性。他所展示的，不仅是自然对象，而是如何处理自然对象的方式。如何打造一种极具魅力的视觉语言和绘画语言——也可以说是一种精神图式。塞尚面对维克多山、弘仁面对黄山、尹朝阳面对着嵩山，他们所考虑的恰恰是同样的问题。正是通过嵩山，尹朝阳在中国古典艺术与西方现代绘画的双峰之间，找到了一种成熟而高级、优雅而强烈的范式。

山中之人

今天去讨论尹朝阳的创作，还有一个重要的关键词"尊严"。此处提及的"尊严"，首先是绘画的尊严与艺术的尊严，终极意义上也是创作者，乃至扩大到人本身的尊严。这同样是在当下艺术界失落已久的一个话题。居伊·德波半个世纪前所描述的景观社会在当下早已成为现实。资本的累积成为图像，在消费主义至上的艺术生产机制中，艺术本身更加倾向于将自身打磨成一批批漂白的、去政治的、顺滑的、镀金的、不痛不痒的、精致的商品。高价的艺术品作为资本的标的物，已经成为不可避免的命运。但即使在这一过程中，"艺术家&生产者"这一身份仍旧可以体现出某种相对的"自由意志"，在很大程度上，艺术家仍旧可以选择，是以媚俗的姿态去对应外部的趋势还是坚持本人自在自为的创造性游戏。那么，我们在看到比如汉斯·哈克、顾德新、谢德庆或者其他一些艺术家的姿态与行动时，仍旧提供了某种另类的存在模式。这一切的后面对应着的，仍然是如何成为一个"人"，如何在整个艺术生产的流程中不彻底沦为工具，且能在艺术中建立起个体之所以为个体，人之所以为人的尊严与骄傲。

回望黄宾虹以后的中国山水绘画，最大的缺失正是在于"逸格"和一种坚硬内核的缺失，一部分山水作品伴随着政治化的功能如《江山如此多娇》等进入庙堂之上，另一部分山水绘画则滑向种种基于"文人画"或者假托"文人画"为理由的小情小趣的笔墨戏耍与精神自慰之中。极少数画家对于中国山水或者中国风景这一艺术传统还能给出独立自主的崭新注解，但我仍旧可以发现，在水墨领域之外，比如尚扬，也包括尹朝阳这些不同代际的艺术家，却给出了意料之外的精彩回应。

尹朝阳的风景系列为绘画提供了一种久违的尊严感与硬核感。他不同于很多流水线式画家的重要特点在于：无论是残酷青春系列、广场系列、眩晕系列还是现在的山景与艺术家肖像系列，他的绘画永远具有强烈的肉身经验、情感内核、深厚的历史意识。无论是山川还是人物，在强烈的色彩与肌理的对撞后面，充满了生命力的轰鸣。无论尺幅大小，他的绘画都展示了一种内在的生命叙事与密实的构成性，激发所有观者深层的共鸣。

正面 布面油画 50cm×40cm 2022

正面 木板油画 45.5cm×38cm 2022

一个值得深究的现象在于，尹朝阳用完全现代主义的绘画方式，达到了古典主义艺术所追求的磅礴与崇高。尹朝阳的山川系列，正是对基于中国传统山水精神的一次当代演变与发展，对于东方式的感知力与想象力的复苏与拓展。在尹朝阳的巨型绘画中放眼天地，巨石堆叠和层峦起伏的宏大景观凝聚成由力量所牵引的颜色、结构、肌理。一种源自中国古代山水的自然观与天地观，与西方现代绘画的视觉样式相结合。体现了当代碎片式景观生活中难得一见的完整性与力量感，完美阐释了古典精神在现代艺术中所能激发的充沛能量，最终也指向了画家内心对于个体尊严的坚持，对于一个顶天立地的"人"的精神的强调。

另一种自然

尹朝阳的艺术探索从未停留在各种时髦的创作方法论的表层，他在深入的观察思考之中，得出自身的洞见，体现出个体的强大自觉与艺术魄力。在这些气势撼人的巨型绘画背后，有着强大的结构力量与精神内核作为支撑。这些作品在感观到认知层面引发的震撼效果，并不仅仅是由于作品尺寸的巨大（我们随处可见尺幅巨大却内容空洞松垮的作品），还在于尹朝阳所打造的一整套处理山水景观的个人语法或者说内在结构。康德在《判断力批判》中提及"另一种自然"，尹朝阳正是在面对嵩山的十多年的漫长岁月或者说也只是刹那之间，建构起了这种内在的结构。它让艺术家超越了对于物质自然和风景景观的描摹模仿，以高度抽象、凝练有力的方式达到了吴冠中所言"风筝不断线"的理论中物象与抽象之间的某种极限阈值，从而展示出震撼人心的艺术张力和想象力。

尹朝阳的山川绘画系统，展示了巨大的力量之间的牵引与冲击以及色相与纯度之间的对撞和交融，在山水景观的外貌下，形成了源自艺术家内在格局与艺术气势的视觉再现。尹朝阳在其绘画世界中建构的"另一个自然"，同时也触及了康德所提及的"审美意象"这一核心概念，即德文中的"Aesthetische Idee"。它具有今天理论界所谈及的"典型"和"观念"的概念，也被翻译为"审美意象"。它更多指想象力所形成的一种形象的再现和表达，它可以让我们联想，或者说可以发散联想到更多丰富的东西。尹朝阳在其山川绘画中体现出的这种想象力，并非通过如超现实主义绘画中戏剧性场景的调度或错愕空间的呈现，从而达到一种超越现实的画面氛围。而是采用了一种基于身体动作与色块冲击的象征性手法，在绘画语言方面建构了一种基于现实自然却又超越物质自然的艺术境界。

在尹朝阳的这"另一种自然"当中，客观事物的形象比如山川、树木、人物，甚至梵高的面孔，都不再是以描摹性质的、接近其客观表象的方式呈现，而是统摄于艺术家主观引导的，有关色彩、肌理、动势、能量所形成的一个高度象征化的视觉系统当中。绘画对于启蒙运动以来哲学层面所讨论的理性观念而言，其重要性刚好在于，它可以借助具体的形象加以类比和象征，从而传达无法用经验概念来传达的理想观念。作为审美对象的状形词（Attribute），这另一层自然所展示的意象，激活了想象力与联想力，远远超出了文字与逻辑所能达到的表达限度。

发起这种创造性认知功能的想象力的艺术家，他需要有一种强大的转化力量，正如尹朝阳在面对嵩山时，他依据现实自然的经验材料，在油画布面上转化或者说创造出了第二自然，在这一过程中，他所力求摸索的，是一种超出经验范围和一般感知的存在。这一过程正是将一些不可眼见的理性概念，翻译成感官可以感受到的东西，是对于超出形象之外的精神性的再现和表达。这一转化的过程在尹朝阳的绘画中也从来没有缺席过，正如他早年《残酷青春》系列中通过人物形象实际传达的是对境遇和命运的怀疑与抗争，通过《神话》系列中的人物与石头等，表达的是对生命虚无的反抗与坚持，通过《广场》等系列对于建筑景观的描绘传达对历史的深思与关照，直至近期通过山川绘画和艺术家肖像中传达出的依旧是人的尊严甚至荣耀。

烈日梵高 布面油画 200cm×150.5cm 2022

结语

2022年的夏天，是一个有着历史性高温和暴晒的夏天。对应尹朝阳的几件新作《烈日梵高》与《烈日行走》，从某种意义上来说，任何一个不甘沉溺于平庸与俗套，尚有一丝血气与抱负的画者，都会是主动选择在刺目阳光的暴晒下孤独行走的人。

灼伤一切的光与烫，正来自画家心目中暗暗较劲的美术史中的前辈大师，或者是我们每个个体都必将遭遇的命运冲击。但也正因如此，这个依旧坚持在光与烫之中行走的人，他将身披绝对明媚刺眼的光彩，他沉默、蛮横、骄傲、默然承受一切，但充满了高贵和力量，与周边平庸黯淡的一切，都完全不同。

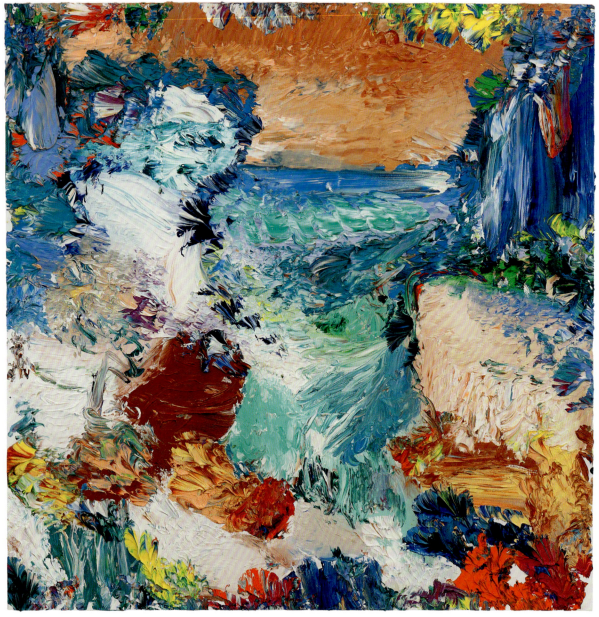

山水 布面油画 200cm×200cm 2022

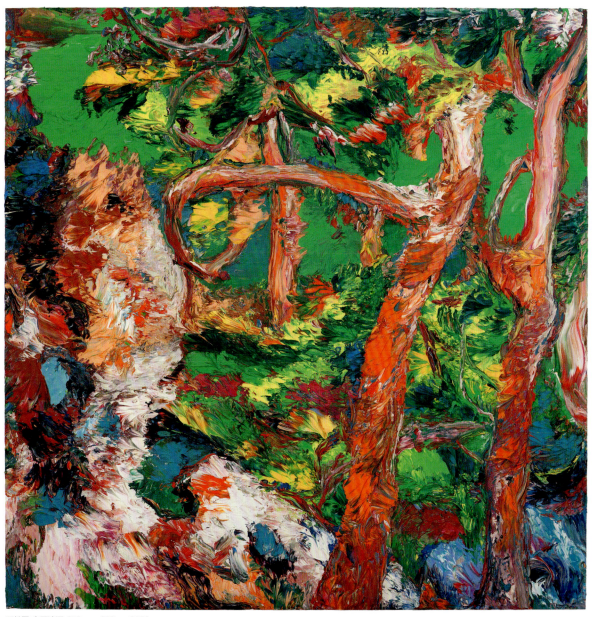

双松图 布面油画 250cm×250cm 2022

1970 年生于江西南昌，现生活工作于北京。自 1990 年起，本科及研究生皆就读于中央美术学院油画系第三工作室，并于 1998 年毕业获硕士学位，2000 至 2007 年任教于中国戏曲学院。罗清执着于架上绘画数十年，他的工作是"沉默的劳作中黑暗的言辞"，他的作品包含了对整体现实世界的个人性的回应，是从自己身体的内部孕育出的艺术果实。

罗 清　LUO QING

图片 / 由艺术家提供 编辑 / 徐小禾

无题 布面油画 50cm×60cm 2021

罗清重新以绘画的方式来迎接这些来自滚滚红尘中的图像迷雾。他不再纠缠于生活的表象细节上，那是已经过去的一种表达程式，因为学院痕迹终究是要抖落的。事实也说明，这几年来，罗清就是为了抖落这些程式痕迹而奋战，越能够抖落得干净，就越能够确立自我的存在价值。

—— 王春辰

无题 布面油画 60cm×80cm 2022

泥淖与荣光

文 – 胡少杰

　　绘画在今天的这个图像速成的时代，如何保持其生机与荣光？这是当下的画家们必然要面对的问题。那些绘画的经典作为人类文明史中重要的精神印迹，在时间长河中历久弥新，只是作为一门古老的手艺，在经历了数千年的积累与更新之后留给今天的画家们进一步发掘的空间已然近乎殆尽。但是这并不意味着绘画走向了穷途末路，因为总有一些人，在窄门中坚守，在黯淡与速朽中相信永恒。

　　罗清出生于70年代，纯正的学院派油画科班出身，中央美术学院的学习经历贯穿了他的少年和青年时期，从附中到本科再到研究生一路走来，一路建构，一路逃离。进入创作阶段后，也尝试了不同的风格、主题，皆有所成。而罗清注定是一位不甘于守成的人，是一位"天生反骨"的艺术家。他不断突破自我，也突破潮流。当大部分绘画出身的艺术家纷纷改弦更张之时，当绘画逐渐沦为流俗的图像与伪饰的工具之时，罗清依然相信绘画，相信绘画的表现力与穿透力，相信这门古老的手艺，依然可以重拾荣光。

　　而从青年到中年，罗清和绘画的关系似乎变得更加紧密，绘画成了他生命的一部分。他似乎不再刻意思考绘画的历史命运与时代处境，他更关注的是绘画和他个人生命经验的融合，以及生命的张力和绘画语言的张力如何相互激发。我们看到他近年的作品内容越来越简化，但是却没有完全放弃形象，画面或阴郁或乖张，笔触或滞涩或浓稠，似泥淖中的车辙，只是无论如何，画面中总会带有生命的温度，这种温度或许有关于记忆，有关于情绪，有关于灵魂的寂寥与喧嚣、精神的狂喜与安宁。这种温度来自生命的深处，也来自人性和油彩与画布之间的反复纠缠。罗清给他的这些画作都命名为"无题"，他应该是想摒除一切叙事性的可能，只留下那些怪异莫名的造型，以及那些堆积的油彩，把叙事让渡给视觉以及触觉。那些关于生命、时间、爱憎、悲喜的言说，在那夺人心魄的彩色泥淖里无声地吼叫。

　　与此同时，罗清又是极其尊重绘画的，他对于造型和材料本身的痴迷以及在挖掘绘画语言的可能性上付出的心力都实实在在地反映在了他的创作上，画面中那近于搏斗的痕迹，体现出了一位纯粹的画家对于绘画表现力的极致、迫切的渴求，以及对于绘画深切的热爱。这种渴求与热爱我们在那些绘画经典中可以看到，在格列柯、梁楷、徐渭、梵高、培根、弗洛伊德等一众绘画史上的先辈们那里可以看到。这种精神血脉的传承让罗清看似充满了破坏性的绘画体现出了一种在当下少有的尊严感。绘画走到今天，破坏或许是最好的方式，那些积习与趣味，样式与体系，让绘画成了深锁笼中的猛兽，只有破坏掉那漂亮的囚笼，才能猛虎归山，蛟龙入海。

　　当然，仅仅是破坏并不能使绘画获得真正的自由，一味地破坏只能是一种肆意的宣泄，真正的渴求与热爱应该是在破坏之后的重新审视、判断中明确方向，建构通往自由的新路径。这就是为什么在罗清的绘画中看似粗暴蛮横的画面之下，依然透露出一种冷静与克制的隐秘特质的原因。在罗清2022年的新作中，那些绚丽而凌乱的肖像与风景背后，是更加严密的语言逻辑，那些造型与色彩，看似破碎，实则秩序井然，只是这种秩序是绘画深处的秩序，也是生命深处的秩序。

　　外界风雨如晦，画面并不一定就必然要阴郁氏惘，现实或许是扭曲的、压抑的，但是绘画为什么就不能高亢明亮，哪怕依然"丑陋"。在罗清的新作中，那些卷缩的身躯、狰狞的面目在明丽的色彩中张着的嘴巴，他们既像是在拼命地呼吸，又像是在大声地呐喊。活着就要"呐喊"，哪怕活在泥淖之中，哪怕面目扭曲，声音暗哑。而那些堆积的彩色风景，则像是凝固的时间，那些天光与树影、建筑与街道，已经开始慢慢融化……

　　通过这些新作来看，罗清作为绘画这道窄门中的坚守者，应该是一种双赢的选择。绘画成全了罗清的热爱与渴求，而罗清也没有辜负绘画，至于绘画是否会真的在罗清这里重拾荣光，让我们拭目以待！

无题 布面油画 40cm×50cm 2021

无题 布面油画 60cm×80cm 2022

无题 布面油画 60cm×80cm 2022

无题 布面油画 40cm×50cm 2022

无题 布面油画 40cm×50cm 2022

无题 布面油画 40cm×50cm 2022

无题 布面油画 40cm×50cm 2022

无题 布面油画 60cm×80cm 2022

无题 布面油画 60cm×80cm 2022

吴翦　WU JIAN

1970 年生于江苏大丰，1994 年毕业于南京艺术学院美术系，曾参加蒙彼利埃双年展（法国蒙彼利埃），墙——中国当代艺术二十年（中国北京），重塑当代中国当代艺术（美国纽约），后先锋中国当代艺术（中国香港），中国抽象艺术三十年（西班牙巴塞罗那），釜山双联展（韩国釜山），未曾呈现的声音——威尼斯双联展平行展（意大利威尼斯），萧条与供给——第三届南京国际美展（中国南京）等展览。

图片 / 由艺术家提供 编辑 / 徐小禾

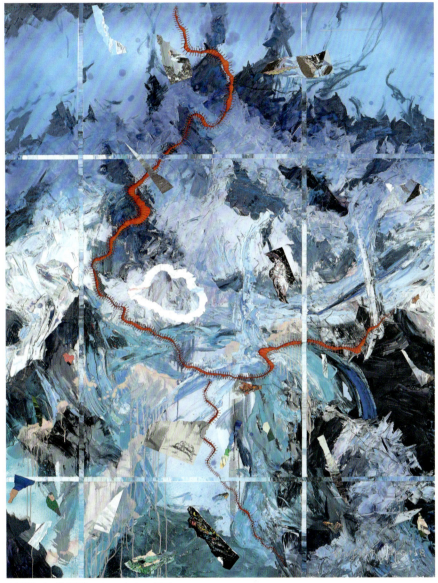

火树银花 布面综合材料 180cm×250cm 2021

多年来执着于黑白灰色、表现主义笔触的吴翦，2017 年以来的新作，美学语言方面越来越开放：画布撕裂、画框多层、色彩艳丽、元素丰富……这种迸裂式的开放一发不可收拾，和他艺术路径上的突破有关，也和他对这个剧烈震荡时代的所感所思有关。

纵观吴翦多年来的作品，每一阶段的形式、手法和主题，都和当时的时代氛围、社会问题、文化走向息息相关，既能准确契合，又有一定的预见性。这种准确性和预见性，反照出他的直觉禀赋和反思能力。

——— 杜曦云

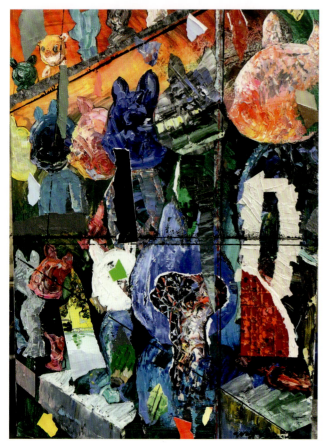

玩具店之一 布面油画 50cm×70cm 2023

玩具店之二 布面油画 50cm×70cm 2023

魅力所在——吴翦谈近年的转变

采访 – 杜曦云

杜曦云：异形画框组合，画面破裂缝合，色彩艳丽丰富但组合在相当紊乱扭曲的结构中，图像碎片拼贴……你这几年的作品出现了很多新的变化，更开放、更大胆。是什么原因引发的？

吴翦：中年了，深深体会到人生无常的含义，也渐渐体会到生命过程中的感知、思考和表达应在当下，而非昨天的延续。个体在人类社会中似乎微不足道，但艺术创作恰好是一种个人化的表达。艺术作品只需对我的感受、想象甚至幻想负责，所以改变以前的表现手法已成必然。

杜曦云：这些新作中，对正在当下时尚着的艳丽粉嫩视觉文化特征，你进行了抽象化的处理后纳入画面结构中。它们是你新的关注对象吗？

吴翦：语言的突破是为了让表达获得更大的自由度，艳丽抑或灰黑色彩皆可作为画面的表征。值得坚持和关注的，是表象背后的价值支点和线索。任何探索都面向不确定，不确定性中有可能，可能便是希望。

杜曦云：你的价值支点是什么？这几年的线索是什么？

吴翦：我一直固执地认为作品对内要挖掘个人（个性）化表达，能贴近个体的天性才是真实的；对外要体验时代的脉搏，当代艺术不能脱离当下之语境，好的作品中个人特点和辐射力兼顾。自1995年大学毕业开始创作，到2015年左右，我作品的面貌一直以黑白灰粗糙的笔触肌理示人。

杜曦云：当年为什么要选择这种方式呢？

吴翦：一念之间。当时刚刚走向社会，白天忙生活、晚上搞创作，生活的焦头烂额和作品之间形成了反差，这是促成我仅用黑白颜色去表达的主要动因。

2008年全球经济危机蔓延，以前振奋向上夹杂着焦虑的情绪，变成了低落和迷茫。由此，人类历史开始了命运多舛的历程……从以前的角度看，是太多的新事物和变故；换个视角看，人类社会可能已换轨进入了一个新时段。这个时段里全球经济萧条，各种信息纷乱繁杂，生存背景发生的变化也促成了我作品的变化。

杜曦云：作品发生明显转变是哪一年？

吴翦：我转变的节点是 2017 年画完《浮云》之后。《浮云》是有感父亲离世的彻骨之痛，这次感触也促成了我不去简单地理解事物，艺术也没有必须去坚持的某种价值。

杜曦云：可以描述一下这曾让你执着多年的"某种价值"吗？

吴翦：我总以为人文艺术要为人类社会发展持有一种谨慎的姿态。事物确实都有利和弊两个方面：现代人过分的物质消费带来资源透支和引发环境问题，人类社会高速发展引发个体的生存焦虑，经济全球化引发的大规模经济动荡，人工智能的产业化让被替代的工人何去何从……

黑白灰色的视觉语言，具有独特的哲学语境，朴素和宽宏。对我自己成长辛劳的体悟及语言表达的相异性坚持，是我在这一阶段创作的支点。

杜曦云：世事转眼成空，人生除死无大事，2017 年之后你的心思意念更加开放了，可以描述一下新的感悟吗？

吴翦：纵观现今世界的发展，走在最前面的是科学，艺术在它面前反而无足轻重、毫无想象力，同时也不再具有雄心壮志。

我没把绘画仅仅放在绘画本身去思考。个体的人有与生俱来的局限性，明白了这些才能有转机。当作品过分专注于表达"价值"时，如果这种价值已成为一种共识，作品的视野就会变得狭窄，为何不给创作更大的空间呢？有种不确定的模糊地带，才会是艺术生发魅力所在。

杜曦云：不确定的模糊地带，在你的作品中体现为一种神秘气息，似乎和冥冥中的天意有关……

吴翦：看懂别人容易，把自己弄明白难。尽管我们知道生活中遇到了什么、发生了什么，很多改变也必然会发生。作为匆匆过客的个人，其实是没有什么答案的，理解到这点，我反而释然了。

能健康快乐地生活很重要，用创作去感知生存、追求创造，能做到自由地去想象、灵活地去表达，会有多理想、多惬意啊！

浮云 1 布面油画 180cm×120cm 2017

浮云 2 布面油画 180cm×120cm 2017

上 浪潮 布面综合材料 180cm×250cm 2022

下 浪潮 布面油彩 80cm×100cm 2022

银河 布面油画 180cm×250cm 2023

火树银花 布面油画 100cm×130cm 2022

文—韩旭

从不破不立到从容不『破』

少有人真正向内查看自己的勇壮，更少有人意识到他们正在错失一个宏大的温柔。

"这个阶段的我不那么肯定"这句话来自吴翦展览纪录片的结尾，也是吴翦近年来创作状态的总结。过往三年的疫情让吴翦认识到时代浪潮下所有的深刻都不值一提，能让作品不为某种阐述所累，不为某种价值所累，不为某种先锋的实验性所累才是最重要的，一件好作品的魅力应该是它具有放怀古今的包容性。

吴翦30年的创作历程恰好见证了中国城市景观飞速扩张和数字化的进程，艺术家进行了深入思考，并重建了一种独特的视觉结构和凝视的秩序。本次展览的蜕变可以说是吴翦去"蜕变"的蜕变，过往割裂与缝合的个人符号其实是艺术家现阶段最想摆脱的"肯定"。新作品《银河》与《浪潮系列》——吴翦重新回归到二维绘画的局限与不可控的尺幅。二向箔化的银河与碎片化的拼贴，如同那些过往未来看似与我们相关实则无关的今日头条。吴翦没有被饕餮炫目的现实世界所诱惑，却一再地把这种人生幻光或景观呈现出来，目的在于表达一个现代人对精神环境不断被恶化的忧患，以及人类对自身行为的追问和反省。

娱目有山水，放怀无古今。从探索，到反思，当蜕变的鸿沟跨过之后，张开的手掌握紧整个《银河》能量守恒的脉动，蜕变不只在于无限勇猛的突破，更在于适度从容的不迫，从不破不立到从容不"破"。

闪耀的光 布面油彩 180cm×250cm 2022

原野 布面综合材料 180cm×250cm 2021

图片\由艺术家提供 编辑\徐小禾

施少平 SHI SHAOPING

1968 年出生于中国江西，1995 年毕业于上海戏剧学院舞台美术系。现生活创作于上海。

人物系列 丙烯 142cm×112cm 2021

人物系列 丙烯 135cm×215cm 2021

逍遥与安宁

文 — 胡少杰

　　在今天动辄需要动用数种媒材、技术，又必须以艰深莫测的观念加持的当代艺术中，绘画沦落为了最便易的艺术活动。对于艺术家来说，绘画成了体己活儿，只有在绘画中，才能尽心、尽兴、尽意，才能逍遥如鲲鹏，内观如山海。

　　施少平做过很多大型的艺术项目，如《莫非·卵》《莫非·雨/雪》等，让我们见识了他对当代艺术语言的纯熟运用。而绘画则是施少平多年来始终不能放下的心头好，或许施少平在草原与大漠的晨昏中指挥众人实施大型项目的时候，在古老的庭院中施云布雨的时候，"莫非"不能尽"逍遥"。

　　我们谁也不能逃离隔绝与疏离的时代现实，那么精神"逍遥"如何实现？灵魂的自由如何安放？施少平无疑是幸运的，从他近年来的绘画创作中可以看出，他用涂抹与书写的方式进入了无限广阔与深远的精神世界。

　　叔本华认为人生必然苦痛，而得到解救的方法有二，一是禁锢一切欲望，二是借助艺术短暂逃离。这的确悲凉，但终究是还可以诉诸于艺术，得到片刻的救赎。而到了尼采，他则高举着酒神精神的大旗，实现生命的终极解救，人生三变，从骆驼到狮子，再到新生的婴儿。当然，这很难实现，就连尼采自己也只能最终陷入疯狂。但是我们必然要做点什么，当灵魂在现实的泥淖里被埋没的时候，终究要找到自救的方法。庄子借鲲鹏扶摇直上九万里，而施少平则在画布的方寸间神游万方，让灵魂得逍遥，让精神得安宁。

　　施少平在艺术上的野心，似乎并不诉诸于绘画，他把绘画当成最私密的朋友，甚至是当成自己肉身的精神化替身，我们在他各个系列的绘画作品中都能感受到一种带有体温的涂抹与书写。也正因如此，在施少平的作品中蕴藏了绘画最珍贵的品质。自由、单纯、无所求，但却无限旷达与内观。

　　我们再看施少平的近作，创作于2021年的《人物系列》，那些面目模糊的陌生男女，每个人都是疏离的，但又都是带有温度的。他们好像是被施少平从那个纷扰的现实中带到了他的世界，带到了一个安宁时空中，一切都静止了，就那么或坐或躺地定格在那里，大面积的红色、蓝色或绿色背景，像是被涂抹掉的时间和空间。施少平是悲悯的，他深知处在这世上，哪怕片刻逍遥与安宁也是奢侈的，他把这些疲惫的陌生男女带离麻木与奔忙的现实，和他一起获得解救，定格在他的画布上，在一个没有时间和空间的世界里，获得永恒的安宁。

"莫非·觅境"展览现场 杭州弍空间当代艺术中心 2022

东郭先生 布面丙烯 650cm×220cm 2022

　　而在《东郭先生》《农夫和蛇》等近作中，我们看到了一种新式的叙事绘画，一种用解构的方式建构一种无限生长的图像语言。自由的涂抹之中，一切"莫非"都是"逍遥"的，都是开放与无限的。我们或许需要新的寓言，这个世界的真相那么难以言说，寓言在支离破碎的涂抹中生成，真相则都深藏在那些"莫非"之中，那些"逍遥"过后。

　　施少平的作品让我们看到了绘画的温度与生机，也让我们有理由相信这个世界并非一无是处，或许真如叔本华所说，艺术才能救赎这个世界的一切苦痛，我们甚至有理由乐观起来，因为施少平的绘画让我们看到了在艺术中获得永恒救赎的希望，哪怕那只是他和绘画一场善意的共谋，因为善意是一切希望的火种。我们也不用再执着于追索什么才是绘画的未来，只有绘画和人紧密连接在一起，才是一种双向救赎的必然选择。绘画的命运会和人类的命运紧密相依，只要人类不会消亡，绘画就会永存。

　　难怪施少平把绘画当成他难以割舍的心头好，因为他知道只要坦诚相待，便能两不相负！

人物系列 丙烯 135cm×215cm 2021

人物系列 丙烯 125cm×200cm 2021

人物系列 丙烯 160cm×170cm 2021

人物系列 丙烯 180cm×200cm 2021

人物系列 丙烯 160cm×170cm 2021

人物系列 丙烯 125cm×200cm 2021

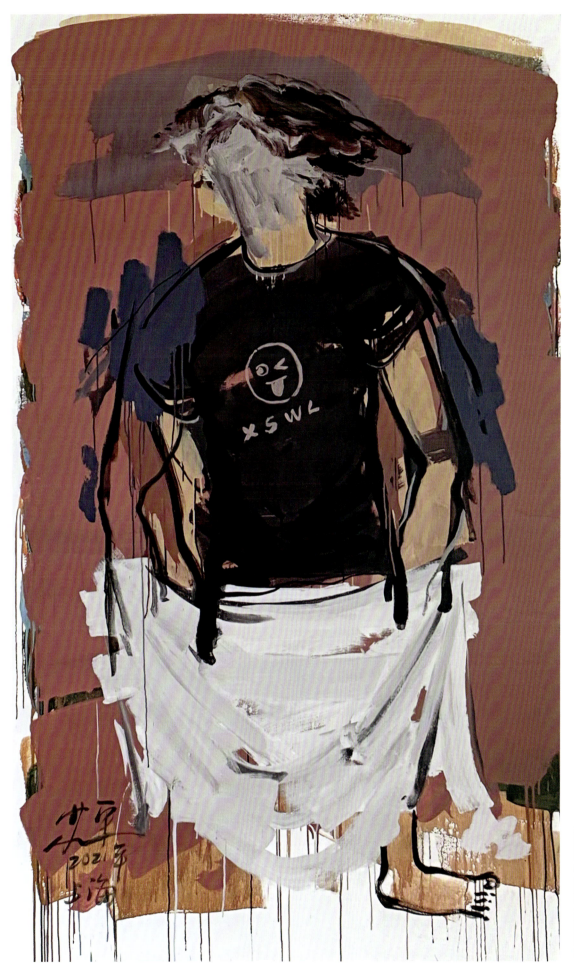

人物系列 丙烯 135cm×215cm 2021

人物系列 丙烯 490cm×240cm 2021

人物系列 丙烯 135cm×215cm 2021

人物系列 丙烯 125cm×200cm 2021

2022

年度艺术家档案

回溯与生长

袁运生 YUAN YUNSHENG

图片 / 由袁野先生提供 编辑 / 左文文

1937 年 4 月 4 日生于江苏省南通市。1962 年毕业于中央美术学院油画系董希文工作室。1962 年至 1980 年，分配至吉林省长春市工人文化宫工作。1979 年创作首都机场壁画《泼水节——生命的赞歌》，1980 年调至中央美术学院壁画系工作。1982 年至 1996 年，赴美讲学并客居纽约。1996 年至今在中央美术学院工作，曾任油画系第四工作室主任、院学术委员会副主任、博士生导师，曾任中国美术家协会壁画艺委会副主任。现任中央美术学院中国古代造型研究中心主任，国家重大课题"重建中国美术教育体系"责任人。

"袁运生的历程" 展览现场 上海龙美术馆（西岸馆）2022 摄影：shaunley

泼水节——生命的赞歌 340cm×2700cm 1979

袁运生的历程是坚守理想、讴歌生命的历程。袁先生的作品类型很多，样式也很多，但贯穿他几十年创作的主题是生命。他早年受到不公正待遇，正是凭借对生命和生活的热爱而战胜困境，他笔下的大自然和大量古代神话故事、历史传奇中的人物，以及现实中的民族风情和众生之像，是对生命和人生的思考，表现了生命的肉身之躯、情感之思，其中有他自己的身影。

他始终在作品中表现人与自然、人与人、自我与世界的关系，作品总有一种"复调"式的结构，有时候表现的就是生命共同体、命运交响曲。他的笔墨语言也传递出勃郁的生命活力，将中国传统的线描、白描发挥到极致，将表现性的色彩运用得斑斓辉煌，这也是一种语言的生命意象。所以，他当年的机场壁画《泼水节—生命的赞歌》不仅是一幅作品的名称，而且是他整个的艺术人生。

—— 范迪安

"泼水节"壁画小稿 纸本钢笔 55cm×486cm 1979

云南白描人物之一 纸本毛笔 95cm×64cm 1978

云南白描侧立妇女像 纸本毛笔 135cm×60cm 1978

中国的白描其实就是一种纯正的素描，它所舍弃的部分正是提供想象和补充的部分，它舍去越多，也便更耐人寻味了。

—— 袁运生

出世 179cm×192cm 1989

创世 174cm×187cm 1989

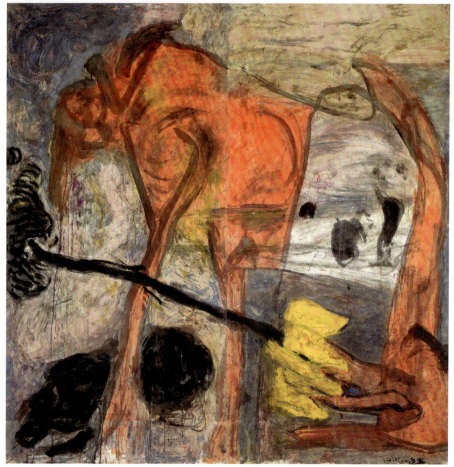

冥 油蜡 色彩 蛋 墨 麻纸 240cm×240cm 1996

弄潮儿 油蜡 色彩 蛋 墨 麻纸 180cm×194cm 1991

面壁者 布面油画 189cm×181cm 1987

共工触不周山、女娲补天 麻布炭笔 300cm×2000cm 2019

在这里，我不能全面评述袁运生先生的杰出贡献，但他的艺术人生与中国社会从改革开放到跨越世纪的时代变迁有着密切的联系，他的艺术探索与当代中国美术面临的文化语境有着互文的关系，由此构成了他的艺术极为丰富的图景。

在我的认识中，袁先生是一位精神至上的艺术家，他的艺术展现出纯粹的精神属性。看到他的画，我总会想起鲁迅说过的猛士或尼采说过的"瞧这个人"，这是无畏的、坦诚的、真实的、单纯的人，但他笔下的世间万象、芸芸众生，又展现出风起云涌、深厚博大乃至奇诡神秘的混沌气象，交织着内心的自我搏斗和艰苦的精神求索，由此构成强烈的视觉强力与文化强力。

——— 范迪安

石虎先生近照　摄影／梁述媛

石 虎
SHI HU

图片 / 由艺术家工作室提供 编辑 / 斐子

如今的石虎常年居住在岭南的客家山村，这是一次更彻底的离场。蓊郁丰茂的南中国，乡野阡陌，斜阳晚风，这里的闲适日常，静谧晨昏，或许可以安放石虎先生那颗"自己都不能征服的心"。

腾黄 布本重彩 162cm×122cm 2022

神 迹

文 – 胡少杰

　　三月的北京城黄沙滚滚，从高层寓所望向窗外，恍若置身末世。这几年不间断的瘟疫、战争以及来自远处、近处无所不在的纷扰和困厄，让这人间红尘变泥淖，人类高扬的现代文明大旗面对着劫后的废池乔木，已然不再招展。今日世界的狼藉足以让人深省，文明与理性建构的繁盛与光耀，似乎只是一场幻梦。梦醒皆空。

　　已届耄耋的石虎先生似乎早已勘破了这场幻梦。作为中国当代颇具传奇色彩的艺术巨匠，坊间流传着诸多关于石虎先生的传说。20 世纪 70 年代末出访非洲 13 国，创作非洲写生系列名动画坛；80 年代于涌动风潮中虎步独行，不为所动；90 年代以重彩水墨为中国绘画开辟出一条生机奔腾的道路，让中国绘画在西方风潮强势的围困下，不致光亮尽失；而后进入 2000 年，语言多变，不拘一格，然皆臻化境。石虎先生这一路走来，道路险绝，毁誉皆有，在历经了喧嚣之后，悄然离场，从此神龙见首不见尾。

　　石虎的离场只是肉身的离场，而他的艺术却始终在场。近些年来，石虎的新作每每在展览或媒体上亮相，即惊艳业界，其锋芒未减，灵光依然。近二十年来的中国绘画确实太过疲弱虚泛，浮光掠影，流光潋滟，尽是虚假繁华。在这种境况之下，石虎以一种纯粹与孤绝的方式在场，为中国绘画保留着一份元气，守护了中国绘画的骄傲与矜贵。以致将来繁华落尽，黄粱梦醒之时，中国绘画以及其依存的东方文脉，依然能够生息不灭，绵延流长。

　　如今的石虎常年居住在岭南的客家山村，这是一次更彻底的离场。蓊郁丰茂的南中国，乡野阡陌，斜阳晚风，这里的闲适日常，静谧晨昏，或许可以安放石虎先生那颗"自己都不能征服的心"。在此种情境与心境之下，石虎的近作愈发纯粹与天然，而只有极致的纯粹与天然，才能真正地释放心性，以见天地，才能连通"神觉"。在石虎的艺术语汇里，"神觉"是一种类似于和天地同感同知的神性的"直觉"。而在神觉的昭示之下，自然成像，画图天成——如石虎所说："天地有数，数不可知；神觉有象，象合其数"。

　　可以想见，在如此神秘玄妙的绘画面前，那些常规的、既定的阐释话语与评价体系都是无效的。东方的文人写意，西方的抽象学理，都不能解释石虎画中"神性"的来处，也不能认清石虎画中的"象数"。石虎本就是在破除"一切有为法"之后才臻此境，那么一切学理法度都是认知石虎绘画的迷障。然而破除迷障，谈何容易！这些迷障一直被我们当成是认知这个世界的方便法门，只是我们不知道这些被视为圭臬的法理学识，皆是自建的迷墙，在不自知中蒙蔽心性，丧失天然，从而失去了连通"神觉"的能力，甚至连"直觉"都麻木钝化。特别是在所谓现代文明的教化之下，人离"神"越来越远。

　　那如何进入石虎的绘画呢？在拆除掉那些迷障后，如何感知石虎绘画中那些或明丽或斑驳的墨与色，那些或朴拙或奇崛的线与形？石虎绘画中那淋漓的元气，以及类似宗教性的既强大又神秘的气场如何形成？这些问题或许并没有一个标准答案。但是如果纵观石虎先生近四十年的艺术脉络，在其丰富多变的风格语言背后，其实能够获得一些确证。如其在 80 年代就表明的文化立场与文化自觉，以及其后长达数十年关于中国传统文明根脉的探掘与续接，这应该就是石虎先生艺术语言背后的内在根由。在先生过往的一些谈话和论述中，也可以获知其建构的宏大奇瑰的艺术观想，有着悠远且深厚的文脉渊源。只是，这种对文化与传统的体认与追溯，并非只是表象的挪用与嫁接，而是直溯文脉本源，从文明发轫之初的浑然气象中接续元气，从朴拙原始的纯然之境中，探求生命与神、与道、与至善、至真、至美连通的真正法门。而这些玄妙的、不可言说的精神追索与灵魂体验，都被石虎用"不着象之象"的线，用"如虹光"般的色，着落在纸上、布上。那么绘画就成了石虎所说的"神示""神觉"之下的神迹。

　　在这个被"神"抛弃的世界，我们是否还能够重新获得"神示"，认清"神迹"？时间之河奔流不息，在浑波浊浪中，一切都不得而知。北中国的滚滚黄沙中，这人间如末世，而在南中国静谧的客家山村中，那位耄耋老者，在晨昏与四季的轮转中，静待月升。

（2023.4.25）

倾筐 纸本重彩 162cm×122cm 2022

石虎四解

文 – 彭德

神性

石虎谈论其艺术的关键词，有神示、神力、神性、神觉、神光，进而推许神性时代，向往神性境界，倡导神性思维，主张近神而远人，追求洞见希冀、邂逅天神，崇尚原始的创造力，鼓吹七十二变，强调画面效果的遥远和陌生感。这一切，显示出石虎艺术的神话品格。

神话不是古人的专利。每个时代都有属于自己时代的神话，无论古今。美国的当代神话是超人，中国的当代神话有穿越类小说、戏剧和影视。中国画坛最早最自觉地表达神话情怀的是石虎。他的画，人神交会，人神不分；神即人，人即神。回顾《山海经》《神异经》《搜神记》《诺皋记》《稽神录》《聊斋志异》等文献，大都是附图的神话小说；《九歌》《天问》《大人赋》《甘泉赋》，都是充满神话的辞章。

神话是现实的反义词。没有现实，神话就无法定义。有意思的是，石虎认为现实的特征是玄虚。玄虚即不可解不可知不实在，表明在石虎的眼中，神话同现实具有同一的品格。这种消解现实与艺术之间鸿沟的意识，正是石虎艺术的重要特征。石虎的神话艺术，不是演绎或创造神话题材和故事并加以表达，而是直呈。

五年前石虎画大幅作品十八罗汉图，成为他的典范之作。作品画的是佛教神话人物，不过绝不是神话的附图，而是另有所指，借题发挥。不加说明，你不一定能将画面同十八罗汉联系在一起。罗汉是护法神，直白地说就是打手。这应当同石虎先上大学后当兵的经历有关，对罗汉有着后天形成的好感。

心性

心指心灵，心灵即思维器官蕴含的无穷想象力和信息整合力、转换力；性指心灵的演绎，体现为性情。儒家界定心性，比较刻板。禅宗认为心性同一，有心便有性，有性便有心。

石虎的思维特征，反常识、非逻辑、叛逆、排他。这同老子所说的"反者道之动""明道若昧、进道若退"有着类似的性质。石虎作画与写字，爱用孔雀毛。孔雀毛很难控制，它会化解书写的程式。五代谭峭《化书·书道》："忘手笔，然后知书之道。无笔黑之迹，无刚柔之容，无驰骋之象，若皇帝之道熙熙然，君子之风穆穆然。"谭峭同石虎一样，推崇心性。石虎神画的因素，还包括造型和构成。他的造形属于异象，试图前无古人。它的构成，大幅度放弃了学院时代熟悉的透视学、艺用解剖学和色彩学，那是有碍心性的技法。

石虎标榜心性，除了直观的绘画作品，更有象思维和字思维的论述。象是一维的、线性的，形同卦象。卦象的根本是阴爻和阳爻，阴爻象征女性，阳爻象征男性，两者相反相成，同古典二元论互为前提。

石虎声称有一颗自己都不能征服的心，同古人的立论遥相呼应。《礼记·礼运》写道："人者，天地之心也。"这里的人不是普通人而是帝王，包括庄子所说的"至人无己，神人无功，圣人无名"这三种人。帝王和圣人是宇宙的代言人，是宇宙自我认识、自我完善、自我管控的载体。换言之，石虎其人，不是为肉身生存，而是为心性生存。心性是本体，肉身只是心性临时而短暂的躯壳。

象数

象与数是中国古代文化的重要范畴。石虎写道：天地有数，数不可知；神觉有象，象合其数。在石虎的表达中，象数不是观念，也不是宗教般的信念，或许可以称为理念。

象数的数指术数，中国方术的一支，包括天文、历法、择吉、预测之类。方术的另一支是包括绘画在内的方技。方技的本义同矩尺画方有关，如武梁祠伏羲女娲交尾图，伏羲持矩，女娲持规；规画圆，象天；矩画方，象地。天地之数，始于河图洛书。河图洛书是谁的发明，不详。按《周易·系辞》的说法，河图洛书是两种文物，被圣人伏羲发现，成为中国文明的源头。天数一三五七九，都是阳数；地数二四六八十，都是阴数。天数与地数之和等于五十五，约为五十，即大衍之数，也是周易占卦的基数。五行家又指出：天以一生水，地以二生火；天以三生木，地以四生金，天以五生土。此一二三四五再加以天地共有的五，成为六七八九十，于是形成固定的组合关系：水六、火七、木八、金九、土十。天为什么以一生水，诸经无解，故数不可知。天以一生水，地六成之，即一加以天地共有的五，合并成六，因而六是水的成数，也就是标志数。比如秦朝的天命，五行属水，吉数是六。据此，秦始皇的用品，冠高六寸，玺用六枚，车宽六尺，马用六匹，等等，很浅显，便于类推和操作，所以数又可知。

数分阴阳，分而为二仪，所谓一生二；二仪生三才，即天地人。董仲舒不研究训诂学，他解释帝王的王字，声称王字的三横，上面一横代表天，下面一横代表地，中间一横代表人；而贯通天地人的那一竖，正是帝王。这如同古人所说的象数之象，本指一维的卦象；象数之数，本指五行数理。石虎论象数论书画也是如此，如果将它们坐实为物象和数学，就舍本逐末、背道而驰了。

掏莴 纸本重彩 121cm×150cm 2020

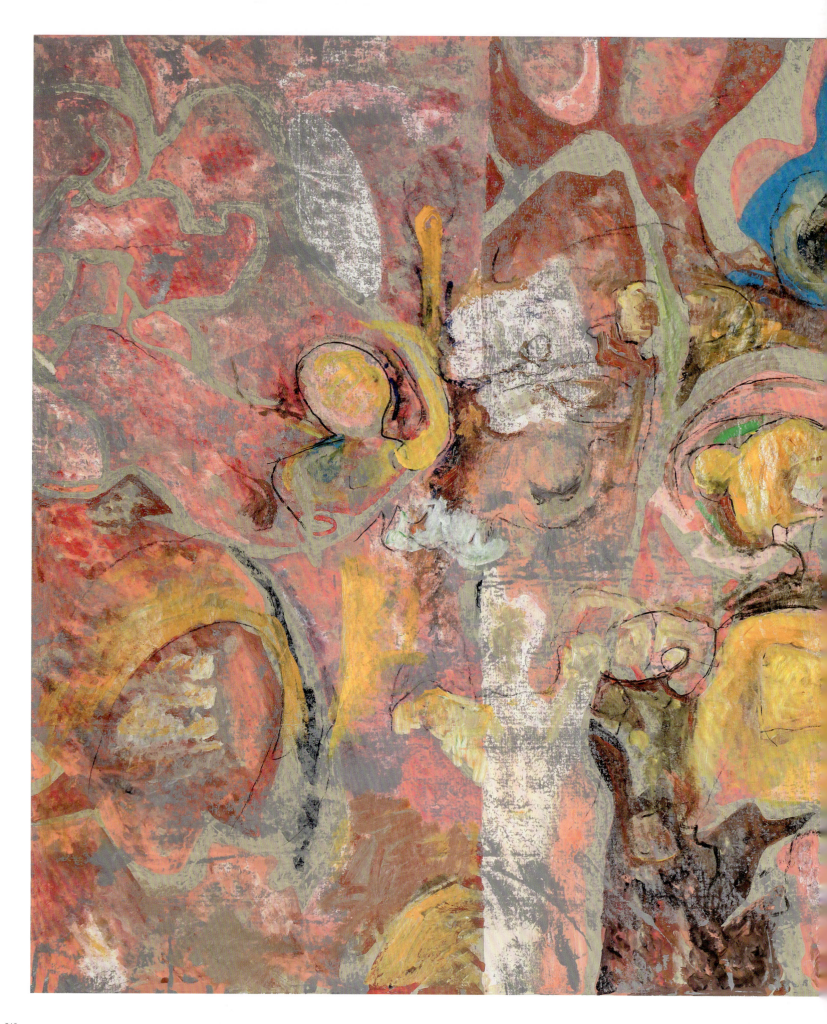

并置

　　并置是石虎画面的构成方式，也是其诗歌和书法的特征。他的象思维、字思维、形思维，包含了中国图像学的三大领域。南朝颜延之写道："图载之意有三：一曰图理，卦象是也；二曰图识，字学是也；三曰图形，绘画是也。"其中，象思维对应图象原理，字思维对应训诂学和书道；形思维对应绘画形态学。中国古代色彩和形象的并置，简称杂。比如，议题频换的杂文，色彩构成讲的"杂五色"，《九歌》以男神和女神相杂，人祖图以伏羲女娲相杂，西王母同东王公相杂。

　　四十多年来，石虎作品始终都采用并置的手法，形成平面化的不变风格。并置是古人喜爱的画法。西汉铜洗中的双鱼纹，鲤鱼头尾相对而并置，通常有"宜子孙"的铭文。直接含义是鲤鱼交尾产子；引申为鲤鱼多子，寓意器主多子多福；间接含义是阴阳鱼对应太极图，表示我中有你、你中有我；抽象含义是两者相反相生，对立而和谐。当然还可以生发出别的意义，取决于解读者的知性和人生境遇。石虎正是希望自己的艺术不要被简单解读，如同古人认为诗无达诂一样。

　　石虎认为一条线就是一个宇宙，类同"芥子纳须弥"的说法。石虎作画，重彩以线造形，以色统摄，要同油画抗衡；水墨以线勾形，以墨赋形。两种画风都重视线的表达。石虎给自己的作品取名，通常是两字，如同乾隆题匾都是三字，康熙题匾都是四字。石虎所题的两字，没有逻辑关系，不是主众关系也不是偏正关系而是并置，受众觉得费解。石虎的画如同他解释其作画的意图，随意随性，如灵光一闪。由此我想到了北宋名流的一段故事：

　　王安石《字说》：波者，水之皮也。苏东坡戏谑道：滑者，水之骨也。王安石释字是艺术，远接董仲舒，近接石虎；苏东坡戏谑的依据是小学。小学，文字训诂学，学者的常识。石虎旨在打破常识，并不介意古代字学的因袭。

　　并置，无非是石虎的表达方式而已。石虎的艺术表达从形而下的技艺起步，却希望能指向形而上的理念，不过众多看画者都看不出其所指对象。石虎关注的不在表达本身而在表达的心怀和境界。《楞严经》有个比喻，讲的是据佛说经，如同人手指月。月亮如同佛心，手指如同佛经的语言文字。千千万万的常人感受的是手指，只有两三明白人才能感受到手所指示的月亮。

（2023.1.25）

瑶煌　纸本重彩 145cm×179cm 2020

衣脉 布本重彩 125cm×163cm 2017

镜泊 纸本重彩 160cm×118cm 2021

题识：圣山纹壁经淑蕴 纸本彩墨 64cm×146cm 2020

松华 纸本水墨 82cm×146cm 2020

十八罗汉图 纸本水墨 1332cm×400cm 2018

摄影 郭鹏飞

李 津 LI JIN

图片 / 由艺术家提供 编辑 / 朱松柏

1958 年生于天津，1983 年毕业于天津美术学院国画系，现工作生活于北京、天津。2013 年被 AAC 艺术中国评为年度水墨艺术家。2014 年被权威艺术杂志《艺术财经》艺术权力榜评为年度艺术家。2015 年在上海龙美术馆举办大型回顾展"无名者的生活——李津三十年"。作品被大都会博物馆、波士顿艺术博物馆、西雅图美术馆、中国美术馆等机构收藏。

饱食终日 纸本设色 53cm×40cm 2022

肉食者不鄙 纸本设色 230cm×53cm×9 2022

"肉食者不鄙"与"雅俗之辨"
——李津的"饮食生活"水墨图像

文 – 胡斌

李津的新展"肉食者不鄙",其名显然来自对《曹刿论战》中"肉食者鄙,未能远谋"的化用。"吃肉的人"实际指的是那些身居高位、俸禄丰厚之人,曹刿认为他们目光短浅,不能深谋远虑。在这里,吃什么还引申出阶层的含义。而李津的"肉食者不鄙"则具有调侃戏谑的意味,"肉食者"自然已经不代表权位,而只是放浪形骸、大口吃肉、大碗喝酒的"食客",这种大吃大喝并非浅薄粗鄙,其背后或许另有深意?在汪民安看来,这些"活色生香"的图像所反映的正是那些难以被纳入主流话语的"无名者的生活"。

我们不妨走近那几幅题为《肉食者不鄙》的密布着各式菜肴和文字的画作。一幅为横向悬挂的各种肉类,高高低低,有如跃动的"肉"的音符;而作为背景的长篇文字则来自晁错的《论贵粟疏》,讲的是贤明的君主如何让百姓食饱穿暖的管理之道。另一幅则为多屏的形制,纵向分布了令人目眩的果蔬肉食,品类繁多,可作为菜谱指南;而背景文字分为语意截然不同的两个部分,引首处是柳永的《雨霖铃·寒蝉凄切》,表达的是缠绵悱恻、凄婉动人的情人离别之情,杂陈于图像间的文字却绘声绘色地描述了选料、做菜的详尽过程。李津有意让图像和文字之间拉开距离,从而令人对那些绚烂至极的图像产生另一种遐思。再比如在《有余图》中,伴随着藕片、鸡爪、鱼头等图像的是"送灶君"的偈语;在《汤鲜味浓》那"肉感"奔突欲出的浓墨重彩的菜肴食材丛林中,铺陈的却是有关"涂供养"的以水净化万物的"圣洁"篇章。这样的例子颇多,柳永词、陶翁诗、佛教经文以及治国策等,随手植入林林总总的"酒池肉林"之中。

图与文,看似在不同频道各自演绎,却带给我们众多有关"食"的联想。"仓廪实而知礼节,衣食足而知荣辱""酒肉穿肠过,佛祖心中留""民以食为天""食色性也","食"事关尊严,事关信仰,事关生存,事关本性……故而,描绘饮食生活实则也就折射出社会和人生的多棱镜。实际上,另一类带人物的饮食图像,就呈现出了肥臀丰乳、腰圆肩阔的各式装扮的人物,他们与琳琅满目的菜肴交相辉映,在具有赤裸裸的兽性而又精绵繁缛的欲望彰显程式中竟显出某种仪式感。人生就是一场献祭,欢愉与残酷相伴。当然,在李津这里,"盛筵狂欢"更多的是反衬自己的心境,这种心境或许带有几分领略人生要义后的落寞与超然。他曾说:"(我的画)猛一看,会误读,好像我整日都沉迷声色,花天酒地,小情小趣。但其实这些所有的东西都加起来,背后恰恰是孤独和悲凉。世界越是鲜花灿烂,就越有逃脱不了的凋零和伤感。"

绚烂与悲凉,如影相随,代表了人生镜像的两极。这样的情感张力的拉锯在水墨的语言表达上则体现为"雅俗之辨"的抉择。美术史家石守谦曾专门撰文谈到20世纪中国画家的"雅俗"选择问题。中国传统绘画历来强调雅俗的严格区分,作为主流的人文画一再坚守"雅"的传统,而抵制任何"媚俗"行为,进而形成了从题材到用色、用墨的一整套规范。近代以来,艺术大众化的潮流日益冲击着既有的雅俗观念,使得不少艺术家不断吸收民间养料,而融入到世俗生活和人民大众之中。另一方面,也可以说,"以俗代雅"成为一些新兴艺术家谋求语言创新的路径。

现如今已不鲜见的"菜肴"描绘,在中国古代自然不属于"入画"之类。在传统的花鸟题材中,花鸟虫鱼皆是或栖息停歇或飞翔游走的活物,那种穷究对象的生长机理的表现传统甚至一直影响到当下的工笔画。如果我们将目光投向西方,在16、17世纪尼德兰地区,则可以看到描绘包括各种动物食品在内的静物画。北尼德兰(今荷兰)的皮特·阿尔岑的一幅作品展现了一个有着琳琅满目的肉类食品的菜市摊位,我们看到众多被宰杀的禽鸟、牲畜和鱼类。它不只是世俗生活的再现,同时还蕴含着宗教和道德上的寓意,比如鱼呈十字架形态交叠在一起,鱼后面的远景则描绘了圣母和圣子在逃亡埃及途中给穷人分发面包的情形。与之形成强烈对比的是,画面右上角所展现的现世的纵欲生活,一群人在客栈大肆吃喝,地上的大量牡蛎壳表明了他们的所食之物,而牡蛎据说有壮阳的作用。17世纪弗兰德斯(今比利时)的一位经常与鲁本斯合作的艺术家弗兰斯·斯奈德斯,延续阿尔岑的作品创作了充满运动感的巴洛克风格的"市场摊位",这个摊位上布满了各种野味,是对当时停战后恢复打猎的那段时期的反映。他的静物画也被称作"野味静物画"。

"肉食者不鄙:李津顺德行"展览现场 顺德 HEM 和美术馆 2022

左：春之歌 1 纸本设色
53cm×235cm 2022

中：春之歌 2 纸本设色
53cm×235cm 2022

右：春之歌 3 纸本设色
53cm×235cm 2022

在"肉食者不鄙"展览中，与李津作品并置的还有吴昌硕、齐白石、李铁夫、高剑父等近现代美术大家的作品，他们极大地拓展了艺术表现的题材和手法。如果单就餐桌上的食材论，有"中国油画第一人"之誉的李铁夫，其对家常菜料的质感和意趣的生动表现是较为少见的，瓜蔬的脆嫩，去鳞鱼尾带有血丝的肉感，呼之欲出……所谓泛泛的西画写实和中国传统写意已不能解释这种"鲜活"，其更重要的是对于日常生活的细微观察和质朴情感。而国画这边，吴昌硕多以花卉果蔬寓意吉祥富贵，而设色也多明艳，以适应流行品位，但保持某种雅意仍然是他的防线。出生民间的齐白石，笔下的白菜萝卜、鱼虾虫蟹颇具清新稚趣，让人感受到浓郁的乡土味。而秉持写生精神的岭南画派对于动植物的形色肌理有着突出的经营，在画坛亦可谓别开生面。凡此种种，都可以说是打破习惯意义的雅俗界限而谋得新的发展空间。李津盛情所绘的诸种"菜肴"则是接续了这种"以俗代雅"的驱动力，并又大大往前推进了一步。

也许有人要说，"俗"有何难？然而，所谓承载着传统文化命脉的水墨要表达"俗"，并非一味泛滥低俗趣味，它仍然有其规律和谱系。李津对于水墨的浓淡干湿的拿捏，便在那样一个漫长的谱系当中，只不过他结合原本"不入画"的题材，演绎出万般姿态，颠覆了原有的主题和语言规范。正是因为笔法的细腻和绚丽，激发出观者无穷的品读意趣，那对菜肴色香味的极尽"璀璨"的烘托，那几乎要渗出油斑、溢出汁液的菜品的肌理质感以及附着其上的口腹之欲的彰显才变得动人心魄。李津在传统水墨不擅长的色泽、质感等方面另辟蹊径，而又保持着水墨的意象性表达的提炼与概括，一张一弛，从而让"俗物"焕发出耐人寻味的新的生机。

值得一说的是，李津此次展览的举办地是顺德，所谓"食在广州，厨出凤城"，在岭南美食的重要出品地旅行、创作自然别有一番意趣。岭南画派画家关山月曾有言："不动便没有画"，意指画从生活中来，要坚持写生和体验生活。对于李津来说，我们可以戏称"不吃便没有画"，在这种"接地气"的体验过程中，感受当地环境的一种生猛力量，从而转化为笔端的水墨乐章。在这万物繁盛的温润南方，璀璨与幻灭，大俗与大雅，想必会纠葛出另一种况味，于画者，于观者，皆是。

左：春之歌 4 纸本设色 53cm×235cm 2022
右：春之歌 5 纸本设色 53cm×235cm 2022

大雪封山 纸本设色 34cm×25cm 2022

感怀图 纸本设色 34cm×25cm 2022

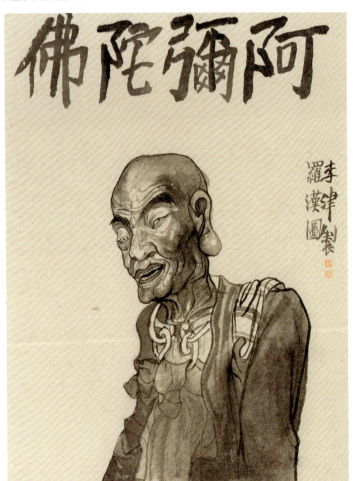

罗汉系列 纸本设色 34cm×25cm 2022

罗汉系列 纸本设色 34cm×25cm 2022

例外，抑或转向？
——关于李津的新作

文 – 汪民安

很久以来，李津留给人们的印象是一个热爱和拥抱世俗生活的画家。他迷恋狂欢的饮宴。更具体地说，李津绘制了大量的食物尤其是丰盛的酒肉，他的绘画是关于酒肉的颂歌。他也将人画得像食物，这些人物的身体肥硕，饱满，膨胀，他们仿佛是由画面中的那些高热量的食物催生而成。反过来，这些食物被李津画得如此之生动，仿佛它们也能说话，也能活动，仿佛它们在盘中也有自己的活泼生命。在此，画面中的人和食物相互生成，构成一个纸上的丰溢的肉体配置。但是，在这个最新展览中，李津出现了显著的变化。他削弱了原先丰沛的感官氛围，饱满的肉体和饕餮之乐都消失了。

李津的这些新画趋向暗淡（以黑白色为主）。画面中大都出现的是一个孤零零的人物或者是少数几个人物（他以前的画面中人物是群聚狂欢的），他们通常并不置身在一个现实的具体背景中，仅仅是通过脸部和姿势来显示他们的状态。画面中的大多数人物既不喜悦，也不放松，相反，他们或者显得有些孤独，或者显得有些困惑，或者谦卑，或者闲散，或者焦虑，或者怀疑，或者心不在焉，或者超脱尘世，或者伤感，或者悲凉。他们显示出的这种种多变的精神状态，其共同特征就是不再狂欢大笑痛饮——李津先前的拥挤而饱满的肉欲世界都稀释了。我们甚至会说李津先前画面中所特有的兴奋感被剔除了。而这些新画中的人物状态都隐约地包括着莫名的寂寥。或许，这是疫情给李津带来的影响——事实上的狂欢宴饮已经不存在了，而那种宴饮的精神状态，同时也是画面的状态，也自然而然地消失了。

如果说，李津以前画面上的人物总是因为投身于吃而显现为一种非思考状态，一种动物状态的话，那么，现在的人物因为和食物脱离了关系，而展现出一种内在的精神状态，一种思考或者怀疑的状态——这是两种不一样的人，尽管他们和以前画面上的人物的脸部都有相似之处。李津现在开始画一个内心困顿的人，而不再是一个及时行乐的人。困顿和寂寥，这或许是李津此时此刻的状态。因为李津总是在画他自己，他不是客观地描绘外在对象的画家。他总是将自己的倾向和性情融入笔端中。哪怕他有时候并没有出现在画面中，但他总是以各种方式活在他的画面中。他绝对是表现自我的画家。现在，大幅占据他的画面的不是聚众的喧嚣，而是一个人的独语；不再是食物，而是书写汉字——画面因此显得安静和文气了。李津仿佛在退出这个嘈杂的世界：畅饮变成了低徊，盛溢的酒肉变成了感伤的诗文，饱胀的身体变成了寂寥的心事，大红大绿的喜庆变成了黑白交织的孤单，场面的高潮和喧哗变成了个人的低语和犹疑，俗世的热闹变成了山野的独白。

这也导致了李津这批画作的自由感。如果说一种高潮式的亢奋的经验需要大尺幅画纸的精心构思从而导致一种感官的冲击力的话，那么，一个人的孤寂可以寥寥数语地勾勒出来。李津新近的很多画作尺幅短小，越是这些小尺幅的绘画，他画得越是放松，随意，自然，娴熟。他不将自己固定在某个题材方面，不将自己进行限定，不让自己投入大量的精力来画大画，他也不让自己和绘画展开一场殊死的搏斗。现在，绘画自如，快速，简短，流畅。李津尊重自己的经验和意志，就像文人记下日记一样，他信手随心地画上自己此刻的感受瞬间。他也就此冲破了各种各样的绘画规范和体制。他根据自己的习性和经验在画。这是绘画经验和此刻心境高度结合的绘画：不用过多的绘画修饰和部署，而仅仅是心性的流露和铺展。这是绘画小品。李津的笔端既可以工整也可以肆意，既可以清晰也可以抽象，既可以细致也可以大刀阔斧。李津熟练的技艺和流畅的笔法在画纸上自如地体现出来——他一般被认为是当代水墨画家，但是，他的绘画技术毫无疑问体现了传统水墨的典型经验：寥寥几笔却栩栩如生。

对李津来说，他可以画各种类型的画，他也可以写出完全不同的字。这些字很难从书法的角度去谈论，我更愿意将这些字也看作是一种绘制和用笔形式，这些书写也有不同的笔法，就像绘画也有不同的笔法一样。这些书写有时候狂躁，有时候细致；有时候方正，有时候歪斜；有时候虚有时候实；有时候清瘦，有时候团块；有时候接近某种既有的经典书体，有时候完全不顾及任何的风格；有时候像是训练有素，有时候像是胡乱涂抹。这完全是书写的尝试和游戏。他像是在努力靠近某种书写经典但同时又故意地诋毁这个经典。李津的书写风格就处在这样一个张力之中。李津以此将书写从书法的体制化中解脱出来，它不是要按照某种书写的体制标准来训练自己，而是将自己的随意书写来打破书写的体制标准。

不仅如此，这些书写既抄录了大量的诗文，也有自己的随意偶叹。他的书写好像是在应和这些书写的内容。这些诗文和偶叹都是他心迹的表现。如果说，绘画尚不足以表现他的全部感受的话，书写可以配合画面来完成这一工作。在这个方面，李津越来越接近图文并置的书画传统了。这也是他在画纸上抄录和书写大量诗句的原因。他不仅让这些书写和图像有一种意义的匹配和呼应，更重要的是，他也让书写和绘画有一种形式上的共情感。书写不仅仅是图像的匹配，而且也成为图像的一部分。有些作品甚至完全是书写本身而剔除了任何的图像。或者说，李津的这些书写在努力地接近图像本身。他们也像是图像一样被绘制出来的。正是在此，李津有意拆除书写和绘画的区别。如果说，书写更接近日记的话，那么，李津在这里也就在拆毁绘画和日记的区别，生活和创作的区别。可以将李津的绘画看作是日记，看作是生活方式。这些绘画小品和绘画日记甚至超越了单纯的绘画或者书写这一范畴：这同时是画画，是书写，是练习，是日课，是劳作，是修炼，是特定的生活方式本身。对李津而言，日常生活不是在画中显现，而是通过画画来度过，画画本身就是生活。我们可以更具体地说，李津这些小品画的绘制就是度过疫情的生活方式。日常生活状态不是呈现在自己的画作中而是呈现在绘画行为中。

从这些新画中，可以看出李津对佛道和自然——而不是感官享受——更感兴趣了。我们看到了大量类似罗汉，济公这样非凡的出世人物活灵活现地出现在他的画面上。这是李津最传神的人物描画，他用流畅、婉转和粗壮的曲线轻快地勾勒他们的形象，这些线条的痕迹就是李津所想象的这些人物的气质和性格的痕迹。我们也看到了植物，花草和山水自然也频频出现。它们在画面上的存在方式和绘制方式非常自由，完全没有任何固定的格式，有时候仅仅是画面人物的点缀，有时候又是画面人物的绝对背景——李津完全不顾人和自然山水的固定的图画模式；从形式本身而言，这些自然山水有时候是潦草、任意而抽象的暗示，有时候又非常细致而工整地得到描绘。我相信，这些自由的小品绘画取决于李津日课时刻的心境和状态。我们既能看到李津在画面上题写的"草木有情""千里共婵娟"这样的古典感叹，也能看到"酒肉穿肠过，佛祖留心中"这样的生活向往，还能看到"举头望明月，倚树听流泉"这样的逍遥理想。这是李津的一次传统返归：似乎有一个过往的生活传统和生活范式——而不仅仅是现代的无所顾忌的开怀痛饮——值得追溯和缅怀。

这是李津的一个转向吗？或者说，这是这几年的疫情对他的影响还是年龄的因素在起作用？无论如何，李津更重视水墨这种绘画方式了。李津确实画得更多样更自由更放松更无所顾忌了。但是，李津的画面中不时还会闪现出他的既定内核：他对感官生活的迷恋。他会情不自禁地将萝卜、白菜和植物赋予强烈的性意味。一旦他画大画、一旦要完成一件"作品"、一旦他要谋篇布局的时候，他还是会选择那些拥挤的饕餮场景，会选择那些酒肉充斥的花花世界，会选择肥硕而快乐的饮食男女。或者说，感官乐趣在李津这里从未真正消失，它不过在这样一个特定时刻偏离了李津的注意力；或者说，它被李津意识到了它的局限性。问题是，这些新的作品，这些日课和修炼式的作品，这些小品式的作品，到底是李津的一个转向还是他的一个例外？

摄影／谭文靓

张江舟 ZHANG JIANGZHOU

图片／由艺术家提供 编辑／徐小禾

当代水墨艺术家。现任中国国家画院院委、研究员，西安美术学院博士生导师，俄罗斯国家艺术科学院荣誉院士，中国美术家协会理事，中宣部文化名家暨"四个一批"人才，文化和旅游部优秀专家，享受国务院政府特殊津贴专家。曾任中国国家画院副院长、《水墨研究》执行主编。

虚拟人生指南－寂寞旅人 纸本设色 180cm×180cm 2022

我连荧光红都用上了，但还是驱散不了内心的那份沉重。我想这可能是我的宿命，我的生命底色，我一拿起笔就轻松不了。没有办法，我认命。

—— 张江舟

虚拟人生指南－我太难了 纸本设色 180cm×180cm 2022

张江舟：困境始终存在

采访 - 胡少杰

漫艺术 =M: 前几天看一个作家的访谈，他提到这两年在创作上时常陷入到一种困境中，因为面对极端复杂的现实，不知道如何表达才是道德的，才是有效的。张老师，您在创作上有这方面的困惑吗？特别是这三年以来。

张江舟 =Z: 困惑一定有，表达的有效性是一个无解的困惑。这是所有有良知的艺术家的共同困惑，而且是一个无解的困惑。起码在目前的现实环境中，我看不到解决的办法，还不仅是三年疫情，它可能是长期困扰我们的问题，当真诚的表达都成为问题时，艺术就失去了最根本的意义。似乎唯一的方式就只有妥协，向理想妥协，向内心最美好的东西妥协。这是一个极其苦难的选择。好在困惑本身就可以转换成创作的动因，让艺术以一种更加艺术的方式实现表达。有人说这是一种油滑，我不否认，但这是一种无奈现实环境中的无奈选择。这种表达是否道德，是否有效，我不知道，但对自己是一种宽慰，是一种心灵的抚慰。

M: 您是从什么时候意识到自己在不断妥协，处在这种困境之中的？

Z: 这种困境始终伴随着我，理想和现实似乎总是错位的，对艺术的期待总是很难实现。作为一个艺术家，内心仅存的那份美好，也许是抵抗世俗干扰、支撑艺术创作的最后防线。但真诚地面对与坚守，都是一件不太容易的事了。如此一来，只能处在困境之中。从我这些年的创作也能感受得到，尤其是从2000年到今天，这20多年的创作始终有一种纠结的情绪贯穿其间。这也许是一种坚守，挺累的。艺术家就是这样，总跟自己过不去，有时也想放下，但愿有一天彻底放下了，也就释怀了。也许流俗是一件挺愉快的事。

M: 这应该也是您的创作一直有着鲜明的个人性的原因。其实中国画长久以来的出世传统造成了大众对其刻板化的认知，它的题材、材质的局限性也加强了这种偏见，甚至以此形成了主流价值评价标准。但是您的创作却一直是入世的，切真的，直面困境的。那么您在创作的过程中，如何调和水墨这种强势的传统经验和个人语言之间的关系呢？

Z: 传统与现实表达之间，或是水墨传统与个人语言之间，我没有感觉到根本的冲突，因为我们的前期积累不仅有文人画的传统，还有"徐蒋体系"的写实人物画传统，更不要说20世纪80年代以来，现当代水墨的实践经验。这种积累本身决定了我们的语言方式不可能完全按照传统中国画的方式进行今天的创作。文人画是出世的艺术，是书斋里的艺术，它是特定历史环境下特定人群建立的艺术样式，它不同于西方，不同于任何形态的艺术，是一种独立的自洽的艺术。它非常优秀，但不是中国艺术传统的全部，更不是中国艺术持恒的唯一标准。"徐蒋体系"已经融入了许多非文人化的因素，借鉴了西方的写实经验。现当代水墨更是一种更加开放的语言方式，是一种更加贴近现实、更具人文关怀的艺术。我们不会被自己的画是否传统或是否当代的问题困扰，只为表达的需要。我只希望自己的画能够成为我情感体验、现实思考的真实记录。至于我们的语言方式与传统水墨略有不同，也是很自然的事情，它取决于我们与古人不同的知识积累和不同的现实体验。

M: 的确，特别是改革开放以来，逐步进入到一个全球化的时代，一个互联网的平面化时代，作为生活在今天的艺术家，除了纵向的历史经验的滋养，必然也会受到各种横向经验和信息的冲击和影响。那么像西方的现当代的艺术经验，包括他们的思想经验，会对您的创作产生影响吗？您如何融合这些元素？比如您对笔墨的运用，它同时又有着西方表现主义的特点。

Z: 这种影响是很自然的。正如黄宾虹先生所讲，中西绘画如一座高山的两面，爬到山顶是要汇合的。中西艺术有许多共性原则，尤其是在语言层面，有许多相通之处。西方自印象派以来，中国绘画自古以来。尤其是文人画出现以来，对语言自身的精神性追求都是艺术探索的重要内容。中国的写意性与西方的表现主义都如此。我不喜欢人为地拉大中西间的不同，一定说中国是写意的，西方是写实的，中国是感性的，西方是理性的，这是自欺欺人。西方艺术进入现代以来还有写实吗？中西二元对立的观点太害人了，它把中国绘画逼入了死胡同，把自己永远隔离在了全球化场域之外。中国画再不能自我封闭、自娱自乐了。

笔墨是中国画的语言方式，同时它又是精神的载体，不同的笔墨方式能够承载不同的精神意象，但语言作为精神的载体，不是中国绘画的独有。西方表现主义的笔触同样具有精神性的功能，它不仅仅是造型工具，它同样是精神意志的载体，因此我们说中西绘画学理相通。

我的画就是一个大杂烩。我不排斥任何对我有用的东西，更不会绕开我的前期积累和储备，人为地设定一个标准，那不是艺术的方式。我的画是我的知识结构和技能储备前提下的自然盘整，是我全部生存经验的自然溢出，这就足够了，很释怀。用一句时髦的话叫："很疗愈"。

M: 以这样的一种视野再回看自己的创作，您会把自己放在一个大的绘画的范畴里做横向的比较吗？抛开材质，无关中西方的文化异同，单纯的从绘画本身去思考自己的创作？

Z: 尤其是在当下，大量新形态、新媒材的艺术创作不断出现，这对像我这种从事水墨艺术创作的人触动很大。尤其近年来 AI 技术的广泛运用，大有取代人工绘画的趋势。许多人对此表现出一种担忧，我倒是很释然。我惊喜于各种媒材、各种新艺术的出现，它使艺术的创造性功能愈加突出，它符合了当代人不断求新的精神诉求。水墨是个老媒材，但媒材的老旧，无碍创造性的表达。几十年的水墨实践，我不认为水墨材质对我有任何限制。运用得好、坏取决于内心的真诚和自己的艺术才情。我的创作始终基于情感和精神的诉求，我不愿使绘画成为观念的图解。显然，这样貌似很深刻。艺术有其自身的规律，如果仅以一种形式语言去解释观念，我认为不如去做哲学。哲学是生产观念的学说，文字的表达也许更直接、更深刻。我由衷地感谢哲学对我的滋养，它使我不再那么浅薄，并使我的绘画有了一定的思辨色彩。但进入创作的方式，我一定是从感性体验开始的，其中不乏观念的承载。但它是隐藏在情感体验背后的精神性诉求。更何况，水墨本身就是一种感性材质，对其材料性能的开发和利用也是艺术创作的重要内容。

M: 水墨本身确实具备太多的精神含义，文化含义，以至于很多艺术家是把水墨当成一种文化符号来使用的，在一些人看来笔墨已经不再重要了。

虚拟人生指南－别总盯着我 纸本设色 180cm×180cm 2023

虚拟人生指南－像风一样飘荡 纸本设色 180cm×180cm 2023

Z: 是的，将水墨当成一种文化符号，乃至将宣纸、墨当成一种民族的、地域的文化符号，是当代艺术的思维方式。这已经属于当代艺术范畴，与水墨画无关。虽然它仍有水墨，也仅代表了一种文化身份，因此笔墨本身的质量已毫无意义。这种当代艺术的逻辑系统与我们熟悉的水墨画已经没有了逻辑关系，它不应该、也不能放在水墨画系统中来讨论。

M: 您对今天的各种层出不穷的新媒介，新的创作手段，持什么态度？我看您还发售了自己的 NFT 作品。

Z: 我就是觉得好玩儿。"虚拟－现实"已经完全进入了我们的生活，"线上线下"已经是当代人的生活方式了。NFT 作品的出现适应了今天人们的生活需要。我是发了一组 NFT 作品，也是想通过这种方式更多地了解新科技给我们带来了什么。这些年，互联网、人工智能成了大家谈论的主流话题。我之前的展览也使用过线上直播作为新的传播方式，效果确实超出预期。我一度对这些新的传播方式产生了很大的兴趣，也充满了期待，但是随着深入接触和了解，我越来越觉得哪儿不对劲了，开始产生困惑与疑虑。

M: 在近作"虚拟人生指南"系列中，您用破碎图像和抽象化的笔墨营造出的一种躁动与不安的画面情绪，就是为了表达您的这种困惑和疑虑？

Z: 对，特别是近几年，互联网带来的负面影响越来越严重。当然，我不否认它的正面作用，它让信息传播更加便捷，也消除了很多边界。但是同时伴生的各种问题，也让我们不胜其扰。一个什么破烂事儿，几千万人关注，乱七八糟，吵吵嚷嚷。互联网让人越来越缺少独立的判断，盲目跟风起哄，进入到一种典型的群体无意识状态。

M: 像互联网、人工智能，这些科技成果自然也是现代文明的产物，您的这种疑虑和反思是否也是对现代文明的疑虑和反思？

Z: 这些新科技当然是文明进步的成果，但任何事情都有两面性。现在看，它对人类文明确实也带来了许多副作用。我真的不知道假如就这么下去，将来会是个什么状况？我不知道现代科技将把人们带向何处，这也许是杞人忧天，但却是实实在在的现实忧虑。最近又出现了 ChatGPT，它几乎可以代替人的思考了，可以对话，可以写文章、做文案，并且达到了比人更准确、更严谨的水平。有人预测它的广泛运用将取代人类 40% 的工作，将有大量相关行业人员失业。不仅如此，最可怕的是，霍金一再提醒的，不断进化的机器人可能最终将毁灭人类，这不是耸人听闻，现在已经是实实在在的现实忧虑了。"虚拟人生指南"表达的是我对互联网时代的焦虑。我不否认互联网使人的生活更加便捷，但同时它使人空心化、弱智化、同质化倾向令人担忧。它取代了人的独立思考，呈现出一种群体的盲目性，跟风起哄，乱哄哄的。打开抖音，满屏的群魔乱舞，满屏的忸怩作态，满屏的胡言乱语，满屏的你争我抢，看抖音犹如看动物世界，充满了兽性、动物性，太可怕了，人类历尽艰辛建立的理想、信念、道德、理性似乎一夜之间全部坍塌了，我真不知道互联网时代的人类将向何处去。

M: 其实不光是"虚拟人生指南"系列，包括您之前的一些作品，像之前的"殇"系列、"生命·墨语"系列，到您近期的"春天的咏叹"系列、"躺平"系列，它始终带有一种反思性，一直在质疑和追问。这种既来自远处又来自近处的现实困境，始终是您创作的主要动因。

Z: 我画画的前提是必须要有冲动，这种冲动可能源自某种视觉上的感受，也可能来自形式语言上的思考，但更多是来自现实体验。像"殇"系列，"生命·墨语"系列，是 2008 年汶川地震之后创作的，包括近期"阙"系列、"春天的咏叹"系列，都是因疫情、战争而派生出的主题。俄乌战争，它已经影响到了所有人，无论是在生活上，还是在精神上，我们都无法逃避，而我又是亲历过战争的人，我知道战争的惨烈，知道因此而带来的伤痛，是几代人都难以抚平的。同样，"躺平"一词的热议也令我感慨。我不相信年轻人自觉选择了躺平，"躺平"一词背后的现实无奈和人性悲凉，

Z: 不是误读。这些年脑子里经常会闪现出渴望浅薄的念头。浅薄些，人活得会轻松些、愉快些。干嘛总跟自己过不去？之前的画更加凝重、更加宏大，也许是累了、疲惫了。长期的仰望天空，不免疲惫。近期视线放低了，更愿意看看身边的人和事，希望以此调节一下疲惫的身心。"躺平一族"用了许多红颜色，这批红颜色的作品和我这种心态有直接关系。其实从很多年前开始，我都想让自己的画能够轻松一点、幸福一点，但是很难。这次我连荧光红都用上了，但是还是驱散不了内心的那份沉重。我想这可能是我的宿命，我的生命底色，我一拿起笔就轻松不了。没有办法，我认命。这批作品从颜色上看，它漂亮起来了，这是我故意的。我希望它能够漂亮一些，至于说观众怎么看，我觉得都没问题。如果观众能够感受到它是漂亮的、好看的，我觉得挺好。因为这也是准确的、有效的观看，不存在误读。

M: 这次风格上的调整，是阶段性的？还是说会是一次方向性的转变？

躺平一族 – 我的青春我做主 纸本设色 145cm×367cm 2022

才是我们要深切关注的现实。艺术的力量是很微弱的，有时候确实感到很无力，尤其是面对战争，面对灾难，艺术家能干嘛？艺术能干嘛？我也不知道，但是我除了画画，还能干嘛？这是唯一能做的，哪怕很微弱，但是这始终是支撑我画画的基本理由。

M: 这个基本理由也注定了您作品的底色。但是像"躺平一族"这一类作品，如果单纯地从画面效果看，似乎变得更轻松了一些，包括色彩的运用上，不再像之前的作品那么凝重。您有没有考虑过这种转变会不会让不去深究作品内在原因的一般观众，只停留在视觉上的"好看"的观看阶段，而忽略了您要表达的更深层次的内容？这可能会对您的作品形成误读。

Z: 不知道。因为我的创作很注重当下的感受，很多东西不是我有意设计的，虽然我在这个阶段想画得轻松一点，但是现在画完了，到底有没有变得轻松，我也不知道。或许很多东西是很难改变的，是骨子里的东西。

M: 冬去春来，疫情的阴霾渐渐消散，有的人认为未来会明朗起来，有的人依然对未来疑虑重重。张老师对未来持什么态度？悲观还是乐观？

Z: 我希望未来会更好，但我不是预言家，不是半仙，我无法预测未来。但我对未来充满着希望，我渴望再一次的激情澎湃。

躺平一族 - 王寅红 纸本设色 248cm×129cm×2 2022

虚拟人生指南－温暖总在梦境里 纸本设色 180cm×180cm 2023

李彦伯　LI YANBO

1963 年生人，鲁迅美术学院教授，现生活、工作于中国沈阳。

图片 / 由艺术家提供 编辑 / 徐小禾

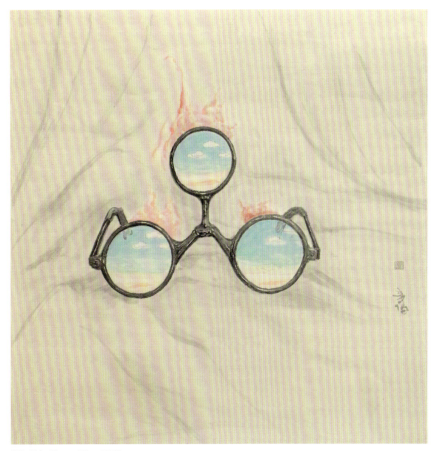

静物 纸本 69cm×68cm 2022

承认自己是平凡的，应该是件不平凡的事！有什么能比惧怕庸俗，更隐秘且可笑的俗念。

不平静的静物 纸本 68cm×68cm 2022

随 笔

文 - 李彦伯

病毒

这是一个多么聪明的设计，它们无形无色、无踪无影，抓不着寻不到。它们如此熟悉人类的缺陷，冷静地淘汰了那些，多病寿长的老人，当然也有沉疴弥久的年轻之辈。它像战争一样滋生恐惧，但它愿与血气蓬勃的生命共存，而不是残酷地一并摧毁。它使奔波的人们休整，远行的人们回归。它遵循自然法则，疯狂地筛选并淘汰着人类中的弱者，其行为既不善亦不恶……

目前，身体已不再寒冷，只是感到酸痛。病毒还在体内，我只能望着天花板，等待它与身体达成的结果。

忘记

目光怔怔地盯在空中的某个位置，沉沉地浸入到毫无征兆的思考中。这大概是最深刻而短暂的快乐，因为前面思想的主题很快就被下一个主题抹平置换掉了，像湖面上起伏的褶皱，然后就是忘记，甚至忘记了忘记本身。

不败的战术

《不败的战术》1987 年出版，作者是赵治勋九段。赵九段在围棋强国日本曾获得过 74 次冠军，是日本棋战头衔最多的棋手。这本小册子，曾帮我在与棋友困斗中得到过信心和勇气。今天，整理书架，看到这本卷了书角且泛黄的小册子，忽然产生了一种莫名慌乱与空洞乏味感。自从 AlphaGo（"阿尔法狗"）出世后，人类棋手遭到了降维打击，各国棋手都被团灭了。从此以后，过去的定式好像都显得低级且不靠谱，比赛也似乎变得有些无聊，让人提不起兴趣。

人声

在烟雾弥漫的思辨中，我努力将自己摆脱出来，想尽可能地排除掉那些用理论推论出的理论或是用知识构建的知识所带来的烦杂。于是，合上了书本，走出房间立在巷子里。感觉就好似听惯了扩音器的声音又忽然关掉电源，有种空空且远远的人声，虽然微弱，但很真切。

雨后

清晨，天蓝得简单又深邃，没有一丝云，空气鲜得令人感动。院子里，女儿与我在一汪一汪的积水间绕行，鞋子终于还是湿透了，那是在穿过这片草地时，露水打湿的。植物的叶子上挂着大大小小的水珠，圆圆的晶莹剔透。在一片叶子的背面，趴着一只小虫，足尖扣着叶子的边缘，像是举着伞似的，嫩绿的身体，水一样透明的翅膀。它一动不动，像是在睡觉。

昨晚的雷声是否曾惊扰到它？这个小东西能看到闪电吗？它会感到害怕吗？孩子的问题我一时答不出，家里那本《昆虫记》是时候与她共赏啦，我随即想到。

海滩 纸本 138cm×69cm 2022

海滩 纸本 138cm×69cm 2022

高眠 纸本 138cm×69cm 2022

雨夜

车窗外的城市在眼前慢慢地溶化了，黏稠得没有界线，糖稀一样红红绿绿地成了一坨。

暗自思忖

吃饱饭从家里出来，走过浑河，到南岸的工作室。待上一会儿，喝杯水，再走回北岸的家。似乎什么都没做，但感觉确是满满的。我们的祖先不就是这样生活的吗？走进电梯间时暗自思忖。

俗念

承认自己是平凡的，应该是件不平凡的事！有什么能比惧怕庸俗，而更隐秘且可笑的俗念。

虎皮

这是只纯白的泥老虎，素色如雪的身段儿，拉动一下它的身子，会发出巨大的声响。每次我瞥见它，便不自觉地想为其画张虎皮，却始终不曾动手。心底下的草稿倒是攒了不少，只是都不满意而已。日子久了，它与我之间似乎产生了一种力场，吸引我为它想象，同时又拒绝将想象付之于行动，就像是不愿意过早终止这场胡思乱想的游戏。

回忆

一切都是虚妄的。不是吗？当我们回忆过去时，就像重放一部旧电影，而其中的细节多半还不如电影里真实可靠。于是每当回想过去时，为了使那些断了的片段衔接上，我们可能会加入一些想象，这样会使回忆更像故事那样完整。但某种意义上讲，也就失去了可贵的真实，这是不幸又不可避免的。或许回忆的目的并不是要还原历史，人们只是通过回忆修补一下过去，积极地想大概还可以警示一下现在。

学习

如果短期内，没有立场地读了两本观点相撞的书，就如同左腿与右腿登上了两辆方向不同的车。知识提供了广阔的视野，同时也给了一副有色的眼镜。了解本应该意味着冥想的自由——但是，对于没有自我立场又知之甚多的人，则将失掉观看和冥想的能力。从某种意义上讲，纯粹就是不去执着于那些不属于自己的东西。对于没有辨别能力的艺术家来说，多余的知识毫无用处，只能搅扰他的独立性，限制他的艺术想象力。就像一个持刀的孩子，无力驾驭利刃，反易为其所伤。像一个食客吃得过多或吃了不该吃的东西，这都是有害的。我总是固执地认定，求索到的知识比别人传授给自己的东西"实惠"。如果说辨别与选择同知识本身是一体的，那欲望与需求才是其本源。就像因为寒冷我们才要寻觅衣服或食物。

所以我觉得目前的艺术教育及知识的获取方式并不牢靠，过多的灌输必会丧失人的求知本能，大约也是一种文化霸权行为，应该是不道德的。

朝露 纸本 69cm×138cm 2021

土地 纸本 138cm×69cm 2022

鱼 纸本 207cm×69cm 2022

侯珊瑚
HOU SHANHU

1962 年生于北京，1983 年毕业于解放军艺术学院美术系，油画专业，1993 年旅居美国纽约和奥兰多佛罗里达州，2014 年回国，现生活工作于北京，自由艺术家。

图片 / 由艺术家提供 编辑 / 徐小禾

态象系列 TG2104 纸本水墨 180cm×124cm 2021

"态象"是一种生命能量的显化形式，通过身体与媒介的互动，体悟人与自然的合一关系，把不可见的生命能量，转化为可见的视觉形态。

态象系列 TR2103 纸本水墨 179cm×124cm 2021

灵韵与质态

文 – 陈澍

　　西方人尝试用理性和逻辑论证宇宙中终极真理的存在，东方人则用天人合一的观想方式感知来自宇宙深处的精神昭示。从有形到无形，从物质实体到精神实体，一路走向那个终极答案，但是随着现代文明的序幕拉开，我们又一路远离了它。那么在今天这个被"祛魅"的理性时代，如何重新建立生命与宇宙的精神通道，然后把我们生命中至真至爱的秘密带给它，再把来自宇宙深处的秘密带回我们的世界？在看到侯珊瑚的绘画之后，我似乎有了答案。

　　绘画是艺术家观看世界、感知世界、表述世界的方式，那么笔墨形色就是艺术家和这个世界共融后的流露与生成。侯珊瑚的绘画温润又飞扬，和谐却疏离，那些生长的形态，相互交融又界限分明，它们既是这个无限时空的显象，也是身处其中的人的心象。这种交叠共生，或许是艺术在今天这个"祛魅"的时代依然可以葆有"魅惑"与灵韵的缘由，也使得艺术在今天依然有可能成为探知那个宇宙背后终极真理的有效方式。艺术作为肉身和那个神秘世界连通的桥梁，其来有自，只是走到今天，太多的艺术家已经忘记了艺术的初衷与本源。而在侯珊瑚的绘画中，我们看到了这种艺术古老而神圣的承续与传接。

　　侯珊瑚在创作语言的选择上有着不寻常的机缘与因由。她出身于艺术世家，父母皆是国内油画界的前辈巨擘，自己又是写实油画科班出身，后远游异国二十年，或许是一种跳脱文化语境之外的远距离审视以及个体生命经验的内在驱动，选择水墨作为自己艺术创作的语言载体，有些意料之外，但也在情理之中。对于一个身处异域的东方人，水墨与宣纸恣意又含蓄，自由又温婉的特质，势必有着天然的吸引力。但是，侯珊瑚并没有单纯的沉浸在水墨绘画既定的语言藩篱中。她在作品中结合了西方的水溶性材料，在一遍遍的实验中，熟谙水、墨、纸、色之间相互生发变化的关系，然后建立了一套个人化的复合语言。这让其作品既有水墨的深沉绵厚又具备水溶性材料的轻盈丰润，在墨色的不同明度与不同色相的水溶材料之间互相交融洇散，营造出极其丰富的视觉层次，让黑白与流彩共生出一种在以往中西绘画中从未出现过的灵韵与质态。而语言即精神，一个艺术家所用的媒介与手法作为语言能指不断外延，那么它的灵韵，也是精神灵韵，它的质态，同样也是精神的质态。

　　在侯珊瑚的画作中，精神幻化成了墨彩与流光，物质与精神在艺术的接引之下，道成肉身。肉身有象，精神则无定形，所以侯珊瑚的画作被命名为"态象"。"态"者上太下心，太为极大，极大则为天，心则是人之精神生发之处，那么"态象"则可解为天象与心象合一之后的精神之象。

　　绘画作为一种视觉的物理结果，无疑是一个艺术家的精神痕迹，但是如何让这种私人性的精神活动达成更普遍、宏观的价值，这也是优秀艺术作品和一般表达之间最显然的区别方法。那么我们在侯珊瑚的绘画中获得的这种精神共振显然是最有力的确证。只是，对于这种观看体验的缘由，每个人都会有不同的解读与体味。这也是侯珊瑚绘画的神奇之处，那些流动的、摇曳的形态，明丽华兹又水润葳蕤的墨色，留给了观者无限的空间。面对不同的目光与心绪，"态象"无常，方寸万千。

　　周易有云：天地氤氲，万物化醇。侯珊瑚用一种无限生长的艺术语言承载着那来自宇宙渊薮与生命深处的精神之象，用至真至纯的生命能量，连通个体与宇宙，在共融共生中留下一种精神的痕迹，这种带着温度与神性的痕迹，是生命的证据，也是"神"存在的证据。在这个远离"神"的末法时代，艺术的存在还能让精神不致湮灭，人心不致干涸，或许是"神"留给这个世界最大的仁慈。

态象系列 TG2111 纸本水墨 180cm×124cm 2021

态象系列 TY2109 纸本水墨 180cm×96cm 2021

态象系列 TN2101 纸本水墨 247cm×124cm 2021

态象系列 TB2112-13 纸本水墨 76cm×496cm 2021

自述

文—侯珊瑚

　　接触到水墨、宣纸是在我 1993 年去了美国以后，之前我在艺术院校学习的绘画基础是写实油画专业。毕业后，除了油画以外也曾经做过一些壁画创作和设计，接触过很多不同的材料，包括：陶瓷、浮雕、版画等等，对各种媒材的尝试，一直兴趣比较广泛，但那时，我并没有真正找到一种得心应手的表现媒介和形式。

　　水墨媒材之所以对我有吸引力，也许在于这种材料的特性比较适合我的性情，它的流动性和不确定性，有一部分是无法掌控的，总会超出自己的想象，它在不断地启发和引导着我，给我带来意外的偶遇或惊喜。我觉得，水墨本身所特有的东方魅力是其他任何材料都无法替代的。艺术家最重要的是要找到某种媒介作为自己语言表达的载体，无论你内在的精神、意识或情感多么丰富，都必须借助于某种物质媒介，实现一种精神能量的转化，通过艺术的形式把内在的生命状态呈现出来。

　　我对水墨、宣纸的认识是从了解材料本身的物质特性开始的，不抱任何先入为主的概念，在不断摸索中去寻找自己的方法。水墨材料灵活多变，难以驾驭，需要有足够的耐心和毅力。只有当你顺应了材料的特性与它达成默契，才能掌握自己的一套方法，逐渐进入一种相对自由的创作阶段，达到"心手相应"需要经过一个相当痛苦和漫长的探索过程。水是生命之源，自然中所有的生命现

象都与水的作用有着密切的关系。水与墨的结合，又能使运动中的形态在宣纸上呈现出天机的妙趣。但是，如何能够从这种自然天成的现象中，发现新的可能性，提炼出自己的符号语言，表达当代人的审美意识和观念，是我一直思考与实践的课题。

我在美国生活的 20 年期间，在宣纸上做了大量的试验，用水墨与西方的各种水溶性颜料相结合，出现了很多意想不到的效果。在这个过程中，我发现了一些可利用的元素，并试着把它们提炼出来，通过改变工具和绘画的造型手段，逐渐形成了自己的一套工作程序和方法。

我的水墨作品一直以"态象"命名，是因为它与我的创作方法和造型生成的方式有关。

"态象"既不是对现实中可见事物的描绘，也不是头脑中想象出来的某种意象性表达。它是通过身体与媒介、动作与工具，在一种互动状态下所形成的痕迹，作为造型生成的来源，它是内在生命状态的外化与显现。

在造型上："态象"强调临场状态下的随机生发，和"物我合一"的生命体验。画面中形态的生成，一方面，来自水墨媒介本身的自然质态；另一方面，来自于身体内在的生命状态。流动的意识通过身体的运动和把控工具的动作直接导致了造型的产生。作画时，直觉的判断起着决定性的作用，很像是一场即兴的演奏或舞蹈，充满了随机、偶发与不确定性。即兴发挥是身体与媒介在一种对话关系中的临场反应，它是一种自然的流露，无法重复，不可复制。但即兴的前提，是对材料特性的充分认识和把握，以及敏锐的判断力与视觉经验的积累。

在结构上：画面的空间层次主要由三个层面构成：1. 墨骨的形态；2. 中层的色态；3. 背景的隐态。每一个层面都是不同阶段分期完成的，它们是整体程序中的一部分，各自独立，又相辅相成。在画之前，我并没有具体预设的构图，每一幅画不是单独从头到尾一次性完成的，而是在一个工作程序中的最终结果。这个程序的建构经过了多年地反复实验和调整，它改变了我原有的思维模式和对世界的认知。它的奇妙之处就在于，能够让我在一个必然的过程中与偶然相遇，让画面在不完全可控的状态下顺势而生，自然生长。

不同层面上的各种形态，在运动中不断游移、碰撞、演变和生成，在空间中形成不确定的聚合结构。创作的过程更多是关于一种流动与凝固、放任与把控、偶然与必然的碰撞或相遇。它们就像一种生命的有机体，各自有其自由的生长变化，但又相互影响和依存，一切变化都必须遵循其生命形式的内在规律。

在色彩的运用上：充分发挥宣纸与水墨随机渗化与吸纳的自然特性。我用水墨与西方现代水溶性颜料相结合，由于墨的加入，使其本来比较轻飘的色彩有了一种厚重的质感，一种近似于陶瓷釉色或玉质感的微妙色泽。那些在宣纸上通过水色的冲染，时间的流动与凝固，自然生成的晕染流体，在虚色背景的空间中，凸显出釉质般的自然边际，它既是色态的边缘，也是灵动的线条，与前面黑色的墨骨产生了一种实与虚、干与润的形态呼应和对比关系。

我把墨也作为一种颜色来使用，有意把墨色分解为：纯黑、中灰、淡灰等，不同的明度层次。当墨与透明的水溶性颜色相融后，在不同的色调对比中，又出现了一些特殊的色相变化：墨在黄色调中成为了灰色；在绿色调中墨呈现出棕色；在蓝色调中墨又变成了紫色。中国的墨化合了西方的水溶性颜料，重新激活了色彩的表情，生成出从未有过的颜色质感。渗化在宣纸里的墨色，呈现出虚淡氤氲、透明空灵的微妙色泽，营造出一种超然的精神空间，这是之前在宣纸上没有出现过的质感效果。

我觉得，创造一种形式即创造一个有机的生命体，形式有其自身的发展逻辑和规律，从它的第一个基元细胞的诞生就决定了它的生命形式的特质。它的内在结构必须是自洽与协调的，它自然会排斥那些你想强加于它的不协调因素。有时它就像一匹难以驾驭的野马，不完全按照你的意愿去走。你只能不断地自我反省，改变自己的惯性思维，如果你能够顺从与接纳当下发生的一切，跟随它的引领，它就会把你带到一个从未去过的地方。

艺术家与媒介的关系就是"人与物"的关系，在中国传统的观念中，物不是与人对立的存在，而是"天与道"之所生，"格物致知"就是探究物质媒介的特性，了解其自然的规律，体悟宇宙万物的天理，它是一切创造的源泉和动力。物质媒介与生命意识相互渗透与融合的过程，就是"心与物冥，天人合一"的本质性体验。

"态象"是一种生命能量的显化形式，通过身体与媒介的互动，体悟人与自然的合一关系，把不可见的生命能量，转化为可见的视觉形态。它让我思考的是一切事物表象背后的内在驱动力，那个推动宇宙万物生长的永恒能量。任何事物都不是独立存在的，它们都在相互作用、相互影响和依存，并在一种对立统一的关系中保持着自然状态的和谐与平衡。

对我来说，艺术是感知世界与生命源头连接的通道，当你与世界融为一体，自然万物都会成为你的能量和养分。个体生命的独立性就蕴含在宇宙能量的统一性之中。艺术是爱、自由与创造力，从无到有聚合而生的产物，它们源于宇宙之爱，并通过个体生命的表现形式呈现出来。

态象系列 TG2105 纸本水墨 180cm×96cm 2021

侯珊瑚工作照

态象系列 TB2107 纸本水墨 179cm×124cm 2021

态象系列 TB2108 纸本水墨 180cm×124cm 2021

态象系列 TB2110 纸本水墨 180cm×96cm 2021

图片 / 由艺术家提供 编辑 / 雯子

吴国全　WU GUOQUAN

又名老赫、黑鬼，1957 年生于湖北武汉，1983 年毕业于湖北美术学院，现生活工作于武汉。

图片 / 由艺术家提供 编辑 / 雯子

光诗之 239 硬质纸、水墨加其他 193cm×148cm 2020

我的工作分为两个部分，一个部分是不断喂养我的精神世界，另外一个部分是不断寻找适合把我流变的精神世界视觉化的手段，并且我极其享受这种揉搓和折腾。

——— 吴国全

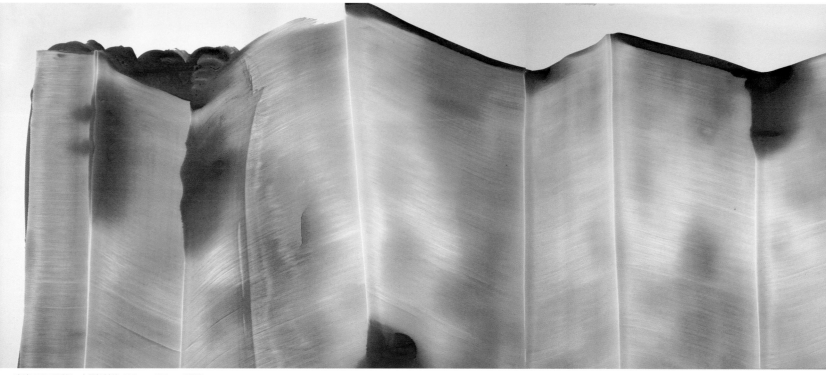

光诗 132 硬质纸、水墨加其他 127cm×571cm 2020

吴国全：『空』和『有』皆是存在

采访 — 胡少杰

漫艺术 =M："光"是您近年来作品中持续表达的主题之一，在您这里它既有别于西方经典绘画中的"光韵"，也不同于东方美学中的"气韵"，在您的作品中"光"成了表达的母题，而不仅仅是作为一种视觉效果或者美学的特质。那么您的作品是否可以看作是一种"光"存在的证据，一种"精神"的写实？

吴国全 =W：艺术对我来说就是一道光，艺术对我来说又是一组诗，用艺术去度过诗人一样的人生，这是我的奢望，我的作品可以作为我的呈堂证词。

从前我听过有佛缘，今天我要说的是"光缘"。

2013 首届长城国际当代艺术双年展，2013 年 7 月 16 日下午 2 点 28 分 11 秒，地点在山东淄博长城一个小的水库上，山上时而是风雨，时而是阳光普照，时而又微风徐徐，几个小时过后我还在做作品。大部分作品的效果在意料之中，令我大失所望。而一组水墨图片作品却记录了一缕阳光从树叶的缝隙中泼洒过来，像一个老者的微笑将阳光投在摇来晃去的宣纸上，浸湿后的书法作品慢悠悠地荡漾着。我的微单记录了当时发生的情况，众多因素的重叠，尤其是光的邂逅，使我得到了一组意料之外的水墨图片。天时地利人和，我想这就是天时成全了我这组作品。在做这个作品之前我是完全没考虑到光的因素的，这一次的创作经验使我对光产生了特殊的好感，这让我感受到了光的美好与神秘。

　　另外一次与光的缘分，是现在这些作品里面呈现的一缕缕光的特殊效果。我自制了很多特殊的工具，用特殊的材料，不停地在卡纸上面不断寻找，不断试验，出现了很多意想不到的效果，这一缕缕光的效果，能很好地表达出我关于光能律动的概念。世界用不同的节奏震荡着，弹奏来自宇宙遥远处的曲目，也能够表达出人类圣咏的节奏和旋律，还能够见到意识的滑行，滑行又反向刺进了形而上之虚空。

　　这个效果是我在创作的过程中反复实验后出现的多种特殊效果中的一款，我又在这个基础上做了大量的实验，强化这个效果，使它成为了我后面很多作品的母题。

　　光是一种能量的象征，光也是一种救赎，光还可圣化你的人生，想想看人类如果没有光？那将是一个怎样的世界呀？

　　不少宗教里面都说到了光，甚至在佛教里每一种颜色的光都有它的特定含义。而在科学方面对光的研究也越来越细，激光这是大家比较熟悉的，在医院里面做手术、做检测，在部队里面做武器，仅激光这一种光能做多少事情？太不可思议了。在世俗生活方面也有很多的作家、诗人都对光投去了美好的一瞥，我记得最熟的一句就是罗曼·罗兰说的，"我不忍心看到光明被人埋葬"。

　　"诗"是人类给自己的最高褒奖，是人类给自己编制的最高桂冠，光神秘美好，变幻多姿且富有不可知的能量，我把《光诗》这个心存敬畏和褒奖的名字赐给了我的那些作品。

M：同样，关于"空"的表达与探究也在您近年的作品中反复出现。"空"通常作为一种哲学概念，在中西方思想史中被长久地探讨。但是作为视觉语言的绘画，似乎天然和"空"有着悖论式辩证性，因为绘画终要留存物质性的视觉证据。想了解，您是如何处理这种天然矛盾，而不仅仅让创作停留在一种"形式逻辑"的演绎中？

　　W：我作品的名称，它有一种导引的作用，而且这种导引是有一个夹角的，他不应该是无限联想和狂思，它应该是在一定方向上的放大，而不是在360度角的全立体遐想，我想避免不当联想与幻化。

　　"原来空与满是个尺度问题，原来无与有是个主观的问题，原来虚和实是可以相互转换的"。我不断揣摩，通过宗教意义和物理的意义，我用艺术的方式走进"空"，然后又走出"空"，我不断在"空"和"有"之间穿梭，"真空妙有""妙有真空"，"空"和"有"都是一种存在。我用我特有的方法，不断穿梭转换，呈现出这种存在的质地。

光诗之181 硬质纸、水墨加其他 185.5cm×143cm 2020

这样就是一个悖论了，我们本来处在一个虚无的世界里，尤其是存在主义哲学家们把这种荒诞涂抹到了极致，一切都归结为虚空！的确，你想想几亿年以后人类的所作所为有任何价值吗？即便是那些影响了人类进程的人和事也依然逃不掉灰飞烟灭的下场，何况作为我辈的普通的基本分子，那更是毫无意义！毫无意义就是无嘛、就是空嘛。

我讲的悖论就是说我们已经知道了一个"空"的结局，一个"无"的后果，但是我们能够用我们的方式去转化这个"空"，让它形象化，对象化，让"空"变成"有"，这个"有"可以是物质方面的，也可以是精神方面的。享受我们的享受，创造我们的创造，升华我们的升华，转化我们的转化。

好的艺术家能够感受到一般人感受不到的东西，因为他们是个另类。能够想象到一般人想象不到的东西，因为他们用超乎常人的方式去想象，去生活。能够体验到一般人未曾体验的东西，因为他们舍弃了世俗的很多东西，专注于精神深度的体验。并且他们有能力把他们认为有价值，有意义的东西视觉化、文字化、音乐化、哲学化。

我对能看到的现实世界不是那么感兴趣，传统的艺术是对可见世界的描摹和处理，现代艺术是对变了形的世界的呈现和表达，而当代艺术则是对现象后面的世界的探索。整个趋势就是越来越精神性，越来越诗化。而且经历过古典时期，现代主义时期，到现在人类已经积累了很多的词典、字典，何况今天的人类在物质和精神的创造方面都是几何式增长的，以便于今天的艺术家对他们所处时代的隐秘的精神世界进行视觉化传达。

M：应该是从 2017 年前后，您开始建构起自己明确的艺术语言，从"天石"系列到"光诗"系列，再到近期的关于"空"的一系列探究和表达，虽然母题一直在演变和推进，但语言手法是相对稳定的。那么走到今天，在您看来建构一套稳定的创作语言对于艺术家来说是必要的吗？这会使您在创作上愈发自由吗？还是说会形成新的限制？

W：你提了一个很好的问题，我觉得只要是好的艺术家，一定要考虑这个问题。要不要建立自己的语言体系？你想想看，每个有定论的艺术家都有自己的一套语言模式，而且这套语言系统一定是他的原创。再者这套语言体系的形成是他有一系列的作品来支撑，他一系列的作品，随着时间的积累，在内容和形式方面都要往深处走，要不断推进。

至于说语言系统的形成会不会对后来的创作有限制，这要看一个艺术家对自己的设定，要看他到底要的是什么。

莫迪里阿尼这样的艺术家好像只用一个长长的过道，他就能把他的事情做得又好、又绝、又彻底。贾科梅蒂则用三个房间来供放他的作品，一间放置那被抽干生命体液的、干瘪的、还在瑟瑟发抖的灵魂雕塑；一间放置很难聚焦的素描；另一间放置与素描相似的永远还处在聚焦之中的油画。

克里斯托弗夫妇同一天出生，两人连体干大事。他们包裹了桥、包裹了海滩、包裹了凯旋门、包裹了象征第三帝国的议会大厦。一个计划就是 20 年，他们重塑了自然、重塑了人文、重塑了你、重塑了我、重塑了这个物理世界和精神场域。

而基弗则是把精神的废墟、战争的废墟、历史的废墟搬到了他的工作室、搬到了他的庭前、搬到了他的后院、搬到了他的床前、搬到了他的卫生间、搬到了他的厨房、搬到了每一条过道，他塞满了整个能放置物品的物理空间，他还嫌不够，又塞满了他那无形的精神世界。

最可气的就是杜尚，他要搞的事情，可以完全不要房子，也可以要很大的房子，因为整个大自然，整个世界都是他的画布，都是他的创作材料，他只

管输出想法、输出观念，到五金店买个小便池就改变了整个艺术世界。

我算看明白了，绘画在艺术这个行当里面越来越小儿科了。但是绘画越来越注重无形的东西、注重欣赏者的参与、注重精神性的东西，强调作品与灵魂的聊天与对话。

做艺术这档子事儿也是戴着镣铐的舞蹈，有的时候自由太多，自由反倒成了自由的敌人。每个艺术家到底要把自己塑造成什么样的一个艺术家？有的是按设计蓝图来完成他的作品，有的则是不断流变着，寻找着……

M：您有着极其丰富的艺术创作经验，数十年间尝试了各种不同的创作语言，那么有没有什么东西是您的艺术创作需要持续面对的？无论是之前的装置、行为，还是当下的水墨创作，变的是语言，不变的是什么呢？

W：我是一个喜新厌旧的人，尤其在艺术上，没有一天不是在追求新东西，追求一些有趣、精彩的表达。我不囿于成见，我抱着对这个世界无穷的好奇心。我有一种不知疲倦的了解欲，也有一种不知疲倦的对不断喂养灵魂的精神世界的表达欲。

我大量地收集各类资料，量大到我自己都有点害怕，而且还在不断更新，不断整理。通过这个特殊的方法，我把中西美术史反复地把玩，我把摄影史反复地琢磨，尤其是现在条件比较好了，中外各方面的电影也看了特别多，这些都是我作品内核的来源，是作品的依托。

我现在研究资料，主要是看一个艺术家怎么样把一个点变成一条线，又把一条线变成一个面，最后怎么形成他的系列。我也希望我的每幅作品都不同，但又在一个系列里，并且越来越好玩，越来越有趣。

不变的是什么东西？就是不断喂养自己的灵魂，使自己的精神世界丰富有趣，充满着生的气息。保持一个动态的精神世界，而不是一个僵死的精神世界。

我的工作分为两个部分，一个部分是不断喂养我的精神世界，另外一个部分是不断寻找适合把我流变的精神世界视觉化的手段，并且我极其享受这种揉搓和折腾。我特别不喜欢很容易通关的游戏。

M：水墨和卡纸的组合其实是极具独创性和实验性的。那么这就注定要面对更多的关于材料的不确定性。在创作中如何平衡您的主观意志和材料的极限特性以及材料本身规律之间的关系？

W：每个艺术家可能都有一个特别适合于他的工作方法、思考方法和特别喜欢用的材料和工具。就像一个好的导演一定要有他"御用"的演员、"御用"的摄影师、"御用"的电影美术。

我们就是要不断寻找，在千百次的亲身实验中去找到最能与你契合的工具、材料和方法。

现在大家能见到的是我的卡纸上水墨效果的作品，但是后面的思想方法和我的工具、材料还处在保密阶段，等以后有机会我会展现出来。

M：您的创作极具个案性。如果仅从作品的视觉结果上来看，它无疑是抽象的，从材料上来讲，它属于水墨范畴，但是您好像是有意地切断了能够从抽象绘画或者水墨画进入它的渠道？这样一来，进入它只有靠单纯的观看和纯粹的直觉感知。在您看来这是否是进入您绘画最有效的方式？

W: 我觉得有两类艺术家。一类是紧跟潮流，按照什么思潮、什么流派、什么主义、什么风格来做艺术。一类是以强大的精神生活为内容的艺术家。这样的艺术家往往很固执，甚至有一点顽固，他会按照他自己的内容，寻找与此相配的工具、材料，千百次地来回折腾。

实际上风格、主义、潮流，是批评家们为了写作的方便，把本来各有自己特点的作品笼统地归在一起。每一个好的艺术家，一定是一个特例，如果不是特例，那我们欣赏他的什么东西呢？难道在他那里欣赏毕加索吗？难道在他那里欣赏博伊斯吗？难道在他那里欣赏培根吗？

我觉得我是纯水墨，或者是当代水墨，抽象艺术跟我既有关系又没有关系。因为我现在做艺术基本上是按照我的精神生活的脉络，精神生活流变的这条线来进行的，我的艺术是和我精神流变的脉络平行的一条线，而我的精神世界又是我不断用从美术史、音乐史、摄影史以及现实世界喂养而成的，我的艺术就是我不断被喂养的精神世界的视觉表达物。

我们的精神世界刚开始的时候应该是一个很单纯、很质朴的小房子，而现在我们通过几十年的亲身经历，也通过各种文献、各种资料的喂养，我的精神世界变成了一个极其庞杂的大房子。我在这个房子里变着方法捣鼓、折腾、实验，我的艺术就是把这些作为创作的原料，再用艺术的方式呈现出来。

M: 您在对近作的命名上，一类有着极强的思辨性，如《在空之上创造的空》《被折叠的空》《瞬间的遗骸》等，而另一类如《光诗》系列，则更为诗性与感性。思辨性和诗性是否可以看作是您艺术创作的一体两面？

W: 我觉得你的观察是比较细的，我在给作品取题目时做过很多的探讨和努力，大费周章，下面我抄录一些我之前部分作品的题目：《黑鬼传》（装置 20m×4m 1986 年），《黑鬼传》中各个部分的题目：《人类七大罪恶的新序列·中世纪的误判》《为但丁老爹造像·选自备忘录上的一页》《为所欲为上上下下·三周前梳妆台上的景象·我与我家曾祖父的会晤》《但丁 7 个 P 字的胸透·但丁判我到地狱第七层第二环·但丁的宴请（邀请对象）》《贝亚德、维其尔·椭圆形的包裹·蜡烛》；2000 年的油画作品题目：《人是否应该有点鼠性？》《被文化诱奸的人们》《文化细菌》；2012 年的水墨作品题目：《水墨思维·诗思史矢·与诗与思有关吗？》（100m×1.2m 狂草水墨 2012 年）。

这个在以前是有争论的，无论是视觉作品还是音乐作品，都是有争论的。到底要不要非得在题目上做文章？可不可以直接用《无题》来代替？我认为这个要看不同的人希望他的作品把欣赏者带到哪里去，他想要达到哪种效果。而我是想让欣赏者在一个有限的、有夹角的空间内去欣赏作品，而不是无边无际的、廉价的、胡乱的遐想和滥想。

就说听歌剧吧，到底是听它的音乐和声音的美妙，还是欣赏它的歌词？我们听外国的音乐，根本不知道它的歌词，但是我们觉得很悦耳，很受用，但是专业人员是不能这样的，他一定是要把歌词搞得清清楚楚，一定是要把角色分析得透透彻彻，他才能从一个专业的角度去欣赏歌剧和音乐。所以说我反对艺术怎么欣赏都可以的这种说法。初级的或者是和音乐史、美术史没关系的一个欣赏者，当然是可以，想怎么样欣赏都可以，想怎么解释也都可以，但是作为一个专业的欣赏者或者资深学者是不行的。因为你要发现作品真正的价值，要找到好的艺术在专业上的贡献点。

我觉得好的艺术作品可以是"无题"，也可以用很多字来作为题目，每个艺术家想表达的东西不一样，主要是看是否找到了他最合适的方法。有的是需要题目，有的不需要题目，有的则需要更开放的题目。

M: 您的作品有着极强的视觉张力和精神张力，这种张力似乎是一瞬间迸发的。想了解，一件作品从发端到结束，这个过程中，在您体内积蓄的时间和落在画面上的时间是怎样分配的？另外您如何判定一件作品的完成性？

W: 我是学花布设计的，不存在门户之见，在我这里不存在装潢、国画、油画、雕塑、装置、影像的分别，只要是能够吸引我的，让我有一点感觉的东西都成了我的养料，都是我创作的转换码，转换码能把我的大脑里面想的和没有想的那些东西转换成作品。因为我在创作的时候实际上是不会具体到考虑哪一点、哪一条线、哪一个面怎么弄，怎么摆？我做作品的过程就像孕育新生命一般，不断孕育，让它形成一个遏制不了的东西，才去工作，有时候十天半个月，有时半年甚至一年不动手，就是做其他的事情，此时大脑里面下意识在指挥着孕育小生命，一直到有一种非生下来不可的感觉的时候才去接生。

画面的控制也是这样，什么时候停手，要看画面是否传达了我想要传达的效果，如果到了，马上得停止！如果没到，就继续寻找、对话。记得好像有一个艺术家说过一句话，但是我不记得是谁了，"什么时候停下来是一个大学问"。我也有过把好画弄成废品的时候，本来挺好，加了那么一点，就废了，画蛇添足！

我作画时是闭门谢客的，而且会有意将音乐声放很大，使自己有一种被催眠的感觉，天气允许的情况下我是不穿衣服的，处在完全没有束缚的状态、完全沉浸在创作的乐趣之中。为什么我要在这种气氛下去作画呢？因为我们往往在一个被监视的场合下，说出来的很多是假话、套话、无用的话，而我这样，是想尽一切办法把本真的东西引出来。

M: 疫情逐渐消散，但是我们的世界依旧处在一种复杂、混乱的不确定之中，这种令人不安的生存现实会给您带来困扰吗？这种体验会体现在您的创作中吗？

W: 我觉得一个人如果能够平安度过这次疫情，这些经历一定是他以后创作的养分，而不是负资产。

如果艺术家的一生感觉苍白，他的作品一定也是苍白的。我是感谢我的各种经历的，甚至有很多东西是我现在不便说的。只有经历一些事情才能促使你对生命、对人生、对社会、对这个世界进行更深入的认识，然后你才能有别于一般的人去对待生命、对待世界、对待与你交往的人。再加上后天知识的积累，接受了那么多有形的、无形的滋养，一定会让你越来越饱满。抱着这种心态，每走一步你都会有新的收获、新的认识。你会对这个世界抱有更美好的看法，会越来越感激父母给你带来的这一组遗传代码，你没有妄生，你选择了你喜欢的事情，并且你在这里面获得了诗人一般的生活。所以说这个时候你再说"空"和"无"，其实里面已经装满了东西，你的精神世界无限丰富，你享受了超越很多人的精神生活，你的无已经变成了有，你的虚已经慢慢对焦变得越来越清晰，越来越有锐度。

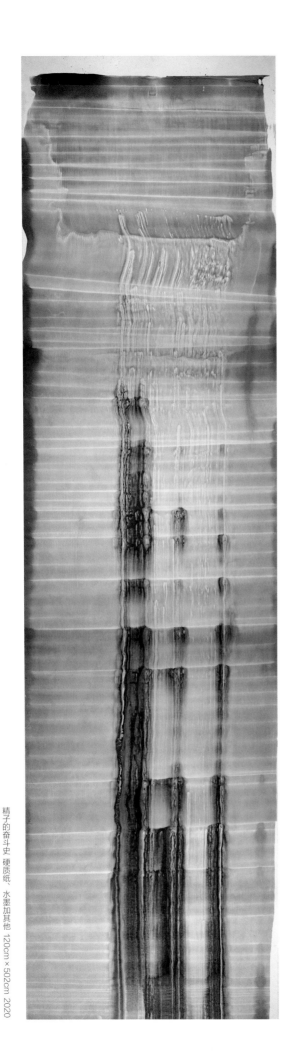

精子的奋斗史 硬质纸、水墨加其他 120cm×502cm 2020

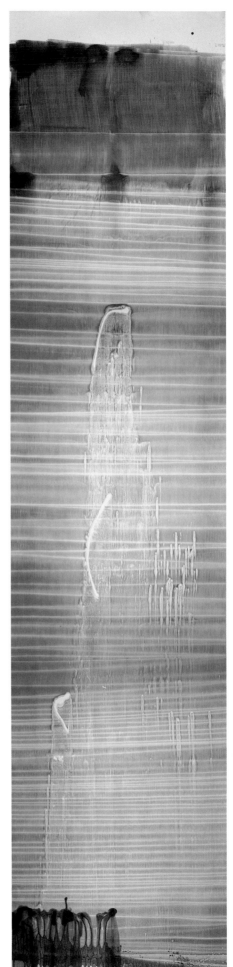

源源流长 硬质纸、水墨加其他 138cm×483cm 2020

光诗之 234 硬质纸、水墨加其他 178cm×149.5cm 2020

光诗之 242 硬质纸、水墨加其他 219.5cm×160cm 2020

光诗之 243 硬质纸、水墨加其他 184cm×155cm 2020

光诗之248 硬质纸、水墨加其他 186cm×156.5cm 2020

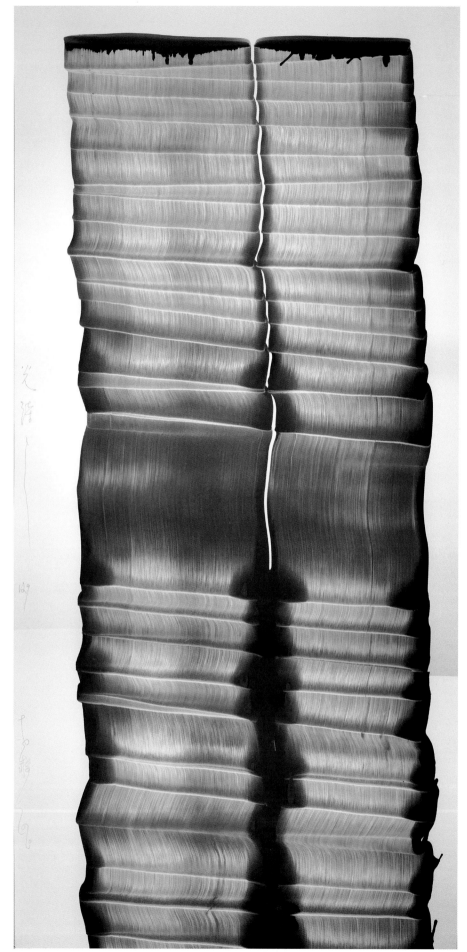

光诗之 129　硬质纸、水墨加其他　320cm×160cm　2020

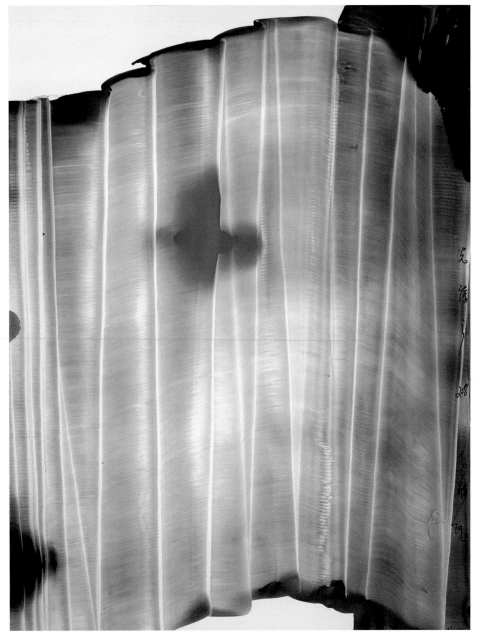

光诗之 208 硬质纸、水墨加其他 196cm×149.5cm 2020

光诗之 123 硬质纸、水墨加其他 79cm×267cm 2020

张朝晖

ZHANG ZHAOHUI

图片／由艺术家提供 编辑／雯子

1965 年生于河北，1988 年毕业于南开大学历史系博物馆专业，文学学士；1995 年毕业于中国艺术研究院研究生院（导师水天中），艺术硕士；1998 年毕业于美国纽约巴德学院当代艺术研究中心，艺术硕士；2003—2006 年中央美术学院博士生在读；现工作生活于北京和波士顿。

交织 宣纸水墨 130cm×160cm 2022—2023

对于艺术家个体而言，思考从"我"出发而不是"我们"，才是自觉和理性的起点。没有这一点，艺术无从说起。

—— 张朝晖

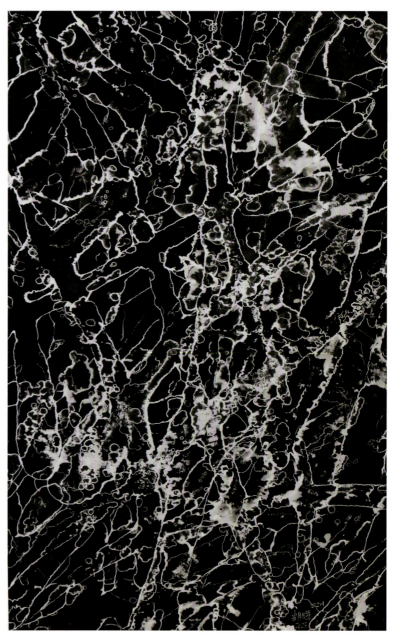

消融 宣纸水墨 130cm×76cm 2022—2023

雪痕 宣纸水墨 130cm×76cm 2022—2023

张朝晖：交织与融合

采访 - 胡少杰

漫艺术 =M: 您去年很长时间待在美国，在那边也一直创作吗？有什么新的收获？

张朝晖 =Z: 我们是去年 4 月份过去的，虽然去年一年有很多不安和焦虑，但我的创作还是保持着原来的状态，延续了既定的脉络。也就是从偏理性的"光与线"系列转换到更富有机性的黑白灰与线的组合和演变。要说收获呢，我觉得主要来自那里的自然环境和生活状态，这些新的体验正好契合了我的创作理念和美学观。

我们生活的地方在马萨诸塞州东部，属于美东新英格兰地区的核心，有大片保留完好的自然生态和鎏金时代时期建造的古老庄园。一年四季都很美，但印象最深的还是冬天，有两个体验特别深刻，一是我平生第一次体验了零下 35 度的酷寒感受。然后就是连续数日的暴雪，下了至少有一米厚，到处银装素裹，很壮观。我喜欢北方的冬天，尤其是大雪以后的世界，一切被冰雪覆盖的似仙境一般，一尘不染，超凡脱俗，纯净清新的感觉特别好。所以这也很符合我对中华玉器和瓷器的审美癖好，那种冰清玉洁、玉骨冰肌而珠圆玉润的感受很吸引我。

在真实的自然环境当中感受到这种美，还是蛮震撼的。包括那些覆盖在草地上和枝杈上的雪变成冰挂，后来一点点融化，冰映衬着蓝天、白云，那种纯粹的来自自然的诗意特别让人陶醉。想到当时的外部世界又处在一个那么纷扰、混乱的状态，这种诗意、梦幻和现实交织在了一起。所以我就画了一批新画，就叫"交织"。这个是我去年的创作，主要是自己的生活环境和现实的情境交织在一起，这是一种以前没经历过的创作体验。

M: 您早年在美国求学，这些年也经常去国外生活和创作，那这种远观，会给您的认知和思考带来新的视角吗？

Z: 当然会，这是毫无疑问的。二十多年前去美国读书的时候，国内的当代艺术已经在世界舞台上逐步浮现出来。我一边学习，一边同步关注国内外的艺术动态。这种远观可以从那个纠缠不清的情景中跳开，反而能够看得更清晰一些。

其实"中国艺术"是一个很浮泛的概念，在国际艺术界一度是一个很时髦的词儿，这背后掺杂着很复杂的原因。但是这几年似乎有了很大的变化，"中国艺术"这种集成的概念变得越来越虚弱和空洞，现在更多的是看具体的艺术家，这样可能比一个概念更明确、更清晰。一些共性的东西随着现实情景以及一些复杂的因素慢慢被稀释了，解构了。现在再回看当时的一些流行的范式，一些依附集体的概念形成的符号，很遗憾，都没有形成自己成熟的语言体系和自主的精神面貌，二十几年过去了，一直简单重复，没有发展。所以今天的中国艺术家需要更多的通过个体的努力，而不是仅仅依附一个集体的概念，宏大叙事更无法支撑个体的艺术创作。

M: 那么作为一个个体，艺术家如何面对其自身的文化共性？比如传统、比如民族性格等。

Z: 从艺术本体上来讲，文化共性或者说文化根基需要事后被追认。世人认可一个艺术家的贡献以后，再去研究他的贡献来自于什么地方，才能逐步发掘艺术家与文化根基是什么关系。如果你事先就先入为主地强调东方性、中国性、京派、海派之类的条条框框，我觉得没有什么意义。这只是用一种既定的思维套路去迎合，这和艺术本体没有

彩墨系列 宣纸水墨 矿物质颜料 170cm×130cm 2021

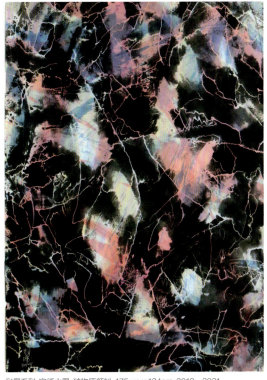

彩墨系列 宣纸水墨 矿物质颜料 175cm×124cm 2019—2021

关系。从艺术本体上来看，艺术家需要意识开放、思维无障碍，才能激活自己创造性的潜能，然后才有机会被普遍接纳认可。那么你的教养、文化基因等所有背后的一切才有意义。

M: 所以中国艺术在很长一段时间只是在制造一种奇观，但是和艺术本体没有多大关系。

Z: 在过去几十年，非西方艺术很长时间就是一种"异国情调"，它符合西方人对"他者"的期待。艺术家获知了这种期待，那么就去做一些东西去应景。这个时期的中国当代艺术缺乏自我"主体的自觉"，缺乏对自我价值的认同，自我意识一直处在一个不确定的状态，那么自然而然就变成了一个短暂的时髦性的东西，时过境迁，大部分也就被湮灭了。

M: 所以您通过这种远观和审视之后，选择了水墨作为创作媒介？

Z: 这个我之前多次说过，自己一开始的创作我没有从水墨入手，而是选择了观念摄影和装置，但是比较现实的一个问题是这类创作需要投入太多钱，并且几乎没有收入，这也是当时实际的困境。后来就想是不是也可以选择别的方式去做艺术，扪心自问，自己到底喜欢什么样的艺术，最后的答案就是水墨。因为我从小就喜欢水墨，还是基于个人的兴趣吧。所以说它是一个特别简单的缘由。然后我结合对艺术的认知，包括对美术史的思考和理论训练，重新去看待水墨、理解水墨、探索水墨转换为当代艺术语汇的可能性。当然，也基于我从小就经历的传统书画的训练与古典文化的熏陶。至于说大家一直争议的笔墨的问题，我其实并不在乎。通常认为讲笔墨的就是传统水墨，不讲笔墨的就是现代水墨，两边吵来吵去。在我看来，都是一些不必要的争论。不要太纠结，要做自由的艺术，快乐的艺术。其实这也符合我一直以来的艺术理念，包括我前期的作品《你和我》、"镜人"系列，都是主张要做快乐的艺术。那么到了水墨阶段，我的主张依然没变。

M: 这些年在国外游历让您深入地体认到一些完全有别于国内的生活环境、自然环境以及艺术环境，那么给您带来最深影响的是哪一方面？是自然？生活？还是艺术？

Z: 都有很深的影响，因为它们是一个综合体，是很难分开来说的。如果说对艺术创作上最直接的影响，应该是来自艺术环境，比如大量的现场看展，那种震撼会更直观。把现实生活的感知转化成有效的当代艺术语言，这中间需要很多环节和漫长的过程。但是亲临艺术的现场是关键的环节，亲眼看到那些优秀的艺术作品是触目惊心的，是扑面而来的。比如极简艺术家理查德·塞拉，当他那些巨型钢板就立在你的面前时，那种震撼是你看画册和视频远远达不到的。这种视觉与精神的震撼既来自它的形式，也来自它的材料。那么我就想水墨怎么样才能达到这种类似的效果。

M: 它其实是一种工业理性，水墨似乎很少有这个方向的尝试。

Z: 对，远的我们不说，就说这 50 年我们目力所及的水墨创作很少有这种震撼人心的作品。它更多的是追求一种虚无缥缈的东西。当然，这是我们传统文化中比较高妙的境界，但是处在现代文明社会就不一样了，因为这是一个共享的社会，一个信息的社会，一个工业化的社会，一个追求理性的社会。那么处在这样的时代情景之下水墨艺术绝对应该做出新的回应。

M: 这些思考大概是什么时间产生的？

Z: 其实从在美国上学的时候就开始关注极简主义艺术，后来我的艺术创作也受到了极简艺术的影响。所以我从"光与线"中找到了空间，找到了秩序和结构。大概到了 2019 年前后，我开始思考怎么在作品中增强它的震撼力，开始追求一种更饱满，更具力度的效果。

其实这些年我们也看到了一些水墨作品试图从体量上达到一种视觉上的震撼力，但是我还是坚持从绘画本身入手，逐步深入地挖掘下去，努力地按自己的逻辑去寻找自己喜欢的一种艺术表达。我始终觉得艺术的质量与体量没有直接的必然的关系，它更多的时候取决于艺术家对当代艺术认知的深度和广度。

M: 一般认为极简主义是现代主义的最终形式，然后艺术就进入了所谓的当代艺术，那您怎么界定您的艺术？是属于现代艺术，还是当代艺术？

Z: 我觉得仅仅用线性的方式去理解和认知艺术，显得有些单一了。不是说波普艺术、行为艺术、观念艺术盛行于极简艺术之后，那么就属于当代艺术。很多艺术都是同步发生和相互影响的。当代艺术的维度应该更宽泛，而不是只从时间和语言形式上来判断。比如说电脑出现以后，大家用电脑来创作，媒介很当代，但是学生还用电脑来画插图呢，所以说它只是一个当代的工具。当代艺术和工具没有直接关系，重要的是要具有当代意识。至于我个人的创作，我是反其道而行之，选择传统的媒介，但我表达的感觉是当代的，创作意识是当代的。至于它是不是当代艺术，应该由他人和后人去评说。

M: 对，什么是当代艺术，我们在今天依然无法认定，但什么不是当代艺术，对于一个有深厚美术史知识和理论背景的艺术从业者来说，其实应该是有一个相对明确的认知的。所以您在创作的时候，避开了那些过去式的艺术，以及那些伪当代艺术，那些假象。

Z: 艺术的发展当然有一个谱系，那些已经发生的艺术可以作为我们今天正在发生的艺术的滋养，因为没有什么是凭空出现的，当代艺术也必然是要有来由的，有历史的支撑。今天的艺术家需要不断吸收各方面的滋养，然后融会贯通。所以说艺术也是一种交织，一种融合。

M: 艺术史作为一个谱系可以让今天的艺术家作为滋养，也作为参照，可以规避重复和雷同，那么面对自己个体的创作脉络，是否也要规避一个自我重复的问题？

Z: 其实我觉得也没有必要去刻意规避，因为求新求异是人的本性，只要你不是刻意去复制自己，那么在好奇心的驱使下你也会不断地去寻求一些新的东西。就像爬山一样，你爬到一个山顶之后，这山望着那山高，接下来肯定是要去爬新的山，因为你要不断满足你的好奇心。

M: 您提到好奇心，这个好奇心是作为一个发生的缘由，一个初始的动力，那么最终满足它的是那个过程还是结果？

Z: 是过程也是结果。因为在过程中一定会有很多新发现，而最后的结果，一定是要符合我对画面的判断和标准的，是我满意的结果。

M: 这个判断标准是明确的吗？

Z: 一定是明确的。因为好的艺术作品一定是明确的、清晰的、洗练的、干净的。

玉骨冰肌 宣纸水墨 130cm×76cm 2022—2023

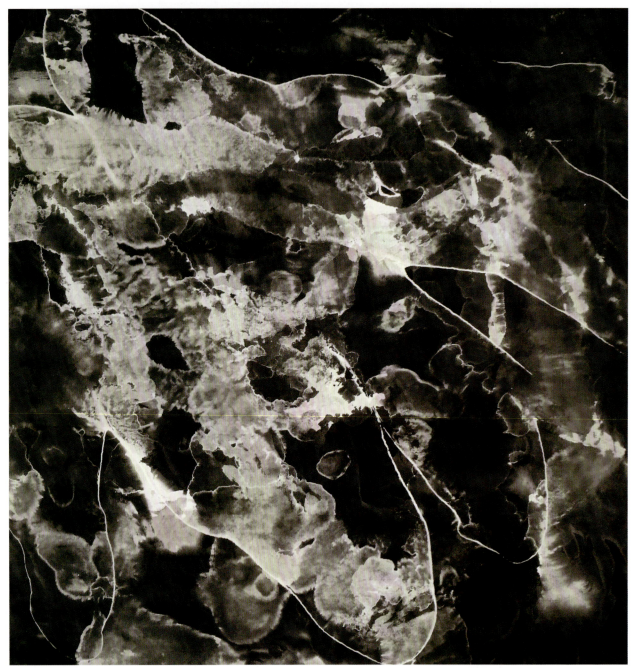

融化 宣纸水墨 66cm×65cm 2021

现、当代水墨画应该葆有笔墨，但传统笔墨审美要转换成当代笔墨形式和语言。水墨是否可以发扬光大，就是看笔墨能否转型为现当代艺术表达。笔墨当随时代，笔墨也应该超越时代。

—— 张朝晖

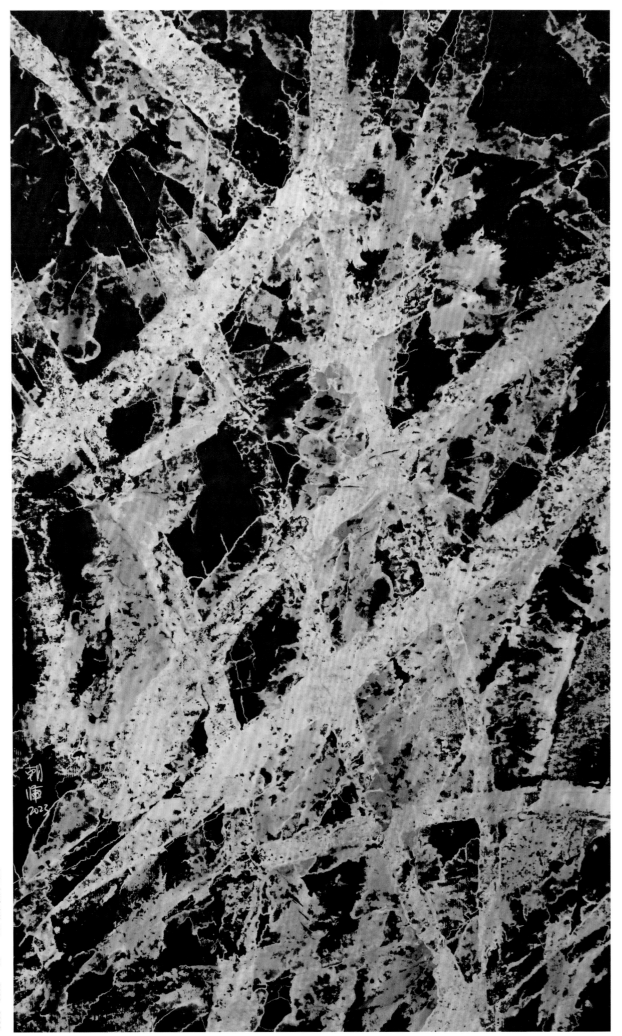

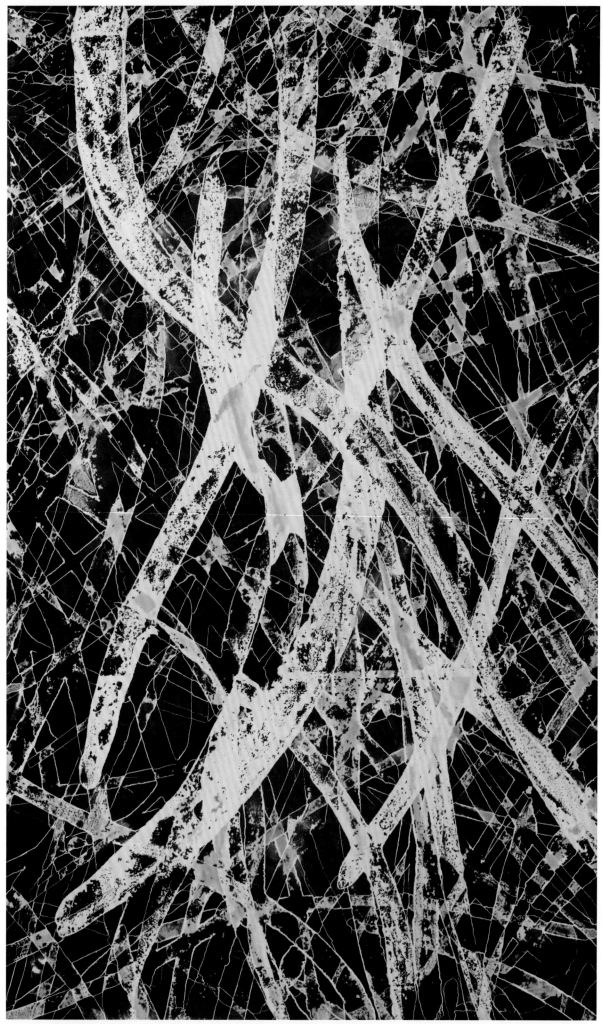

上升 宣纸水墨 230cm×145cm 2021—2023

黑与白 宣纸水墨 97cm×179cm 2021

我的艺术是关于快乐的，也来源于快乐，而这个快乐来自于身心的自由和精神的解放。总有人问我，我画的是什么？
我不画现实中的可以识别的东西，因为古人已经画了几千年，相机显微镜可以告诉更逼真的东西。我画的可能是存
在了很久的东西，只是以前没有被发现；我画的也许是以前根本不存在的画面，只是通过几十年的感受和思维在脑
海中沉淀的东西；至少目前没有人能告诉你我画的是什么，因为是什么是关于知识的问题，而艺术在诞生的时候，
她与知识没有关系。所以，更明确地说，我画的什么都不是，我画画的历程也许会告诉你我画的是什么，但这个历
程一直在进行的状态，我也一直对此保持好奇。因此从另一个角度看，你能对我的画保持好奇并提问，我就特别开心！
这份好奇心才是珍贵的，尤其是对世界，对艺术，对人生一直抱有好奇心和探索欲，让生命的历程更踏实和富有。

———— 张朝晖

2022

年度艺术家档案

观念的回响

隋建国 SUI JIANGUO

1956 年生于山东省青岛市。1984 年毕业于山东艺术学院美术系，获得学士学位；1989 年毕业于中央美术学院雕塑系，获得硕士学位。现居住和工作在北京，为中央美术学院资深教授。

图片 / 由艺术家提供 编辑 / 徐小禾

云中花园·40 个瞬间（局部）青岛西海美术馆现场 2021

云中花园·40 个瞬间（局部）青岛西海美术馆现场 2021

空：雕塑的一种可能
——隋建国的《云中花园·四十个瞬间》

文－谢波

Nothing is as patient as paper	没有什么比一张躺着等待
Like a sheet can lie waiting	写下思想的薄页一般的
For thoughts written down	纸张更有耐心
Emptiness begging for making sense	虚空乞求意义
Sentences, words, letters	长句，词汇，字母
There is something else that can keep	以及其他可以牢牢
Fingers, eyes hooked	勾住手指和目光的事物
I put my hand down, skin onto paper	我放下双手，用皮肤摩挲纸页
I feel quietness	我感到了平静
Let's just keep it	让我们保持它吧
Like this, this calm	这般的，这般的平静
A deep slumber, free from language	深深的沉睡，挣脱语言的桎梏
No expression today	今日 没有表达
No layout	没有谋篇
No comma	没有逗号
Semicolon	分号
No full stop	没有句号

——原诗摄于挪威奥斯陆国家博物馆 笔者翻译

云中花园·40 个瞬间（局部）青岛西海美术馆现场 2021

不同于二维形态的绘画、不可见的音乐以及线性展开的诗歌，雕塑以三维艺术形式强悍地证明和呈现了自身的实在性。雕塑被以某种创造性的方式创作出来，实实在在地和我们于时空中共存，无论属于何种风格，雕塑都是一种可观、可感、可触的实在。但是，隋建国于 2021 年 8 月在广州举办的雕塑展却被命名为："写空"。那么，这是什么样的空？以强悍方式存在着的雕塑要如何实现或者表达这种"空"？

这篇文章中的我，是普通的观众，也是思考者；是设问者，也是诠释者——以实现一种可能性，对于这样一种"实在的空"进行观看、思考、理解以及诠释的可能。因此，文中的视角是多元的、移动的，同时也是交织且多层次的。

一、存于时空，以痕迹的方式

凡是看过展览的观众，穿梭于展厅中姿态各异又难以描述的种种作品之后，一趟相遇之旅临近尾声时，必然会被最后一件叫作《云中花园·四十个瞬间》的巨大 3D 打印物的组装作品吸引。当然，作为观众的我们被吸引的原因或许不尽相同，但其中一个重要原因则是困惑——引起困惑、唤醒思考的作品，无疑会是一次值得期待的惊喜的相遇。常识中的花园当然是草木如碧、鲜花似霞的地方，我们中的大多数人都会困惑于被呈现在"云中"的"花园"竟是如此姿态。

云中花园·40 个瞬间（仰视视角）

云中花园·40 个瞬间（俯视视角）

毫无疑问，我们邂逅的是一座超越常识经验的"花园"：离地约 1.5 米高，以悬置或降临的姿态出现，似在云中。白日的光线之下，作品呈现出深浅不一的灰色，而 3D 打印材料更使得整件作品微泛着带有金属质感的光泽。它由钢支架固定撑起，是以一种松散甚至是随意的方式完成的拼接物，拼接的痕迹完全裸露、清晰可见，每一块组装件都呈现一种难以描述或定义的"形"，其上布满清晰、巨大且形态杂乱的信息——被放大的艺术家的双手于黏土之上留下的痕迹。"花园"悬置，现于云中，它体积庞大且杂乱无序，颜色灰暗绝非灿烂，有一种泛着微光的令人充满困惑的疏离感。它是如此地出乎意料，因此充满诱惑。它们存在却又超越经验和常识，挑战了观众的先验及理性。

艺术品的呈现和我们的观看，是一场邀约的游戏。有趣的是，目光投注其上时，才是对于这场邀约的正式接受，接受和完成邀约的主角并非我们的肉身，而是栖居其内的想象力。作品以其外在的材料、形象、造型等一切手段，邀请想象力进入其内，完成隐含在暗处的某种意义或价值的建构，《云中花园》亦不例外。雕塑作品的观众，或许都已接受一个普遍的前设，那就是雕塑早已经不必是某种形象（Image），它更应该是实在的物体（Object）。眼前超越常识和经验的"花园"无疑是实在的物体，但确实又没有给观众任何的线索甚至是暗示来引导想象力去勾画花园的形象。展览所有的信息都在宣告：这个借助现代技术手段实现的名为"花园"的实在，指向了"空"——此处，姑且认为它是一个概念。《云中花园》以自身的存在改变了我们观看和理解的方式：面对着一个悬空而置，基于艺术家的手迹利用现代数码技术打印完成，尺寸巨大的组装作品，我们要接受和理解的某种设定，叫作"空"。在那些无法定义的形块之上的艺术家双手的痕迹，是我们能观看到的所有：存于时空，以痕迹的方式。面对这样的邀约，作为观者的我们的目光有些无所适从——目光所及无法完成意义的建构，无论是分析的或是叙事的。问题在于，这样巨大的实在和抽象隐没的空之间的张力要如何消解，才能达致和谐，最终完成以实写空？

二、撤回目光，把世界还给双手

作为中国文化传统中成长的观者，对于空的概念及其表达并不陌生。最广为人知的当然是王维的诗，以及据信是由他肇始的文人山水——"空山不见人，但闻人语响。返景入深林，复照青苔上。"《鹿柴》应是王维写禅空最为著名的一首，寥寥数语却让人欲罢不能，久久徘徊于他构建起的空境中：明明是空无一物，静如深潭，人语只是隐约而来，好似水面泛起的涟漪，似有若无。虚空的山谷中，唯有婆娑的光影荡漾在想象中，进而荡漾在眼前。我们的内心却被搅动起意念无数，总想往那个澄澈却又生机勃勃的虚空里再进得深一些。山水画亦似乎秉承了一样的方法，用笔墨而非文字虚无了内在的空间，任观者以想象添注或浮游于其中，以另一种形态完成了空的表达和邀请。中国的哲学以及佛教中，都对于空或者无的概念有诸多诉说。我甚至觉得凡此种种空，均是一种诱惑：意境的空和欲念的满形成的张力令人沉迷不已。

不仅诗画，一直以实在之物示人的雕塑，同样有对于空的迷恋和努力。比如，安尼施·卡普尔（Anish Kapoor）于 1989 年完成的作品《亚当》，他在一块高 2 米的岩石中间开出了一个长方形的黑洞——在有限的 2 米高的岩石中呈现了一个

幽暗的深渊。凭借此法，艺术家于有限的坚实中实现了以幽深表达的无限和虚空。

类似的表达，中国的道教早已完成：在庞大的山体中，隐匿着通往仙境的洞口。由此进入的仙境名曰：洞天——它是超越经验的虚无，却又是信仰者坚信的超越性所在。同样是在经验的有限中，以幽深和虚无完成了超越性的空的构建和表达。而贾科梅蒂（Alberto Giacometti）基于身体和空间的张力，利用距离造就了二者的疏离：空间的无限以及人体的脆弱，共同营造出一种空无的错觉，指向的却是人类宿命般的孤独感。但是，无论是宗教中借助实和虚、有和无之间的张力造就的近乎于虚的空，还是以牺牲内部空间依靠黑暗造成的幽深感，或是以留白的方式建构起的空，以及利用距离造就身体和空间的张力，继而产生空无感的方式，似乎都不适用于《云中花园》。

我们接受到的全部信息就是——手及其留于泥土上的痕迹。并且，我们还被告知，这些痕迹是艺术家在遮住双眼之后盲捏留下的。直立行走解放的不仅是人类的双手，还有我们的目光：从此，可以环顾四周、仰望星空，构建对于世界的认知——基于被解放的目光。但是这一次，艺术家放弃了目光，将一切交还给了双手和泥土。贾科梅蒂曾有作品叫作《手捧空虚》，隋建国却要以双手完成空物的制造：完全是存在的两极的空和物，因为双手而融为一体。空虚不再是以某种抽象的依靠想象建构的姿态暂时停留在双手之中，物的实存只是一个短暂的停驻，存在的终点却是没有意义生成的空。视觉让我们得见事物的皮肤，却无法抓住事物的深度。当表层的皮肤铺陈在目光所及之处，深度则以一种逃逸的方式展现，其实就是缺席。而触觉——正是我们的双手——却可以借助力量，以一种侵入甚至是穿透的方式，触摸和感知事物的内部。在得知艺术家的这一创作方式之后，我也尝试闭上双眼，暂时搁置以目光建构认知的依赖，将身心完全置于双手之中，手到即意味着心到、眼到。感受其间并非空无一物，是一团引导手指运作的潮湿、柔软又充满力量的泥。只有泥，它和双手融为一体，身体及栖居其间的想象力、理性、情感，乃至那个一度强大且永不满足的贪婪的自我，全都消失不见。从指间流淌出的几乎就要是某种形象了。但是，没有形象。生成的过程戛然而止：空无一物（Object），只有痕迹（Trace），以及制造痕迹的四十个短暂瞬间（Instant）。

三、破碎的空间，以及可延展的时间

当然，这些遮蔽双眼且完全依靠双手和泥土之间本能的交流而留下的痕迹，不是我们最终所见的作品。这些痕迹中的四十块被选中，经由数码技术的再次放大、延展，共同组合构成了叫作《云中花园·四十个瞬间》的雕塑作品。关于雕塑究竟是表现空间还是时间，已经是一个陈旧的话题。雕塑以静止的姿态，同时构成了空间也记载了时间——这是共识，当然也一直受到艺术家及其作品的挑战，《云中花园》亦在此中。对于雕塑作品的观看，我们仍然不得不借助时空的概念，以此来理解和诠释它们如何被构成、被表达，或者被挑衅、被破坏——人类对于意义生成的执着甚至迷恋，是一种无法遏制的本能。

展览前的一次访谈中，有观众询问隋建国：那些布满痕迹的形块是以什么标准在数量众多的作品中被选中，进入公众视线的。答案是：没有复杂或者精妙的标准，它们只是基于数量众多作品中的差异性被选中的。换言之，差异性是选

择这些手迹唯一的条件。但究竟又是什么决定了差异性？手的痕迹与痕迹之间的差异性如何分辨？似乎，差异性也被消解了，有的只是偶发的选择和无法解释的决定。它暗示了这些被选中并且最终被拼接在一起的形块，没有任何内部逻辑，它们彼此之间没有试图要形成叙事——无论是彰显的还是隐晦的——的关系，一块和一块之间各不相同、互不相关。没有内部结构也没有隐含预设地试图完成叙事的逻辑，内部的或者隐含的是一无所有。它们被拼接在一起，一个接着另一个，构成了一个占据空间的序列。是的，序列。

作为观看者，我竟然无法选择一个恰当的视角完成对于作品的观看——如果目光开启了观看者建构作品意义的旅途，显然这个生成的过程需要有一个起始点。每一个驻足点都可以视作观看云中花园的起始点，任何角度似乎都是好的（或坏的）。换言之，组成物中的任何一个形块及其上的手迹都可被作为观看的起点。因此，不存在内部结构，同时也没有构成意义的逻辑起点。它迫使我们以根茎的方式看待这件艺术品。对于法国后现代哲学家吉勒－德勒兹来说，根茎是"一个非线性的网络，将任何一点与其他任何一点连接起来，没有一个单一的总体主题"。并且我相信，这个构成物并不一定稳定，正相反，它以一种无序且松散的方式构成，有着无限变化的可能性。下一次，如若我们得以在别处和云中花园重逢，它极有可能处于另一种姿态。云中花园，其内部的结构或蕴藏的含义，被不同于以往任何的雕塑作品用以完成挑衅或者破坏的方式消解了。因此，隋建国对黏土单元的根状排列，似乎传达了一种非线性的，因此也是非时间性的空间物质性概念。一切皆在表面。

那么，表面是什么？似物的造型都被消解了，仅存以痕迹的方式被凝固的瞬间，除此之外再无他物。并且这些本来短暂的似乎是时间最小单元的瞬间，借助3D技术被尽可能地延展、放大和呈现。时间，本是仅属于人类的一种用以定义和记录变化的工具。概念上的时间应是连续的、流淌的、一去不返的，被人类用以定义和记录变化的时间的这些特征则是一成不变的——普遍性的经验对于时间的描述大抵如此。当然，我们已经看过太多的对于时间的挑衅或破坏，最为卓著的实践首先来自于艺术和宗教。《云中花园》表面上这些被延展、放大的瞬间，便是挑衅乃至破坏概念性时间的特征的又一次尝试：刻板的一成不变的时间被以彻底摒弃身体及栖居其内的自我，仅靠手和泥土的相遇的方式定格，并且被轻易地实现了延展、放大。无处不在的令人焦虑的时间被凝聚在痕迹中——是的，痕迹而非某种结构或空间中——成为可以延展，甚至是把玩的对象。手迹及其上的"时间"成为3D打印的对象时，我们仿佛从时间中抽身而出——于是，随时可变化的没有内部结构的序列叠合被延展、放大，甚至是可被把玩的时间，共同出现在我们眼前时，是如此巨大的实在，但同时又是空无一物的。

至此，我不得不否认文章开篇，在云中花园的旅途初始的预言："作品以其外在的材料、形象、造型等等一切手段，邀请想象力进入其内，完成隐含的在暗处的某种意义或价值的建构，《云中花园》亦不例外"——毫无疑问，它是个例外！时至今日，隋建国的创作目的应非仅在于增加雕塑作品的种类和数量，而是呈现雕塑的一种新的可能：以完全的实存的方式挑衅和否定实存的概念和状态，没有内部结构、没有表面、没有连续性、没有隐含的意义、没有可供选择的视角……作为观者，我们在巨大的实存面前，却一无所有。我们总是对于理解，对于诠释，对于意义等，有一种无法自拔的迷恋，理性无处安放，时时寻找可被解读的目标，可被生成的存在。这一次，隋建国的云中花园挑衅甚至拒绝了这种沉迷，它没有给我们机会去产生新的加上自我烙印的"诠释"：空无一物，悬置云中，万物生

长，却又无迹可寻。这一次，理性无计可施，任由巨大的空在面前展开，却束手无策——它不仅仅是对于某个传统中空的概念或理论的打捞及其表达，它革命性地展现了以强悍的实在性方式存在的雕塑的另一种可能：它的终点不必然是实在，我们其实可以走得再深远一点，抵达带有解脱和自由意味的空，一种实在的空。这种"实在的空"的悖论最初可能会扰乱我们头脑中的理性部分，但它也可以把我们从意义的暴政中解放出来，以享受让－吕克·南希（Jean-Luc Nancy）所说的"存在的自由（freedom of existence）"。无比美妙的是，由实而空的旅途并非彻底分离的两极，在《云中花园》它们实现了相依共存。它是一个融杂着沉思、敬畏、痛苦、喜悦、嘲讽、挑衅以及彻悟的混合，非形非物，以悬置或者说降临的姿态和我们相遇，意义的花园里洒满了种子，仿佛就要听见一个破土而出的拥挤喧嚣的春天，但戛然而止，空无一物。沉睡般的安静，却不死寂。正相反，生机荡漾。

谢波，广州美术学院副教授，北京大学哲学博士，哈佛大学东亚系访问学者，宾夕法尼亚大学东亚研究博士。

云中花园－手迹3# 光敏树脂 3D打印与钢架 700cm×300cm×600cm 2019

手迹·星座1# 光敏树脂 3D打印 30cm×22cm×20cm 2015

云中花园·手迹 3# 光敏树脂 3D 打印与钢架 高 6m 2015-2020

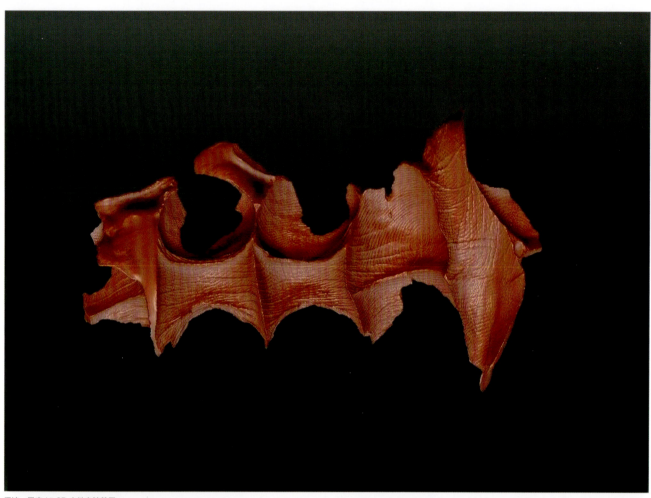

手迹·星座 1# 3D 文件电脑截屏

肉身成道 视频截屏 2013

朱青生论隋建国（采访节选）

对隋建国不是印象深浅的问题，因为我对他很熟悉，我了解他的全部作品和艺术发展历程。他现在的作品正在一步步地往前推进，在他推进的过程中间，我们也一直有交流。他的作品是到了《盲人肖像》（2008年）"瞎捏"的这个过程中间开始进入了状态，他在之前主要是做《时间的形状》（2006年），那时已经开始进入了对同一个根本问题的思考——雕塑到底因为什么存在，时间在其中担负何种作用的问题。

之前隋建国有各种各样的探索，这对于一个艺术家来说都是必要的。当他瞎捏的时候，开始的时候是要捏出一个形体，而这个形体是什么，其实作为作者并不知道结果如何，在无意中获取形态的从无到有。但是他的塑造过程一下子把雕塑作为人的意志的体现变成了对人的意志的否定。这样一来，他的作品就开始越出原有界限了。

越出界限以后，隋建国就把作品做成了一座巨大如塔的构造。这个"塔"纪念的不再是一个已经成立的已有的事物，不再是一个已经成为形象的理念，而是一个未成为形象、无有意义的悬置的可能。但是确是一个纪念塔，塔所纪念的是一种不可限定的自由。新的意义就从这儿开始，后来他就进一步地体会和扩张。

最近的作品其实就是他把一块泥握在自己的手心里。手是人性在各种各样遭遇中的一个最敏感和最充分的体现，手心本身是一个最可"把握"的部分，但是把握本身正是空无，"雕塑"就在充分体现的过程中间还原了虚无，而这个被雕塑体现出来的虚无却是具体的泥团的结构与印痕。如果把这个结构放到公众眼前，把它放大到1000倍，它的所有的自我否定的意义就在人的意识中变现成了一种虚无的展示，变成了一种炫耀的虚无，变成了一种自由状态的展览，这样的展览展示给我们的是一种非展览、非意志和非控制。

这种力量就是我们所说的当我们在破坏和解放的时候，解放并不会因为解放者的成功而成为新的控制的力量，解放的过程也解放了"解放"本身（解放的过程也成了对解放的解放）。因为解放的时候具有一个主体对压迫自我的力量和存在的击破和消解，这个"主体"一旦成功，完成这次解放进程，就很容易立即退化为新的神话，重新接受神性和遵从强权，成为统治的力量，这样的统治力量对于本来的压迫者采取镇压，同时对另外的人来说就是一种压抑者，就是一种宰制者。

我们总是一起谈论博伊斯最大的问题在哪里？这是1986年博伊斯去世后，中国"85美术运动"的概念提出的时候最重要的一个精神自觉的艰难探索。我们意识到，当博伊斯成为一个艺术家后，他从来都扮演着精神领袖的角色，他要发出号召，他是一个巫师，他是一个导师，他是一个教师。他总是告诉别人"人人都是艺术家"，但是当他发出这样的话语规制时，他已经变质了，反抗精神受到他规定的时候，他自己也成了规定一种新精神的教皇、精神上的独裁者。

所以在这样的情况之下，人们在这些艺术家面前丧失了自我真正的价值，因为你已经不是一个人，而是一个观众，当你是观众的时候，你就是这个艺术家的追随者、崇仰者，你只是他创造之鞭驱策下的羊群，随着他的精神驱使而进行着自己的思考和意见，丧失了最为根本的自由——自觉。这是多么危险的事情，这就是人类不平等的最根本的最后一个关头，就是人生来在艺术的感觉和觉悟的能力上是有快慢之分、高低之分、敏捷和迟钝之分，而在这个时候，人类的不平等就会成为人类互相压迫的一个最基本的心理根源。而这个东西怎么来解决，就是这一代中国的艺术家、中国的当代艺术做出的一个世界性的贡献。这一代有不少艺术家和理论家，他们的贡献尚未被总结和充分认识，他们还在行动和创作，这就是我们要来讨论隋建国的原因。

朱青生，北京大学历史学系教授，北京大学人文社会科学研究院学术委员，上海外国语大学世界艺术史研究所所长，上海美术学院当代艺术研究所所长，德国考古学院通讯院士。曾任国际艺术史学会主席（2016—2021）。

时间的形状 油漆 2006 至今

盲人肖像 "公共化的私人痕迹"展览现场 北京 798 卓越空间 2008

隋建国答《漫艺术》问

采访 – 胡少杰

漫艺术 =M: 隋老师，"虚空"在多数时候被看作是一个哲学概念，在哲学家那里"空"具有一种无限性，而在您这里的"虚空"，如您所说，是一种与自己身体相关的"虚空"。与身体相关，那么无限的"空"是否就变成了有限的"空"？如此一来，"空"是否可以看作是一种身体，也就是"我"，存在的证据？

隋建国 =S: "空"是我在追究作为雕塑的"实体"的过程中偶然遇到的。由于人的视觉感官局限，人不能以视觉感受空。所以，中外雕塑自古以来都是将"实体"的材料与形式作为载体。我是在反复用手捏握软泥的过程中，意识到手里的这块泥，正是握着这块泥的、我的手之运动所形成的"手中之空"的证据。

因此，你的问题已经给出了这个问题的答案。这块被捏握而成的泥，它的材料和形式，是我的手正在做捏握运动的证据。这块"实体的泥"，这块泥自身的形状及其表面上所有的褶皱和印痕，表达和证实了我的"手中之空"的存在，我的手也就是我的身体（手是身体最灵敏最特殊的一个器官）的存在，根本上也就是"我"的存在。

进一步探讨，这里的"空"，可以有两个层面上的表述。其一是具体的"手中之空"，它是有限的、特殊的、具体的"空形"。这个空形，是以实体的形式显现在我们的视觉观照之下。尹吉男所谓"以实写空……'空'是隋建国的主题或主体，'实'是隋建国的借体和手法……"，指的就是这个"空"。

第二个层面上，因为我的手是不断重复地运动，不断重复地捏握泥巴和石膏，每一次捏握、每一个运动的瞬间，都会产生一个具体的"手中之空"，不断反复地捏握下去，所产生的"手中之空"是"有限而无穷的"。说它有限是指它的尺度与材料，说它无穷是指每一次捏握所产生的泥巴形状及表面痕迹永远不会重复。

因此，泥块形状所体现的"空"，与手的重复运动所指向的"空"，相互之间产生了一种类似"底"与"图"的关系。

如果说每一次具体捏握所产生的每一个具体的"手中之空"，是具有特殊和唯一性的那个"多"；则不断重复捏握动作的"我的手之运动"，就是这些具体的"多"背后的那个"一"。

在这个层面上，有限的、具体的"空"，背后就是那个无限的、普遍的"空"。因此，它有点接近你所说的那个哲学（具体应是来自佛教）上的概念。

因此，回到你的问题：这两个层面上的"空"——有限的空和无限的空，归根结底可以看作是一种身体，也就是"我"——活着——存在的证明。

再论证下去，我和我的"活着"，是有限的，因为我终有一死。而我是人类的一员，相比"我的活着"，人类可以被看作是无限的。在这一对关系中，我是"图"，人类是"底"。但是，人类的存在，相比宇宙，人类又是"图"，宇宙是"底"。再扩大一层，宇宙虽然已经存在了138亿年，也是终有一死。相比产生宇宙的那个力量，宇宙也可以被看作是"图"，138亿年前就存在的那个事物，肯定在宇宙灭亡后也还会存在，它就是衬托宇宙之"图"的那个"底"。

这样推论下去，从比宇宙"更大更久"的事物 vs 宇宙，这样一对"图底关系"，到宇宙 vs 人类，再到人类 vs 我，再到我的活着的身体 vs 它运动

产生的具体泥块，形成了一系列递归关系。这些"关系对"中作为"底"的那一项，相比那个作为"图"的项，前者都可以被看作是某种"无限"，后者就是"有限"。

现在回到我的作品里，经过上述论证，我们可以认为它所体现的，既是"空（kong，发一声）"，又是"空（kong，发四声，类似'控'）"。前者是"底"，类似哲学上的含义；后者是"图"，类似我们平时说的："空档"和"你有空吗？"的含义。

M: 您在采访中提到这是"一种基于身体运动形成的先天之'虚空'的表达"，这种表达在您用手捏握泥巴的时候已经完成了，而之后的 3D 打印和放大过程中，关于科技本身的意志或者无意志，是否在您的思考范围之内？

S: 泥巴捏握是一种表达，但它过于私密。只有经过 3D 数字放大打印后形成的表达，才能将这一私密性向公共性转化。这一点，在 2008 年我将一团泥放大 20 倍，并命名为《盲人肖像》的时候，就已经被策展人刘鼎阐明。他将那次展览定名为"公共化的私人痕迹"。

作为数字复制技术的科技，在我看来仅仅是对于咱们在前边所讨论的"身体——也就是'我'——存在的证明"的真实性的保证。3D 数字放大是矢量放大，它可以保证一块被捏握过的泥巴所证实的那个"手中之空"——曾经存在而又转瞬即逝的空间形状——在被放大进而成为公共交流空间的同时，不丧失这个"手中之空"作为一个具体空间的任何细节。在我 2008 年以来的艺术实践中，3D 数字科技作为技术的客观精确性是我所依赖的。在这个意义上，科技本身的意志——客观性，正是我的——雕塑的——意志。这个客观性是作品观者的视知觉能够被激活的基本保证。

M: 作品被放大后，置于不同的空间之中，这个时候的作品和您之间是一种什么关系？

S: 说实话，当我的手在进行捏握行为时，我的视觉并不能触及这一捏握所形成的空间。我只是在"前意识"的意义上知觉我的捏握行为。只有我的某一"手中之空"被放大打印出来，我才能真切感受并理解我的手作为我的身体器官当时的触觉。也就是说，当我看到放大打印的作品时，我的视觉才开始"重读"当时我手的感官触觉。换句话说，这时，我的视觉就"复现"了当时捏握瞬间的触觉。

当放大的作品被置入具体的展示空间，这个空间包围着作品，就如同我的手包围着被捏握的泥巴。这时，环绕着作品的我的视觉，就如同在当时捏握的瞬间包围着被捏泥巴的我的手；面对作品，我的视觉就是我的身体（手）的具身化；包含着作品所在空间的场域本身就是我的身体（手）的空间化。我的身体（我的手）由于被放大了的作品（"手中之空"）而成为透明化的在场，放大的作品通过将我的身体透明化，激活了作品与我的身体同时所在的这个空间场域。

简单说就是，我的视觉感官与放大的作品相遇，在重读（复现）作品的同时，我的身体（手）也因透明化而以虚空形式在场，与作品和展场空间共同组织成为一个被激活的感官场域。每一位观众面对作品时，都会经历这一身体透明化过程，参与这一感官场域的激活。

M: 隋老师，您近些年的创作多数是以语言为艺术本体，来不断延伸和扩展。在您看来，艺术和时代语境之间应该是一种什么样的关系？艺术作为一种语言，它的本体价值是否可以独立于时代现实而存在？

S: 自 2008 年我完成《盲人肖像》以来，特别是从 2017—2019 年开始，我从对标罗丹泥塑的触觉，变为对标贾科梅蒂的"虚空"，我意识到自己实际上是面对了一次雕塑领域的断裂。为了认识和理解这一断裂，我放弃了作品所有叙事的可能。

实际上，从情感线索寻找这一断裂的渊源，它是基于我自身经验中一贯的对于逝去生命的焦虑，对时间流动不居、空间转瞬即逝的感慨。

M:我们近几年所面临的一种持续的且具有极端复杂性的现实考验，隔绝、限制、混乱的生存现实，会改变您对艺术价值的判别标准吗？

S: 我的艺术不敢说是否能超越现实，但肯定不是改变现实的工具。今日社会(我亦身在其中)现代性撕裂的悲剧现场是我思考与实践的动力。

M: 您当下是一种什么样的工作状态？近期在创作上以及相关思考中有什么新的推进？

S: 很长时间，或至少五年以来，我所做的努力都是试图理解我在艺术实践中偶遇的上述内容——断裂。它横跨了新旧两个时代。

也就是说，在我们甚至还没能真正理解"机械复制时代"艺术政治化的可能，"数字复制时代"已经压倒性地来临。这个新的时代对几乎所有人都显得是外在的，我们能抓住其中任何一根稻草吗？我们有可能被（或者自我）拯救吗？

盲人肖像系列 高 500cm 2008

陈志光　CHEN ZHIGUANG

图片/由艺术家提供 编辑/雯子

1963 年出生于福建厦门，1988 年毕业于福建师范大学美术系。当今中国重要的艺术家之一。中国雕塑学会常务理事，中国美术家协会会员，美国国务院国际领导者访问项目会员，福建师范大学当代艺术研究所所长、教授。

兔年系列 1 铜着色 35cm×50cm×120cm 2023

兔年系列 2 玻璃钢烤漆 95cm×70cm×225cm 2022

陈志光：在一切都不确定的时候，开始审视自己

漫艺术 =M: 陈老师，现在疫情似乎已经过去了，回过头来看这三年，您觉得对您有所改变吗？

C: 会有一些改变，因为一些工作计划被打乱了，有些展览延期了，有的虽然开幕了，但是不能到现场。很多时候只能待在工作室，会有些焦虑，但是更多的是无奈。这几年大家都是这么过来的，这种空间和心理上的双重限制，一定会给人带来一些改变，只是有的明显一些，有的则是潜在的。

M: 您的改变是显性的还是潜在的？主要体现在哪些方面？

C: 更多的是潜在的吧，主要表现在心理层面。因为生活和工作上的一些被动改变会随着疫情的结束慢慢回归相对的正常，但是心理上的影响就很难消除了。

M: 您在自述文字中提到"从外放到内省"，这种转变也体现在您的作品上？

C: 对，因为这几年的经历让我把关注点转向了自身的生命状态，开始更多地审视自己，所以做的作品也和自己的关联更密切。像"兔年"系列，因为我属兔，今年是我的本命年，所以这个系列在某种意义上是做给我自己的。

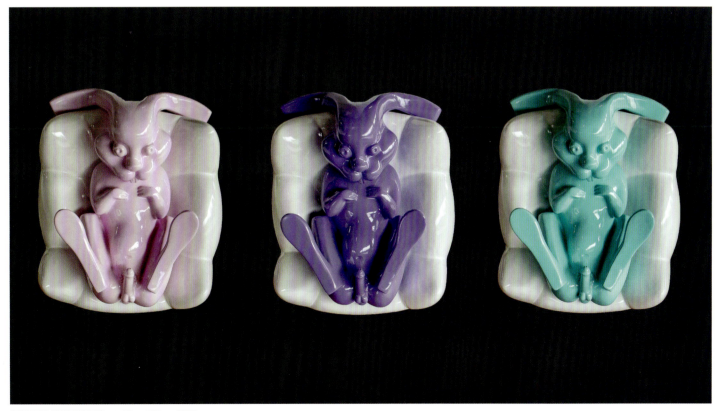

兔年系列 3 玻璃钢烤漆 60cm×55cm×25cm 2022

兔年系列 5 不锈钢 90cm×50cm×130cm 2022

兔年系列 4 石 40cm×30cm×230cm 2022

M: 兔年系列和您之前的作品比较，确实有一种明显的转变。比如说，同样是荒诞，蚂蚁系列是以一种放大呈现和密集呈现带来的陌生感，而兔年系列则更像一次个人的隐喻，是对个人生命更内观的思考，以及自嘲式的表达。

C: 因为本命年是一次轮回，十二年一次嘛，它是结束，也是开始，所以在这个时候就会很自然地开始观照自己的生命状态。再加上在一个特殊的时期，在外部世界一切都不确定的时候，人都会选择审视自己。因为本身到了一定的年龄，身体确实会出现一些新的状况，比如需要吃一些益生菌来帮助排泄，这种很具体、很微妙的生命体验让我开始思考一些和生命本体相关的问题，我用兔子和排泄作为一种隐喻，这其中所要表达的东西，我想懂得自然都懂，不懂得可能以后也会懂。

M: 您在这组作品中除了对个体的生命体验的一种反思和观照之外，您还会寻求作品更广泛的意义吗？

C: 对我个人来讲，我只是想在本命年做一件作品送给自己。至于它是否有更普遍的意义，我也不好评判，如果有更多的人能够看懂它，或者产生新的理解，那也很好嘛，我没意见。

M: 在您近年的作品中，《壁鞋》好像比较特殊，他不在您之前的几个系列的脉络里，创作的手法也不太一样，是什么触发了您创作了这件作品？

C: 如果你细看的话你会发现在作品中间的那个图形，"壁鞋"的"壁"字是少一个"口"的，我偷偷地把它拿掉了。"病从口入，祸从口出"，很多东西不用多说，我都隐藏在作品里了。这件作品时刻提醒我，我们经历过什么，不要那么轻易地就忘记。我们都太容易忘记了。

M: 这种藏得比较深的隐喻好像在您的其他作品中似乎并不多见，您之前更多的是采用比较直观的方式，语言的张力很强烈，您在创作的时候会在语言层面做更多的思考吗？

C: 我不会刻意地去想语言的问题，主要是从感受出发，想到哪里做到哪里。我一直认为实践才是最重要的，在实践的过程中，自然就会找到最合适的语言来表达。

M: 比如像"蚁头"系列，您开始使用现成品，呈现方式也借鉴了绘画语言，这个系列是在什么样的状态下创作的呢？

C: 这个也不算是一种刻意的语言实验，它只是我的一种尝试，因为创作肯定是在不断地尝试，有了一些新的想法，就需要通过不同的手段去实现它。因为我一直在创作架上绘画，所以我想把雕塑和架上绘画做一种结合，然后就借用了经典蚂蚁的形象，以及一些现成品和一些其他材料做成一种绘画雕塑的形式。

M: 绘画在您的创作中扮演一个什么样的角色？

C: 因为雕塑是一种比较复杂的创作方式，从你的一个想法到形成一件作品之间有着比较繁琐的流程和漫长的时间。但是绘画则不然，绘画可以让我暂时忘记很多事情，甚至是忘记自己，进入到一种无我的状态。这种状态和感受可以很及时地在每一笔中呈现出来，这种体验是雕塑给不了的。另外，绘画会让我用非雕塑的方式看待创作，它可以作为我的另一个面貌，和我的雕塑形成一种呼应。

M: 这种忘我的状态，可以理解为在复杂的生存现实中暂时离场，以换取内心的安顿？

C: 对，特别是这几年，面对心理上的焦虑确实需要寻找一种能够安顿自己的方式。但是我也一直处在一种纠结之中，一旦过得太舒服我就会害怕出问题。就像跑步，一直慢跑会让自己陷入到一种没有紧迫感的安逸的状态中，所以需要不时地进行加速跑，来让自己保持一种清醒、理性的状态。

M: 所以您的作品中依然会涉及一些很严肃的议题，虽然用的是一种看似诙谐和调侃的方式？

C: 可能就是喜欢折腾吧，主要是跟着自己的感觉走，也没有想太多。严肃也好轻松也好，都是建立在我的表达需求之上。

M: 您过去的两年在欧洲连续做了几场巡展，作品在这种不同文化语境，不同的空间场域中展出，一定会激发出新的意义，您怎么看作品和场域的关系？大到文化场域，小到不同的展示空间，应该都会给作品带来新的可能性。

C: 在欧洲展出的这批作品基本都是我前几年的创作，之前大部分在很多地方也都展出过，所以我就想着在新的空间里能够激发出不同效果。因为同一件作品，转换一下呈现方式，就会提供全新的观看角度，产生新的理解。疫情的原因我也没办法去现场展览，所以我就让美术馆的馆长完全以他的方式进行布展，因为本身作品就是要面对他们的文化语境，这样一来就可以使作品得到更多的诠释，释放出新的价值。我觉得不同的空间一定会给艺术作品带来新的可能性，这是必然的，特别是雕塑。因为雕塑和空间是分不开的，没有空间，雕塑是不成立的。

M: 我看到在巡展的作品中除了"蚂蚁"系列、"树非木"系列之外，还有"拴马桩"系列。"蚂蚁"系列和"树非木"系列言说的是更普遍、更本体的问题，像"迁徙""生命"这些议题无论欧洲人还是中国人都会产生和自己相关的理解和共情，但是"拴马桩"对于他们来说应该是完全陌生的东西？

C: 欧洲人应该对方尖碑都很熟悉，古希腊、古罗马都有很多遗迹留存。"拴马桩"的形式和方尖碑有类似的地方，但是他们常见的方尖碑上面一般站立的都是神话中的人，或者一些传说中的英雄人物，而拴马桩上面则是一些民间的动物形象，比如猴子或者狮子，虽然都是立柱式的，但是这种反差很有意思。

兔年系列 6 不锈钢 兔标本 120cm×120cm×180cm 2023

兔年系列 6（局部）

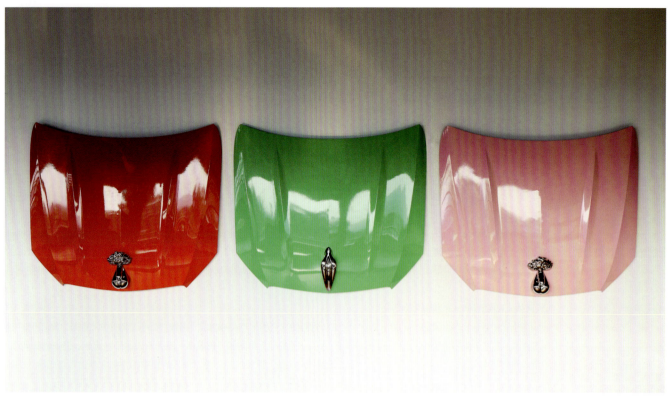

行色 引擎盖 不锈钢 165cm×135cm×25cm 2021

行色（局部）

行色（局部）

"拴马桩"它在中国古代也是一种权力的象征，当它们被放置在一个欧洲的当代空间里，面对那些看惯了方尖碑的欧洲观众的目光，我觉得应该会有一些不一样的东西产生。

M: 在展览期间您收到过一些观众的反馈吗？

C: 反馈更多的还是"蚂蚁"系列，之前馆长和我说，一些观众在作品前哭了，他们可能是来自乌克兰或者黎巴嫩，他们在作品中看到了自己的影子。

M："蚂蚁"系列的创作还会延续吗？

C: 没再延续了。只是一些公共项目或者藏家的定制，因为模具还在，做起来比较简单。

M: 为什么不再延续了？毕竟这是您被广泛认知的符号，放弃了会不会很可惜？

C: 因为老是做同一个东西，自己也会疲惫，我作为一个艺术家，肯定要尊重自己的表达需求，不能被某一种面貌或者符号绑架。

M: 您这种不断更新的思考和表达需求，会以更新的方式呈现出来吗？比如像今天的科技手段、新的媒介，因为雕塑的边界在今天越来越模糊，外延被不断拓宽，您会选择这方面的尝试吗？

C: 应该不会。因为一代人有一代人需要面对的问题以及适合的表达方式。比如像互联网、人工智能，对于我们这一代人来说，还是不熟悉的，如果非要硬跟潮流，我觉得会有点蠢。

M: 那您认为这些新手段的运用和更新，是一种艺术进步的表现吗？

C: 它当然有正向的作用，比如如果不是相机的发明，就不会有印象派、立体派这些绘画上的革新。但是今天的艺术是一种多元化的存在，技术和工具可能会拓展艺术的外延，但是是否代表着艺术进步，我觉得还不好下结论。

蚁头 1 综合材料 200cm×150cm 2023

蚁头 2 综合材料 200cm×150cm 2023

壁鞋 不锈钢烤漆 700cm×280cm×80cm 2022

自述

文—陈志光

最新的几个系列作品均创作于 2021-2023 年间，这也是疫情最为严重的三年。在疫情期间，人的生活和工作模式发生了巨大转变，我也不例外，从外放到内省。我把更多时间花在了自我审视上，审视自己的生存状态，思考生命的意义与价值。在《兔年系列》作品中，我将自己比作一只兔子（我属兔），在看似日常的吃喝拉撒中展现微妙的荒诞。这一系列作品中，排泄是最为重要的主题，随着年龄的增长，总有"做法"跟不上"想法"的感觉，仿佛灵魂被肉体和有限的生命所困，我渴望通过"排泄"来使灵魂与肉体解脱，这是我对于排泄的个人理解。同时，作品也影射当下中国人的某种心理状态，其中夹杂着些许消沉的情绪，这也是疫情给人内心带来的冲击所致。但是，我又希望这种消沉可以被打破，因此在作品《壁鞋》中，我以"辟邪"为谐音，用略带诙谐的方式，希望给人们带来一丝欢乐与希望。这两个系列作品表达了我对于自我与他人救赎的愿望。《行色》与《蚁头》系列延续了我以往的思考与感悟，前者讨论的是关于性、名利场的话题，后者是希望借用经典的蚂蚁形象，通过现成品、废弃物以及喷漆等材料的运用，将绘画与雕塑的语言相结合，探索新的表达方式。

图片 / 由艺术家提供 编辑 / 麦子

刘旭光　LIU XUGUANG

艺术家，1958 年生于北京，清华大学美术学博士，
北京电影学院教授。

痕迹 2 宣纸、墨、骨胶、蛋清、矿物质颜料、铁锈 210cm×400cm 2021

尽管这是刘旭光不断衍生的卜字符号，其实是他将个人的现实存在抽离于不着边际的纠结，寻求着一种间离的视觉效果，而形成的大小、简繁不同的符号秩序，使画面构成了有序与无序、有形与无形、虚与实，覆盖与交叉的碎片化结构。显示了他的创作超越了"抽象性"之后，穿越了真实与虚构的二元对立，而线、段、面笔触的繁复、衔接痕迹，又使得时间与空间产生了一种混杂、微妙的关系，凸显了一种不确定性作用和无法把握的变动。这种"不确定性"的变动，对于刘旭光来说，不仅是一种形式，还是具体而微的生存经验与内心感受，以及对艺术的执著、偏执态度。画面的疏密与留白，既有致力于抽象表现的具体性，又愈来显得淡泊、无为，充满了禅宗的意味。他是在意念与意境中体悟着东方的情怀，别有一番纯粹、简约的语感和语境。如同磁场中的磁力线一般，盘桓于镜中之境，象外之象。这都是他自我逻辑的一种内心的认知与觉知。那么，刘旭光艺术的价值、意义就不是在对应的真实关系中去寻找，而是在他所规约的"卜"字符号，以及他所限定的空间排序中，寻找、确立他个人对天地万物的立场、态度和视觉语言。

———— 冯博一

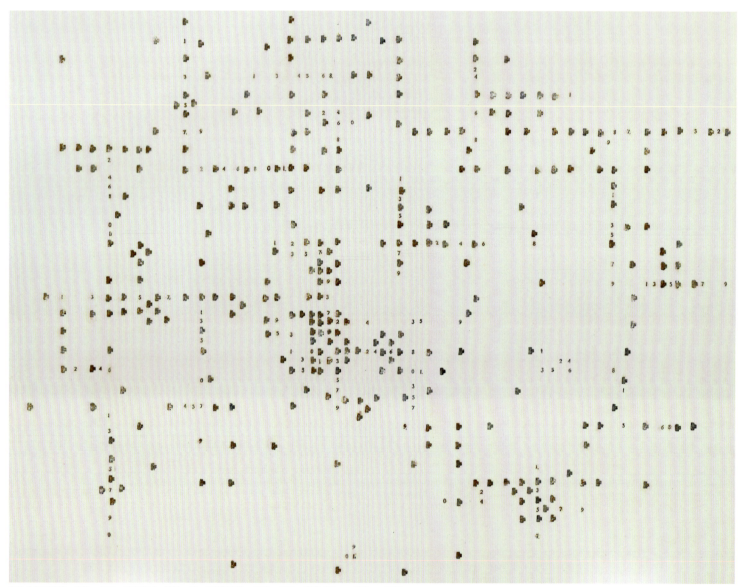

衍场 7 易经演算、方位、空间、数字推演、宣纸、墨、矿物质颜料、铁锈、骨胶、蛋清 198cm×256cm 2020

刘旭光：对峙与对话

采访 – 胡少杰

漫艺术 =M: 刘老师，我看到您的作品很多都是系列的，是延续的，像《天地》《衍场》等，那在相同的命题之下，不同时间的创作，是一种对命题的补充和延展，还是说是一种重新阐释？

刘旭光 =L: 实际上我的作品始终就延续了一个命题，或者说是观念，那就是黑白。有人看世界可能是五彩缤纷的，我正好相反，我看到的世界就是一个黑白的世界，但是黑白的世界里，它会产生丰富多彩的精神色彩。这种观念是我艺术的一个前提，而在这个前提之下我找到了我的基础语言，那就是占卜的"卜"字，这种选择实际上接近一种直觉，看到了就感受到了。

当然后来我也会回忆这些事情，想着这其中终究有缘由，以往我在很多地方也谈过，那就是古老的黄河流域带给我的一种神秘的启示，尽管后来我去了日本，也去了世界上的很多地方，但是黄河流域的古老与神秘、广阔与高远让我的精神有了根性，我在那里对中国古老的哲学有了最质朴的感知，天地之间裸露的大地，也成了我的精神底色。在我们中国的传统文化里，"天地"是一种古老的哲学概念，也是我们东方文明的精神母题，我们的文化、智慧就是从其中生发出来的，然后延续几千年。在我还很年轻的时候，走到那里，直接感受到了那种天地之间的精神启示，就像是跨越了时空，回到几千年前。这种精神体验为我之后的艺术观念和语言的建构起到了至关重要的作用，我开始关注阴阳、关注神秘的东方占卜，去深入地了解古老的中国人如何探知天地之间的奥秘。

这是第一个阶段，到了第二个阶段，我就开始一步步确立自己的观念和语言。我用易经里的一些方法，认知现在的世界，推演出更本质的一些规律。我们通常看世界的方法是用眼睛，但是眼睛看到的往往只是世界的表象。我从 90 年代初就开始了我的艺术探索，从理念上来说，就是想超越这个表象的世界，不依赖经验，不依赖自己的眼睛，以及一些已知的知识和方法，而是通过演算推断出一个未知的神秘世界。

M: 这种古老的中国哲学给您带来的启示和您去日本之后受到的教育是如何共融的？比如日本的"物派"艺术，对您的艺术观念和艺术语言的建构有什么影响吗？

L: 如果从时间上来说，我 90 年代初已经开始做了一些作品，但是我当时还不了解"物派"，虽然我到了日本。1993 年做了"天地"系列，然后我拿着去给我的老师榎仓康二先生看，他是"物派"艺术家，他看了之后还是很有触动的。他说我的作品里有后现代主义的精神特质，而"物派"还是处在现代主义和后现代主义之间的阶段，我的这个"卜"字可以延展出一个新的精神空间，而"物派"只是一种对物质的激发和对存在的探索。当然这不是一种学术的判断，只是私下里聊天谈到的一些个人看法。"物派"的语言方式是东方的，但是它在很大程度上是在说一个西方存在主义的问题。比如李禹焕，他一直在强调一种秩序，这个秩序是物质间的秩序，也是世界的秩序、宇宙的秩序。我去日本之后很快就接触到"物派"，其实我不断地深入了解"物派"的过程，也是我和它进行碰撞的过程，我会和它进行对话，但是对话意味着不断提问、质疑、批判。所以说我的作品和"物派"之间可能有这样一层关系。

M: 后来回国后您又提出了"质觉"的概念，那它在您的艺术创作中扮演什么角色？它是方法论？还是说您的艺术创作是为了给"质觉"理论提供佐证？

L: 其实一开始是把它当成方法论，它可以成为我艺术创作的一种思想来源，然后在创作的过程中也不断开发"质觉"概念的可能性。但是真正的建构一个概念，建构一套理论体系是很难的，而且是在完全没有参考的情况下。其实直到现在，我依然不能很明确地定义什么是"质觉"。而对于它的思考我一直没有停过，每个阶段都有收获。但是总的来说，"质觉"就是一种从三维空间进入多维空间的路径，我在《论质觉》中提到了"质点"，

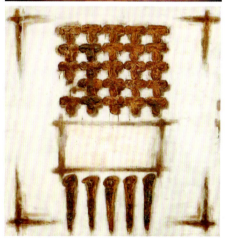

上：天地 宣纸、墨、骨胶、蛋清、矿物质颜料、铁锈
29cm×18cm 1 册（20 页）1993

中：天地 画布、宣纸、墨、丙烯、矿物质颜料、铁锈、
骨胶、蛋清 205cm×200cm 1994

下：大衍 | 矿物质颜料、铁锈、骨胶 200cm×205cm 1996

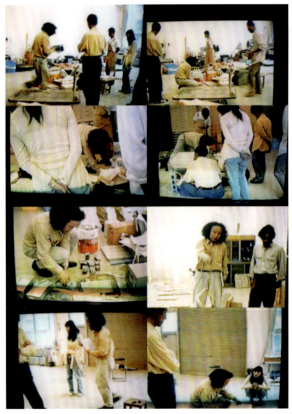

96 接点 I 行为装置、日本东京艺术大学，寿山石、时间，行为过程图片
2020 年制作 展出现场：湖北美术馆

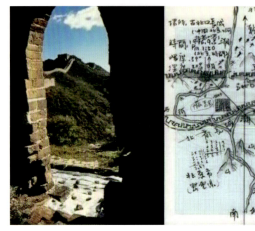

96 接点 I 行为装置、日本东京艺术大学，寿山石、时间，行为过程图片
2020 年制作 展出现场：湖北美术馆

96 接点 III 行为装置、中国古北口长城，石、自然空间、时间、演算图
2020 年制作 展出现场：湖北美术馆

它可以看作是一个桥梁。在三维空间精神和物质是不可能连通的，但是如果进入多维空间，就不一样了，宇宙就有了新的秩序，精神和物质之间就有可能是连通的。当代艺术需要进入多维空间去认知这个世界，老是停留在三维空间的艺术已经滞后了。

M: 您用"质觉"的理论，以及易经的推演方式，建构了一套自己独特的艺术语言，那么您是想用这套语言认知这个世界的本质，然后解释这个世界的本质（像毕达哥拉斯一样，认为数是世界的本原）？还是想用这种方式介入到当下这个世界，解决当下世界的问题？

L: 我觉得艺术不需要刻意地介入当下，因为艺术的发生从来都是基于它的"所在"。这个"所在"不同于西方哲学中的"存在"，"所在"强调的是此时、此刻、此地，是一种时空概念。那么它包含了个体具体的生命状态，以及整个时代的境况，甚至是宇宙在那一瞬间的真实的运行状态。那么艺术就来源于这个"所在"。艺术不是带着某种目的去创造什么，改变什么，艺术是一种自然而然地发现的过程。

M: 那么《易经》这种古老的方式面对当下的"所在"会发现什么呢？

L: 这个"所在"并不是一种线性的时间概念，所以就不存在当下的"所在"这个说法，因为"所在"本身就是当下。《易经》

在元亨利贞的乾卦里面，就是循环往复。而这个循环的中心点就是"所在"。这种循环可以是春夏秋冬的轮转，可以是兴衰荣辱、生死盈缺的变换。如果用基本的原理来表示，就是阴阳。当年孔子注《易经》，推演出 2000 年有一次大的循环。莱布尼茨则从"易"中得到启示而发现了二进制，从而大大加快了世界文明的发展。

M: "卜"字符号一直被您应用在各类作品中，那么在您的架上作品中，您其实使用推演的方式解构了绘画的图像叙事，但是"卜"字，本身就有明确的图像学、符号学意义，换成单纯的数字或者没有指向的笔触，是否也能完成推演的视觉结果的显现？

L: 目前在我的创作里面肯定还是要沿用这个"卜"字。因为我现在所有的观念和方法都是和它有关的，所以不管它是以一种什么样的形式，一直都会出现。无论是装置作品，还是绘画，它就像血液一样，一直在这些作品里流动。如果把它换掉，就等于是把血液换掉，那么就不再是我的艺术了。其实我们人的生命时间并不长，多着说 100 年，100 年在整个时间长河里就是一瞬间。所以我们作为个体，相对于我们探讨的时间和空间的问题，相对于宇宙，就是一个小泡沫。我们作为艺术家用尽全力把这个泡沫用自己的方法建构起来，哪怕别人不理解，或者别人会有不同的看法，都不重要，虽然相对于个人是用了一生的时间来做这件事，但是相对于那个宏观的刘旭光的作品中使用了从黄河流域的大地采集的土。刘旭光的作品有物质的重量。物质确实存在于他的作品。自然中土生土长的铁锈不透明的茶色，在他的作品中成为了核心。没错，宇宙就是物质。宇宙由庞大的质量物质构成。《易经》将我们引向宇宙天意的深处，而我们眼前的宇宙则是物质本身，"眼前"的这个意思是宇宙的真实存在于此，我们脚下的地球。换句话说，这个地球只是宇宙的一部分，因此，地球即大地是重要的存在。"天"这一形而上的概念和大地这一物质世界中，人类在与"天地"两者的关系中生存着；是靠这两者的存在而生存。

———— 清水敏男

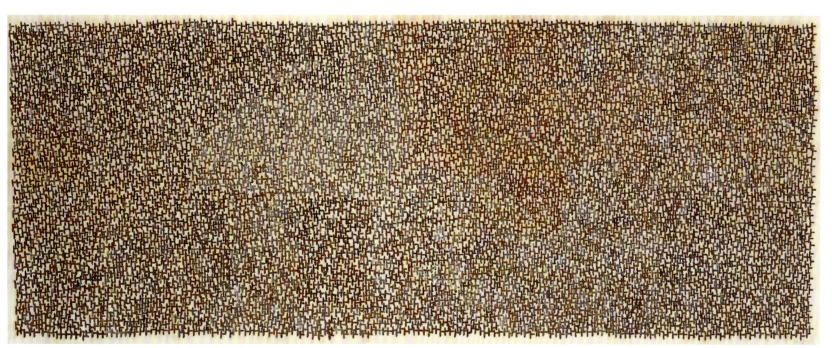

痕迹 2008-3 绘画 宣纸、墨、骨胶、蛋清、矿物质颜料、铁锈 144cm×360cm 2008

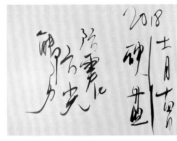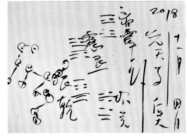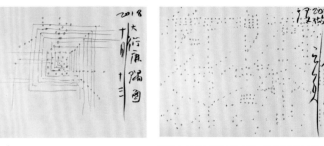

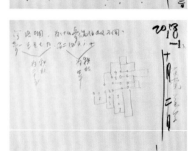

艺术家创作手稿

时间、空间，也就是一个泡沫而已，一瞬间就会破灭。

另外周易推演的方法只是我造型语言转换的方法，而不是说推演出一个精确的客观结果，然后直接拿来就用，我会和它碰撞、对话、转换。艺术不是要提供一个真相、规律，而是要提供新的可能，提供认知世界、认识宇宙的新的方式。

M: 对于您的绘画作品，它最终呈现出来的视觉结果是抽象的，那么如果从抽象的层面进入，您觉得有问题吗？

L: 我觉得也没问题。对于观众来说，怎么进入那是他的自由，虽然我有我的观念，但是绘画是视觉的，如何观看都没有问题，当代艺术需要给观众留有观看的空间。

M: 像《痕迹》《衍场》这一类的绘画作品，虽然都是一种抽象的视觉结果，但是它们各自的生成原理是不一样的？

L:《痕迹》实际上就是在说我们生命里的一个记忆，一个痕迹就是一个点。痕迹是由时间带来，可以是长的时间，也可以是一瞬间。比如说风化的痕迹，就是长时间形成的，而一瞬间的光影，也会在这个世界上留下痕迹，虽然很难被捕捉到。痕迹是会消失的，哪怕它存在了一万年，但是它终究是会消失的。痕迹就是存在的证据，是时间的证据。

《衍场》则是捕捉变化过程中的瞬间停留，而这个瞬间，依然是在变化的。所以《衍场》强调的是变化，是无限的衍生，是瞬间与永恒的关系。

M: 您的新作"对话系列"的对象包括了伏尔泰、福柯、丹托、本雅明等西方思想史上不同时期的重要人物。为什么会创作这个系列？

L: 这批作品大部分是在疫情期间创作的，当时时间比较充足，就读了一些哲学类的书，这个读书的过程，其实也是一种对话的过程，这种对话其实是一种碰撞或者对峙。我和那些哲学家们站在不同的文化立场上进行对话，或许能够激发出一些新的东西。一开始画的都是一些小画，后来开始画大的，无论是小画还是大画，看似平静的画面之下其实都暗藏着激烈的思想交锋。

从语言上来说没有那么激烈，看着都是一些平平淡淡的点儿，其实这些点儿有一部分是我的生日的数字生成的，还有一部分是哲学家的生日数字生成的，或者是他的一个最重要的日期。

M: 这些哲学家思考的一些终极问题，也是您在艺术创作中一直追寻的吗？

L: 我一直对这些问题感兴趣，虽然我不是哲学家，但是我们从哪里来，到哪里去，这些终极问题是我们必须思考的，只是用不同的方式。

M: 如果他们还在世，您觉着他们能够看懂您的作品吗？

L: 看懂看不懂都无所谓，主要是要碰撞。宇宙中很多东西都在碰撞，只有碰撞才会有新的可能，新秩序也是在碰撞中产生的。

天地 绘画 宣纸、墨、骨胶、丙烯、蛋清、矿物质颜料、铁锈 380cm×240cm 2023

对话阿瑟·C.丹托 绘画 宣纸、墨、骨胶、蛋清、矿物质颜料、铁锈 300cm×260cm 2023

宁波大学尚林美术馆个展布展现场　　　　　刘旭光实验影像拍摄现场　　　　　刘旭光在非洲

维层空间

文—刘旭光

　　人的大脑本是一个多维度的空间，但是由于我们驻步于世间，日常中总是面临艰辛和困惑，这就是我们熟知的世界。唯物和唯心、自力和他力在我们的心相中觉醒，不由意志所驱使的三度空间，成为我们生命所依赖的地方。

　　生活在这个世界，你会进入怪异的循环体系，精神上更会痛苦，体力上也会劳累，所以我们越依赖现实，就会走向想获得的事物反面，而且总会脱离真实变得更畸形。

　　在创作状态，一旦摆脱了现实的困境，此时发现自己在多维中穿行，又如同在梦境的空间中游戏，一切归属于自我主体的时间、空间、行动、主观、客观都交融在一起。这个时候画画自由了，把握空间的关系自由了，笔下的叙事感觉自由了，一切都改变了。

　　进入自由的状态你知道有多好，梦境作用的事物被还原在现实，此时我们的精神思维再度交互于自然，创作的需求让我们融入巨大的自我认知的空间。

　　我们的现实中有一个大循环，这个循环是一个从人本体开始，将视觉经验观察来自人物和事物的原形，带入艺术家创造图像识别形体的感知，第一个阶段是现实的状态构造物体形态，第二阶段在原形上抽离出来完成从形式上造物，第三阶段是抽象表达理念的层面，在绘画中都会遇到它们。以上是从古典主义到现代主义的轨迹。

　　如果试图进入当代艺术领域的思考，那么必须对后现代主义思想的问题深入了解。带着当代艺术的观念碰撞以上提到的三个阶段的问题，碰撞古今哲学的问题，这样才能进入到多维空间和当代艺术的领域，激活了创造力的能量，审美标准在跨维度中穿越，生活的世界变大了自我也就此形成。

　　好像总在强调用当代艺术视角认知当下，唤起我们尚未抵达的目的地，那里是从前没有过的视觉语言领域。新的艺术形式总需要艺术家去解释，就是说还没有得到应有的认知，那么艺术家就要多吃些苦头，必须站出来为当代艺术去辩护。

第二届关中忙罢艺术节炎帝的怒火展览现场　　　　　　　　　　　　　　　　　　　　　刘旭光在黄河

更有意思的是："物派"艺术家们当年站出来，面对社会的批评自己辩解道，我们不是"物派"，我们是有造型能力的艺术家。来自社会的认知不同，你们这些"小伙子"们，把石头、木头、土、水泥墙等，直接拉去展览不是"物派"是什么。艺术家的维权运动最终失败了。但是奇迹发生了，"物派"日后作为当代艺术的重要现象，被社会认可了，并且在艺术史中受到了关注。

还有一种现象我们要警惕，"当代艺术"这个概念在今天被滥用了，混淆是非走向一种偏执，成为"时尚""新潮"的代言。似乎我们还是可以宽容，观察的视角使他们偏航了。

其实艺术的核心问题是去拓展认知宇宙，如果我们认识到精神宇宙之大，在星群组织的星系中，那一个个微小星体貌似尘埃，其中的巨大能量，就是我们期待的契机。我们的艺术创作试图像科学家那样对宇宙的探索；还要主动去对话哲学；完成对当代审美的发现是我们的追求；他的重要性远远超越了视觉图像本身。

以上谈到的是我们艺术家的工作，是不是很艰巨繁重？这仅是一个方面。其实当我们从维度中解放，如同梦里脱离了地球的引力，在精神的太空中翱翔。富有诗意的描绘的背后，持久的艺术的光芒，在艺术家的努力下使我们有能力辨别视觉内部的美学关系。艺术的史学观和审美的脉络逐渐清晰可见，一切努力都没有白费，至善之光即将来临。

我们也可以说瓦萨里的史学观，奠定了艺术史的发展方向。丹托也是在史学观的脉络上提出终结论，警示我们要在当代艺术的发展中，注意到后现代主义之后的问题，"艺术何去何从"又摆在艺术家面前，以他的理念引领了时代的步伐。

所以，我们现在关注艺术发展的重要性，当代艺术的问题成为哲学的问题，成为观念的问题也成为艺术的本质问题，与后现代主义哲学的思想十分相似，艺术创造观念与事物形态和文化符号，加以转换并回归视觉，丰富了当下的艺术语言。

强调艺术的理念就是强调主观意志。技术手段总是被科技的发展更新，自力与他力合一之时，"自我"就会形成，人格的现实里发现真实和美，追求艺术的动力也由此产生。

这样一来，"观念的问题"成为了"当代"的符号，获得"观念"带来契机，进入"当代"并使当代艺术变得有力量；使我找到了与哲学家对话的机遇；福柯，德里达，阿甘本和德勒兹等。不知不觉中在后现代主义的时空中穿越，德里达他们挑战柏拉图在思想上主动去碰撞，从中获得新的体验并无私奉献给了世界。

现在有批判精神很重要，对峙的结果是激发出来新的思想火花，获得从观念中的思维意识。今天，视觉形态的意义结果成为艺术创作的动力，我们感受到的当代的艺术，它的震撼力和思维领域回归到美学范畴拓展了当代的审美的维层空间。

宋永平
SONG YONGPING

图片 / 由艺术家提供 编辑 / 徐小禾

1983 年天津美术学院绘画系毕业，1983 年任华北广播电视学校教师，2003 年任北京农学院园林学院环境艺术设计系教授，2017 年任天津美术学院特聘教授。

1984 年组织山西艺术群体；1985 年 12 月在太原文化宫举办了山西第一次现代艺术展览"山西七人现代艺术展"，为中国最早使用废弃物做装置作品的艺术家；1986 年组织第二次展览"山西现代陶艺展"，在该展览上完成了行为作品："1986.11.4.13—15 时一个景象的体验"；1993 年发起组织"乡村计划 1993 艺术活动"；1998 年赴美国参加纽约亚洲协会美术馆和 PS1 当代艺术中心举办的"开放的本体：中国新艺术"的开幕式以及相关的学术活动，并且访问了波士顿、费城、华盛顿等地的艺术机构、大学和博物馆；1997 年至 2001 年拍摄"我的父母"系列；2007 年 11 月在香港汉雅轩画廊举办"宋永平 2007"绘画作品展；2014 年在天津美术学院美术馆举办"潜暴力"装置作品展；2015 年在第 56 届威尼斯双年展圣马力诺国家馆举办"宋永平特展"；2018 年在纽约白盒子艺术中心举办"金钱人质"艺术作品展，并且在华尔街完成行为作品"抛撒美元冥币"。

宋永平：从"冲绳POP"到"美丽小世界"

采访·胡少杰

漫艺术 =M: 宋老师，请先大概介绍一下您的新作品，因为您这批新作的形式确实还挺少见的，还是想先听您谈一谈做这批作品的缘由以及过程。

宋永平 =S: 其实这对我自己来说也是一次意外的际遇。这个系列缘起于去年年底我参与的冲绳南城美术馆的一个艺术家驻留项目。这个美术馆的前身是一家从事餐饮家政培训的学校，后来变成了美术馆。我在去之前的个人想法是做一些与这个美术馆的历史渊源相关的探索和实践。正好我之前看过一部叫《孤独的美食家》的日剧，非常有趣。它不光让你了解了很多关于美食的知识，还让你学会了珍重美食，唤起你对食物的感激之情。再加上这家美术馆和餐饮相关的历史，所以我就想将这种对美食的体验与美术馆的历史渊源结合起来，做一个公共参与性的艺术项目，具体可能需要邀请这个学校的校长和从这个学校毕业的学生一起交流和分享。但是我到了之后发现这个计划实施起来不太方便，因为老校长已经七八十岁了，当时刚做完手术，身体条件不太允许，另外当时疫情也挺严重，这种聚集的活动有点不太现实，所以这个计划就只能搁浅。当时有点进退两难。

后来我去冲绳城里的商业街闲逛，无意间看到有很多卖各种刺绣标识的店，就是那种年轻人喜欢缝在衣服上的刺绣标识，我发现那些标识上的图案很有意思，有很多是美军的各式飞机，也有一些是相扑或者一些幽默题材，从这些图像中可以看到冲绳人的喜怒哀乐。我突然间有了一个想法，就是拿这种标识来做作品，因为冲绳本身是美军基地的所在地，美国的飞机每天都在冲绳的上空飞来飞去，而这个标识的图像中也有很多是和美国文化相关的，我就想这其中非常复杂的地缘性的问题，体现在一个小小的标识中，这种意味很让我触动。所以我就试着用这些标识做了二十多件作品，感觉还不错。这是后来这一系列作品最初的缘起。我当时写了一篇短文，给这些作品命名为"冲绳POP"，其实也是带有一种调侃的意味。幽默与调侃本身也是POP艺术的特征之一。

后来回国后的作品主要是在"冲绳POP"线索上的一个延续和发展。因为和当地的一个艺术空间约定要做一个展览，所以这个系列的作品一直在做，已经有一百多件了。回国后做的作品用了一些在网上买的立体贴画，我把它们黏在一块块椭圆形的油画板上，特别可爱，这些立体贴画都是一些小女孩买来粘在书包上，文具盒上，它看起来和当代艺术一点关系都没有，但它把我带到了一个美好的小世界。

M: 所以这一系列的作品被命名为"美丽小世界"？听起来很治愈。

S: 对，这个世界确实需要治愈，特别是当下这个纷纷扰扰的世界。我们在这个大世界里伤痕累累，所以需要制造一个"美丽小世界"。

M: 这可以看作是一种对残酷现实的暂时逃逸？

S: 也算是一种抵御吧，制造一种美好的小幻觉，至少在方寸间，能感受到一种有限的快乐，即使是一瞬间的幻觉，我觉得也是一种抵御的方式吧。也或者说是一种对未来美好的愿望吧。我们都希望这个世界的未来能越来越好，但是我们也需要参与到让世界变好的行动中去。我的这个系列作品，其实也是一个互动性的艺术项目。我们通常理解的POP是一种关于流行文化和大众传播的艺术方式，而我所提出"冲绳POP"其实是一种对POP艺术的延展，就是说，它既和符号化与大众传播有关系，也和大众参与有关系。

这次的冲绳之旅带给了我许多触动，也促成了这个系列作品的产生。记得当时去参观首里城，它是300年前琉球王国的皇宫，但是规模特别小，顶多算是地主家的院子，它应该是世界上最小的皇宫了吧。这种节俭与克制，让人感动，也让我们在"大"的世界里，体会到了"小"的美好。但是遗憾的是首里城后来没多久毁于一场大火。本来一次美好的际遇，现在成了伤感的记忆。所以我想借助这次冲绳之旅，将"美丽小世界"相关的这几件事情串联起来，做成一个真正的大众可以参与的艺术活动。我的计划是在冲绳举办一个小型展览，在展出时，我可以教观众们如何制作作品，在整个过程中，我希望我不是以艺术家的身份参与其中的，我就是一个发起者和参与者。如果展览的作品能够售出，我愿意将所有收入全部用于首里城的重建。因为当时我在超市购物时，看到很多卖东西的地方都有一个小的捐款用的透明盒子，这些捐款就是用于首里城的重建。所以我也想以艺术的方式，借助大众的参与介入到这个事情中，从而把艺术中的"美丽小世界"和现实中的"美丽小世界"融合起来。我作品中用的那些立体贴画是一个没人注意到的小世界，而冲绳本身也是一个边缘的地方，首里城又是一个极其袖珍的皇宫，所以我希望它们能够共同构成一个"美丽小世界"。

M: 的确，我们的当代艺术一直在述说一些宏大的、深刻的、复杂的概念，但是我们从来没有注意到这个世界其实是靠一个个具体的"小世界"来组成的，当代艺术一直在飘来飘去，越来越远离具体的人、具体的情感。

S: 所以我从一开始就没有把它当成一件当代艺术作品来做，我要把它做成一个和社会沟通的媒介，一个平台，借助这个平台来完成具体的公共事务。这个过程可以唤起一些美好愿望，从而让这个世界变得更好一点。当代艺术不只是批判和揭露，我们需要重新思考什么是当代艺术，而不是一直套用已有的艺术概念。

作品 001 装置 1985

M: 您的创作好像一直都和个人的经验有关，而且语言方法往往都是出人意表的，是不受常规的语言套路制约的，或者在某种意义上是"反艺术"的。

S: 其实我也不去思考那么多，就是信手拈来，觉得有意思，有做的冲动，那就做。年轻的时候做东西更是这样，完全把自己扔出去，不留后路。其实很多时候是没有做好准备的，就是一边走一边做，也有可能做出来的东西没有什么价值，如果真是那样，也没有办法。不过现在回过头看，还是有贡献的。一路走到今天，看来是不能离开艺术了，生命和艺术注定是难解难分了。所谓的"反艺术"，反的是无聊的形式，是空洞的观念，是僵死的套路。但也不是刻意的"反"，艺术不能刻意，刻意就没意思了。

M: 从 80 年代在山西的时候走上艺术创作这条路，一直到现在，始终是用这种不留后路的心态面对艺术，创作艺术。

S: 对，不管后果是什么，干就完了。其实当初在山西搞现代艺术展的时候我的这种心态和方式恰恰符合了当时那个时代的要求，解放思想，打破旧有的观念，赶上了好时代，但是等那个时代过去了，慢慢也就不需要这样的艺术了。其实是等于把自己当一个炸药包把自己炸碎，至于后果怎样，也没去考虑，就是享受那个过程。现在回头再看，其实也理不出什么学术上的逻辑，它不像西方人的当代艺术很讲逻辑，讲出处。我们就是一个猛子扎下去，甭管是什么，先扎下去再说，然后等从水里钻出来一看，人早就跑光了，这个事儿也就过去了。

M: 那您在这几十年的艺术创作的历程中，尝试过寻找自己的创作逻辑吗？

华尔街抛洒美元冥币 2018（一场关于"金钱意识"的行为宣言 美国第一届国会所在地联邦大厅国家纪念堂华盛顿的雕塑前）

S: 我曾经试图寻找，然后自己痛苦了很长时间。因为你做任何事情背后都要有个理念，或者说就是你做艺术的理由是什么。其实对于我来说这个过程是痛苦的，因为特别是当时年轻的时候，要说得简单点就是为了自由表达，但是表达了以后又能怎么样，这个意义是什么？永远没有答案。

到了 2000 年以后，艺术市场起来以后，我就更不适应了，因为我没有办法根据市场去做自我调整，那段时间我就画了点画，但是也可能是上帝对我比较眷顾，那些画的市场还不错，虽然我不是刻意迎合，但是依然受到了一些认可，这让我挺意外的。所以说我一直以来都是一种从本能出发的创作状态，至于创作背后的逻辑和理论线索，我不去思考太多。这样挺好，不会太累。包括我的这个新作，我希望大家不把它当成艺术作品来理解，当成旅游纪念品就够了，因为它就承载它本身展现出来的价值，就是一个小美好，小爱心，就足够了。

M: 您虽然不去谋求建构严谨的语言逻辑，建构自己的艺术脉络，但是您刚才提到的这种把自己给扔出去，不管不顾的创作状态，其实让您在每个阶段都出了一批好作品。像 80 年代那批试验性的作品，它的历史价值是毋庸置疑的，90 年代末关于父母的那些摄影作品，也是有分量的，包括您后来的绘画作品，再后来的金钱系列，等等，都是别开生面的，您好像一直在寻求一种不和别人重复的，跳脱开那个所谓的脉络的创作方式。

S: 对，我个人的体会是这几十年走过来，我经历的所有的事情并不是在我准备好了以后发生的，而是在我不经意的时候这个时代就来了，扑面而来，应接不暇。但是恰恰是这种关系，造就了我和艺术的关系。我的选择就是要迎上去，用艺术的方式和时代产生一个互动。我好像并不需要一个学术上的计划或者要求，我就是一个喜欢随时折腾的人，只折腾自己，不折腾别人。

M: 您在日本的展览定在什么时间？

S: 展览时间是 2023 年 11 月 2 日到 12 月 2 日。

M: 预祝您展览成功，能够顺利地完成这个有意义的艺术项目。

S: 谢谢，希望这个世界更加美好。

美丽小世界

文 - 宋永平

得益于日本入管局入境日本的三年签政策，无意间第一次来到美丽的冲绳。

说起无意，是办理三年签需要在自己的旅行计划之外必须增加一个指定的旅行落脚地。我记得当时有这么几个选项：北海道、福岛、冲绳，我不假思索地选择了冲绳，不是因为对冲绳有所了解，而是因为一无所知，直觉这是一个遥远的地方，此生难得去一次，这就是选择去冲绳的缘由。

这次旅行给我留下了深刻而美好的记忆，虽然是无目的的选择，甚至只是一次浮光掠影式的简单浏览，在我的心里是不虚此行的评价。记忆深刻的是参观首里城，令人惊叹的是古城的精美绝伦和小巧玲珑，与太多的皇宫宝殿大不相同的是她的节俭与克制，也许这些可能是由于当时物质条件的限制使然，但不管怎么说还是令我感动，我感动不是她的雄伟壮阔，而是感动她的紧凑周到适可而止。这样的建筑规模我在希腊雅典曾经看到过，在许多现代化的高楼大厦间偶尔你会撞见一栋矮小的石头建筑，小到几乎被忽略不计，那是人类早年与上帝对话的专门场域，是心灵的安放之地。虽然它们不属于同一类型的建筑物，然而，却给人以同样的感动。如今，人们在这个昔日森严的王宫里欢歌笑语，感受更普遍的冲绳文化以及传统表演艺术的美，感受冲绳人们的热情好客，宫殿和游走其中的人构成的是相得益彰的关系，甚至可以用亲切和恰到好处来形容。这一切，由于一场意外的大火，瞬间戛然而止，仿佛全部都消失在寂寞的灰烬之中。那是我回国以后，突然一天的电视新闻里播出了一个令我十分震惊而沮丧的消息：首里城被一场火灾完全焚毁！目瞪口呆之余，心中庆幸自己还算幸运，毕竟还是一个亲身体验过美好现场的人，不幸的是这份美好已经化作灰烬，心底产生了深深的难以言表的忧郁之情，时光荏苒，不经意间这忧郁之情常常从脑海深处悄悄溢出……

三年疫情的封闭之后，国门开放。偶然的一天，我看到冲绳南城美术馆艺术家驻留项目的消息，我立刻提出了驻留申请，并提出了与南城美术馆前身的"传统家政与厨艺学院"的文脉进行调查探索，结合美食文化研究与当代艺术表达的计划，美术馆很快给予审核通过的答复。我的工作方法是通过走访之前的师生，了解美食文化的工作机理，通过制作与品尝体验，最终，以当代艺术的处理手段表达个人针对美食体验的真切感受。遗憾的是这个计划因为疫情的原因并没能实现。自私地讲，我这回的冲绳之旅是一个以疗愈为目的的旅行，为当时的疫情（2022年底新冠疫情仍在肆虐冲绳），同时也不由自主地想起多年前的那场火灾。

筛谷 版画作品 1982

虽然没有实现原计划的"美食之约"，重访首里城也被告知目前不对外开放。某种意义上讲这次冲绳之旅并不顺利，很多想法都无法实现。意外的收获是产生了"美丽小世界"的雏形：那就是我的"冲绳POP"系列，她带领我的思绪完成了我全程的疗愈，通过来自不同途径的"小小世界"信息的逐渐相遇聚合，每一个想法以及材料构成慢慢在脑海中浮现，当那些来自未知世界的一个个小构件被粘贴到画板的瞬间，我感觉仿佛已经参与到首里古城的重建，一砖一瓦、点点滴滴、日以继夜，我不知疲倦地完成了这批作品，通过不断地劳作，我的内心得到了慰藉和喜乐，这些作品铭记了我创作作品时的心绪。

我把这批作品定义为"美丽小世界"，寓意美丽的首里城早日重现。我的思绪在不断地蔓延……希望有更多的人能够分享我的喜乐并且参与到我的"冲绳POP"作品中来：更希望大家共同为首里古城的重建做出贡献。

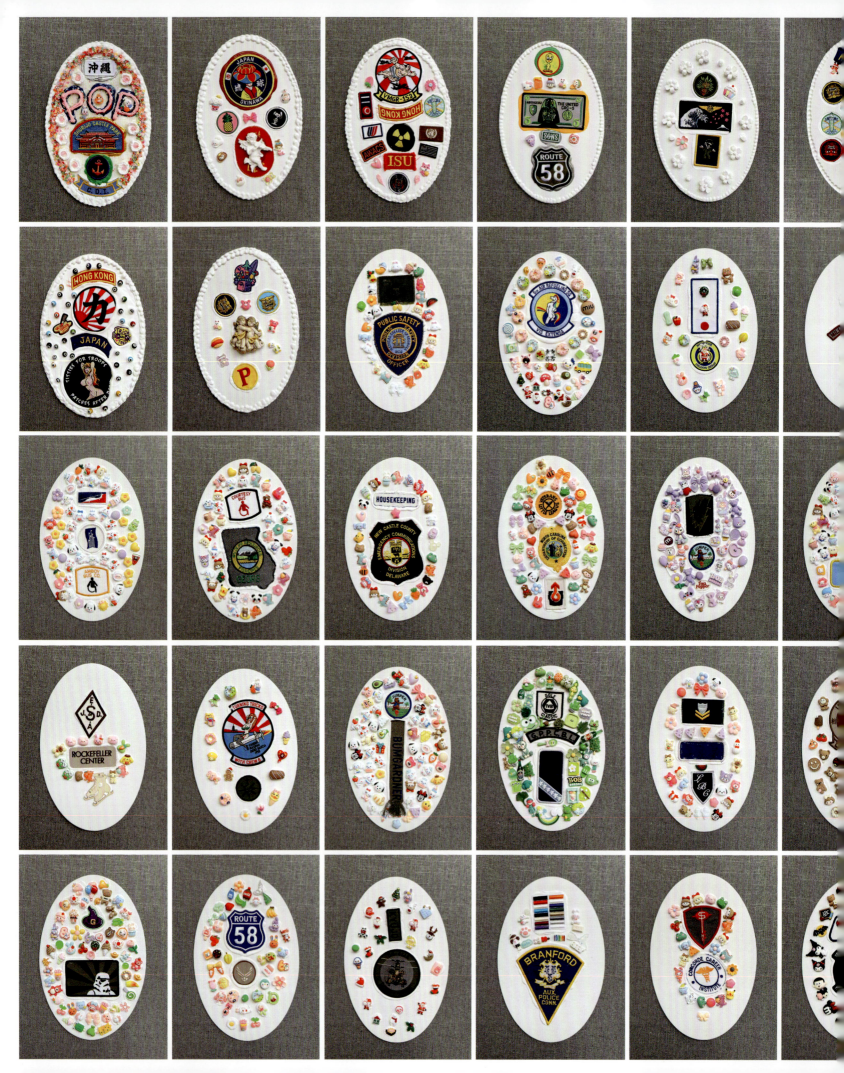

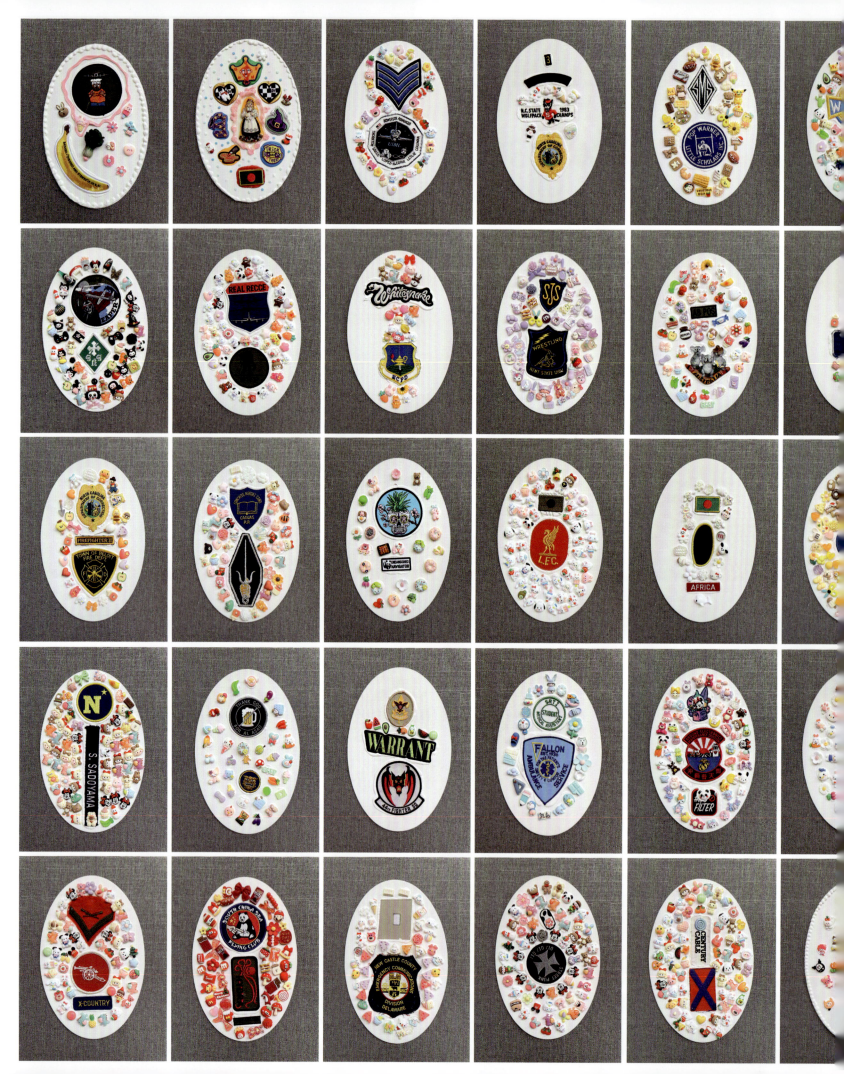

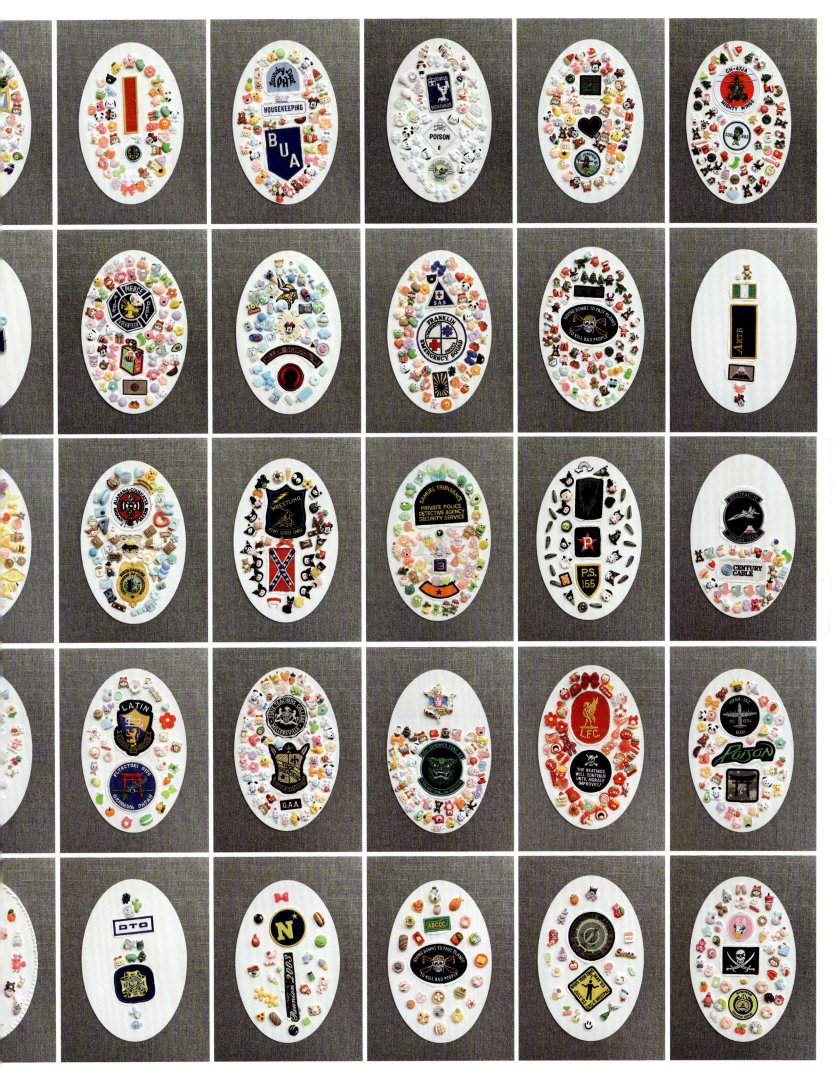

汪建伟　WANG JIANWEI

图片 / 由当代唐人艺术中心提供 编辑 / 朱松柏

1958 年生于中国四川，目前生活和工作在北京。自 20 世纪 90 年代至今，汪建伟一直在探索知识综合与跨学科对当代艺术的影响，尝试使用不同学科的方法去创造新的艺术语言。在知识综合的背景下，以哲学式的质询，实践一种交叉学科的观看世界的方式，并赋予这些实践以形式。为此，其艺术作品呈现多元样式，跨越电影、戏剧、多媒体、装置、绘画和文本等领域。

涌现 No.2 综合媒介 不锈钢 木材 硝基漆 160（L）cm×135（W）cm×90（H）cm 2020

涌现 No.1 综合媒介 不锈钢 木材 硝基漆 200（L）cm×100（W）cm×140（H）cm 2021

写在汪建伟唐人个展《涌现》之前
——气候变化下的扁平主义式艺术应对

文 - 陆兴华（哲学家、策展人）

为应对气候变化，一个艺术家需从何处着力？如何在他每天的涂抹过程中体现这一应对？他应自觉地在自己的作品中表达对气候变化的个人关心？当然。他的创作方法论应以激发公众对气候变化的后果的进一步的公共讨论为目标？当然。

但是，还有呢？

在气候变化中，他应如何先给自己找到在宇宙中那个内置的中点（他自己的全行星空间内的本地），以便给同时代人和他自己找到一个人类世风雨中的避难处？他应如何鼓励同时代人去生产出人类世和云计算平台上的新感性、新美学，来安抚和治疗自己身上的人类性，完成自己的当代艺术式承诺？

展览现场

为此，艺术家汪建伟把自己的四十年的绘画实践推入气候变化带来的巨大的象征不确定性之中，主动让自己的绘画技术最大程度地接受来自画框外的考验，主动到深度时空和地质历史之中去探险，像赌徒那样，押上了全部的方法论家当，冲进了气候变化下的当代艺术工程之中。他被迫同时像科学家、哲学家、艺术家那样，一个人去顶着人类世的那片天空。古生物学、大气科学、地质学、景观学、思辨实在论、绘画方法论、图像制作程序、时间、空间、观念、工具箱、园区消防、艺术工作节律、疫情事故、拆迁传闻等等，都被他扁平地安排进同一个平面之中。

所谓扁平，是指整体并不能总体化它的所有的部分。扁平状态下，总体的特性也并不能超越部分，而是内在于每一个部分之内的，比如，城市的每一个部分也都能与城市平起平坐，而城市是它的每一部分的一种特性。人在每一个点上都与构成他的无数个有机体平起平坐。他的每一个细胞里的线粒体，也都与他平起平坐；一个细胞的本体平面也与人的本体平面平等。

即将在唐人北京第一空间展出的汪建伟的一组扁平主义绘画和雕塑，将以"涌现"为主题。涌现是指整体被压扁到与其各部分同等地位后又互动而产生全新的东西。画面的内容也被认为是这样地涌现出来的。汪建伟思辨地处理了他的艺术对象，又通过他的这一扁平主义策略，逼观众思考他们自己在生物圈内与其他物种、其他对象之间面面相觑、短兵相接时的状态，以便训练他们的伦理上的弹性，在面对人类世风雨时，甚至在地位上羞辱性地被与其他物种或对象拉平时，亦拿得出足够的沉着。这种扁平主义式伦理弹性，将是气候变化下的人类的救生圈。

展览现场

涌现 No.6 综合媒介 铸铝 硝基漆 125（L）cm×55（W）cm×50（H）cm 2022

　　汪建伟的这组扁平主义作品深受他近十年来一直研习的美国哲学家葛雷汉姆·哈曼（Graham Harman）的思辨实在论和以对象为导向的本体论的影响。统治他画面上的这一扁平本体论，也被哲学家布鲁诺·拉图尔（Bruno Latour）看作是人类世行动者网络中的基本的实践逻辑：不光人类，而且所有非人类对象，甚至是符号、工具、虚构人物，也都是平等的行动者，其各自的重要性由即将加入这一行动者网络的新成员的权重来实时地被决定。这一扁平本体论有助于我们理解人类在气候变化中的位置。它具体地被汪建伟在没顶画廊的最近的个展《行于泥浆》中理解为：人类可通过绘画和雕塑的方法论数据包，来理解自己在深度历史、地质时间之中的命运，以便之后又思辨地将自己的命运玩进一种更敞开的世界游戏之中。一如既往，汪建伟的展览将既是实验室，也是教室，也是剧场。

　　扁平主义绘画或雕塑是一种非人类、非心灵、非情怀、非出自个人心灵史的绘画或雕塑。在扁平主义本体论看来，是心灵使自然、国家、军队、艺术机构、国民经济变得可能；有了心灵的好奇，才有了社会，以及其余的一切。但是，心灵也总是太轻信，总误认了它的对象。比如，心灵甚至不知大海是什么，不知大海的构成或结构，也不知大海曾遭遇的那些主要事件，就对着大海一个劲儿地组装、抒情起来。出于画家个人心灵史的绘画，就是这样的无厘头地组装和抒情。而绘画和雕塑本来是要帮我们校正心灵的这种必然的误认的。汪建伟的扁平主义方法论要堵住这种抒情，也要截断他自己的心灵史，不让它去继续意淫艺术史和自然史。而反过来，扁平主义方法论也严格地规定了汪建伟自己的这些新创作，同时也将规定观众的心灵的行为，使他们通过观看这些扁平主义作品，而更好地理解自己在气候变化中的命运，拿出勇气，去与气候变化共舞。

　　扁平主义方法论的最终目标是：让在画面上扁平地相处的对象之间的互动，最终涌现于画面上。同样，在人类世的天空下，我们在人工地球上将要展开的惊天奋斗，也被期待着遭遇这样的涌现：崭新的自然和人文的涌现。

涌现 No.9 布面油画 250cm×187cm 2022

涌现 No.13 布面油画 130cm×160cm 2021

涌现 No.16 布面油画 188cm×250cm 2022

唐 勇　　TANG YONG

图片 / 由艺术家提供 编辑 / 雯子

1969 年生于四川省南江县，1996 年毕业于四川美术学院雕塑系，四川美术学院雕塑系教师。现任四川美术学院造型艺术学院副院长。

建造者 钢管、电线、灯泡、机械互动设备、塑胶人物头像 650cm×550cm×1050cm 2021-2022

看你能不能动 塑胶手臂、木艺、带刺铁丝、机械振动设备 610cm×320cm×180cm 2021—2022

坚固的碑 草纸、墨水、钢板、机械振动设备 140cm×140cm×350cm 2021—2022

艺术何以"技术情动"？
——唐勇实验雕塑中的技术、身体和景观

文－周彦华

引言

一只拉动着带刺铁丝的手臂搭落在地面，铁丝延伸缠绕三把高低不一的椅子。当人靠近这件作品时，三把椅子和缠绕的钢丝剧烈地震动起来，发出工厂里的机器轰鸣声。在这件作品斜对面的墙面上有四只手臂，每只手臂牵动着一根黑色缆绳，缆绳的末端是一本铜制的书。当观众靠近，这四只手臂会缓慢回缩，它们带动缆绳，将铜书的一页轻轻翻起。这本书在展厅的另一处以纸质的形式出现，它们被贴在墙上。与书相对的是一排面对墙面的人头，在感应装置的驱动下，向书靠近。这件作品的对面是一座纸制的方碑。它浸泡在墨汁里，方碑前有一把铁质的椅子，观众一旦入座，方碑就会颤动起来，带动着方碑下的墨汁波动起涟漪。比这座方碑更高的就是用脚手架搭建起来的一个人形装置。这个人形装置是城市建设的缩影，每当有人靠近，装置的零件就转动起来，敲打着钢管，发出叮叮当当的声音，观众仿佛置身于一个建筑工地。最后映入眼帘的是用 PVC 管道搭建的模型。这个模型像城市，也像城市中不可见的地下系统，管道的缝隙间被嵌入了屏幕，屏幕中播放着动画。随着观众的靠近，这些动画展示着各种城市的污染——污水将城市淹没、塑料随处可见、美丽的田园如同梦境……

这些作品是雕塑家唐勇为展览《关系重塑》所做。在展览中，唐勇将雕塑和实验艺术巧妙地结合，用一种多元化的技术手段牵动、干预我们的身体感知，制造不同向度、不同结构和不同层次的情动（affect）。我将这种情动称为"技术情动"（techo-affect）。近几年，随着艺术与科技结合，探索"技术情动"的展览也悄然问世。2021 年台北市立美术馆就举办了一场名为《感性机器》的展览。丽贝卡·霍恩（Rebecca Horn）的《铅笔面具》刮写着墙的表面，将身体运动与装置运动结合在一起；陈慧峤的《床外的蓝天》以军用床及综合媒材拼合成的一件类绘画装置；陈呈毓的多媒体装置《舒缓震荡》播放着瘟疫之年的各种报道，现场还有帮助观者冥想和引导感官体验的软雕塑。这些机器艺术用绘画机器、幻肢、生物以及信息的编码延伸了人类的感性机制，探讨了后资本主义时代的技术与人类情感的共振。在《关系重塑》这次展览中，机械装置产生的身体感知再一次激发了我们对"技术情动"的热情。不过，对于唐勇来讲，技术、情动并非作品最终的目的，他对景观社会的反思才是他视觉实践的底色。因此，对这一批展览作品的思考不应简单地放置在技术哲学或身体哲学的层面，也不能大而化之地将其放在传统的社会批判层面。相反，它们是技术、身体和景观的杂糅体。这三者为我们提供了在当下中国思考"技术情动"的基本语境。

何为"技术情动"？

对人类情感、情绪、感觉的研究是西方哲学重要的组成部分。启蒙哲学中心灵和肉体的分离、主体与客体的分离、理智和情感的分离，使得情感成为了研究理性必不可少的参照物。但正是因为情感往往被视为理性的对立面，所以启蒙哲学家们大多认为情感是附属品，而理性是凌驾其上的。他们坚信情感是人类意识的一部分，因而是大脑产生的。比如笛卡尔坚持的"心－物"二分说就认为情感是由大脑的松果腺制造的。不过，也有人持不一样的观点，比如 18 世纪荷兰哲学家斯宾诺莎就认为"情感"（emotion）并非由大脑制造，而是身体。他在其著名的《伦理学》

一书中，就对情感进行了专门的界定。他认为情感来自身体力量的增强和减弱。比如快乐就意味着身体力量的增强，而痛苦则意味着身体力量的减弱。斯宾诺莎的观点在 20 世纪被德勒兹等人重新阐释，他追溯情感和身体的源头，用"情动"来阐释这种和身体力的变化相关的情感行动。2000 年以来，美国的女性主义学者们将精神分析的欲望驱力注入"情动"概念中，在结合文化马克思主义、媒体研究、文学批评方法论的基础之上，她们观测新自由主义制度下的个体情感，揭露流行文化鼓吹的"美好生活"幻想，批判不稳定生命的情感危机。鉴于此，我们也通常将 2000 年来英美学术界兴起的这种以情感为切入点的研究方法的流行，称为文化研究的"情动转向"（affective turn）。

"情动转向"的学者们对情动的认识主要是基于一种自然的环境、语言、行为等对人身体行动力量的干预，从而使身体产生了不同类型的感知。如今 20 年过去了，在人类感觉经验逐渐人工化的时代，在信息技术、社交媒体、虚拟现实、人工智能成为人类行为系统中必不可少的一部分的时候，在人类的身体结构本身也由一种纯粹自然的身体向人机混杂的赛博格身体转换的时候，"情动"也被添加了一层技术色彩。我在本文用"技术情动"来概括这种被添加了技术色彩的情动。它是我们这个时代的"情动"。"技术情动"讨论的是在技术干预的情况之下身体的力的流变，这种身体之力的流变如何产生的"痛苦""快乐""恐惧""兴奋"等情感的观念，以及这些观念又如何形成我们对现实世界，包括从它的基础设施、制度设计到社会生态和文化观念的认知。在建构"技术情动"这个概念时，我将时下流行的技术哲学、后人类和新物质主义理论与情动理论进行叠加，试图讨论这些颠覆我们认知方式的理论模型如何重新诠释我们的身体，制造新类型的情动。

技术

在当代艺术实践中，"技术情动"往往体现在那些融入大量科技元素的感性生产中。这些作品对艺术史的贡献有以下三点价值：首先，这些艺术实践是以身体为认识世界的第一途径，这种身体的优先性打破了传统再现体系的主客体二分的局面，从而使作品更具参与性。第二，新兴技术的介入颠覆了传统的现实表征，从而启发我们在一种基于系统，而非基于物的条件下，以及一种新物质论基础下，重新认识艺术和物质世界的关系。第三，这种技术介入带来的全新认知框架重新定义了我们的身体，及其行为。本文将以唐勇在《关系重塑》展览中的系列实验雕塑作品为案例，从技术、身体、景观三个方面，讨论艺术何以"技术情动"。艺术家借以技术手段来完成视觉艺术创作自古有之。比如荷兰风景画时代就有艺术家运用小孔成像的光学原理将外部世界投射到画布之上。20 世纪初的前卫艺术运动更是见证了艺术和快速发展的技术的融合。未来主义者们将艺术融入工业生产中，用艺术来表达运动、速度、生产。"十月革命"之后的俄国，源自于意大利的未来主义被俄罗斯的前卫艺术家们运用于新政权的建设。这一时期的俄罗斯前卫甚至和当时俄国科学哲学界热衷的"宇宙主义"有着诸多交集。艺术家们试图用前卫艺术的方式探索神秘宇宙和人类永生，他们中也不乏像波格丹洛夫这样的激进艺术家加入了人类永生计划。这种对现代技术的痴迷也体现在苏联的建筑上，高耸的主体塔楼和平展的两翼，建筑师们似乎在构建人类通往宇宙的通道。二战之后，活动艺术（kinetic art）的出现延续了战前前卫艺术未完成的构想。

它们将机械装置植入绘画、雕塑之中，让作品自动。这仿佛在技术层面解决了塔特林的《第三国际纪念碑》的难题。70年代信息技术的发展，"自动控制论""系统论"被引入到艺术实验中。1969年伦敦当代艺术中心（ICA）举办的展览《赛博奇缘》（Cybernetic Serendipity）、1970年MoMA举办的展览《信息》（Information），以及同年在纽约犹太博物馆举办的展览《软件》（Software）等，都汇聚了大批时兴的活动装置、计算机绘画、多媒体艺术、互动影像等，呈现了70年代艺术和新兴科学技术结合的基本面貌。杰克·伯纳姆（Jack Burnham）的"系统美学"（system esthetics）则是对这一时期技术介入的艺术创作的理论概括。"系统美学"解释的一个核心问题是，为什么70年代的艺术创作会出现集体的观念转向？受到爱因斯坦相对论的影响，"系统美学"认为物质是一系列相联的能量状态的构成。这意味着，在系统中，物质实际上是一种非实体的能量状态。

近年来，新物质主义理论的出现也正好回应了如何重新理解物的客体性。比如凯伦·巴拉德（Karen Barad）就借用了量子物理的物质观认为，在量子力学测不准的原则下，事物之间的关系是否是再现/表征（representation）是值得深思的。再现/表征原则是西方认识论哲学的根基。认识论哲学坚信，知识一定是对物质世界规律的镜像反射。但在量子世界中，这种镜像反射实际上是不存在的，因为物质本质上有无数状态，只有"薛定谔的箱子"被打开之后的量子坍缩，才形成了物质的一种状态。所以，量子世界实际上并不是遵循几何光学的反射（reflection）原则，而是遵循的物理光学的衍射原则（diffraction），这种衍射原则揭示了一种差异性的而非同一性的方法，这种方法将认知（knowing）视作一种物质实践，它是介入性的，也就是说知识本身也是一种生成式的认知，而不是绝对真理，它鼓励认知对象和主体之间的"内在行动"（intra-action）。而现实世界并非客观的现实主义的，而是一种"代理式"现实主义（agential realism）。巴拉德的新物质主义理论虽然是近几年才出现的成果，但是我们仍然能在"系统美学"中窥探到这种理论假设的先例。

回到"系统美学"要解释的这个核心问题。对于伯纳姆而言，70年代艺术创作转向观念的原因，首先是因为艺术家们对于作为"实体的物"这一概念的放弃。物不是"实体"那是什么？观念艺术家认为它是语言、是信息。于是程序成为艺术就在这样的背景下获得了它的合法性。回过头来看，这种"去实体化"实际上也是一种从客观现实主义到"代理式"现实主义的转向，在这里，信息成为了一种通向客观世界的代理者。今天，我们正处于这样一种代理式现实世界之中。这种世界是游戏世界，是网络世界，是社交媒体世界。总之，它是一个隔着屏幕呈现的，但却有着现实世界某些特征的虚拟世界。这种虚拟和现实的叠加是我们当代艺术和技术结合时所面对的新语境。

唐勇的实验雕塑正是回应了这个语境。在近几年来的创作中，唐勇常运用3D和VR技术来探索现实和虚拟的叠加。在他2017年的作品《平衡》中，艺术家通过对体感技术的运用，以及对现实现场与虚拟现场的交互实践，探索技术之于艺术的表达。在《关系重塑》展览上，这种跨界实验的技术与雕塑结合得更加紧密。这些作品并非完全的无形，它们都有雕塑造型的客体性。只是，这种客体性在雕塑的运动中呈现了它的不稳定状态。艺术家通过不同的机械装置使雕塑动起来，同时又通过作品中设置的感应系统让这种"动"和旁观者的行动产生某种相关性。这种旁观者和雕塑主体之间的联动关系就像巴拉德所指的"内在行动"，它们揭示了艺术继再现/表征体系断裂之后的一种新的体系，在这种体系中，主客体之间的行为（performance）、参与（participation）而非表征是其基本特征。

《看你能不能动》是进展厅看到的第一件作品，它由一只搭落在地上的手臂、三把椅子和其上缠绕的带刺铁丝组成。作品的名字并非仅为艺术家幽默的发问，它实际上还揭示了作品和观众的这种"内在行动"。"看你能不能动"，这里的"看你"蕴含着观看者的行为和他的预设。其言下之意是，作品的"动"是需要通过观众目光来认定的。所以这种"动"不是客观事实，而是一种被代理的事实。它必须要通过观众参与的那一刻，"动"或者"不动"的这个结果才能被揭示出来。当观众靠近作品的时候，三把椅子的振动带着周围缠绕的铁丝的振动，并发出巨大的振动声。此处的振动不是作品的"自动"，而是和观众的"互动"。《坚固的碑》

同样是一件感应式的振动雕塑。当观众坐在方碑前面的铁椅上，方碑就会振动起来。这种振动和纪念碑的永恒、稳定形成了鲜明的对比。艺术家在方碑材质的选择上也使用了草纸这种轻薄的材料。这种易碎的、轻薄的材料加上碑体的在感应到观众行为之后的振动，让纪念碑从一种客观的物质实体，一种永恒的表征，变为了一种不稳定的，短暂的，去表征化的存在。

如果说上述两件作品从技术论角度来讲都在探索一种去表征化的，内在行动的新物质关系，那么《知识就是力量》和《尽信书，则不如无书》就体现出了技术论对传统认识论的颠覆。这两件作品中都有"书"这一元素，因此它们都和知识有关。不过艺术家的态度似乎对书并不友好。在《知识就是力量》中，四只巨大的手臂牵动着缆绳，缆绳翻阅着地上一本小小的书。这里"力量"按照福柯原始的解释应该是"权力"。在强大的权力控制下，知识显得是如此弱小。在《尽信书，则不如无书》中，被略去身份的人头靠近书，书上面没有文字，没有图像，没有符号，它们是被抽象化的知识。人头以一种非阅读的姿势向书靠近，这种姿势甚至带有一定攻击性。这两件和知识有关的作品，其实从某种程度而言是对知识本身的怀疑，也是对以再现/表征知识（the representation of knowledge）为核心要义的认识论的颠覆。因为从当代技术哲学和新物质主义角度来看，知识并非对物质世界规律的镜像反射，因此它不是绝对的真理，而是与认知相伴的生成性的东西，它通过认知这种物质实践来产生新的真理。

尽信书，则不如无书 书、墙体、木板、人头像、假发、机械传动设备 550cm×60cm×323cm 2021-2022

知识就是力量 木板、手、铜书、黑绳、电视机 570cm×490cm×375cm 2021-2022

总之，唐勇的实验雕塑作品是对技术的探索。但这里的技术并不意味着崇尚单一的工具理性。它的目的不是为了让世界同一化。相反，正如许煜所言，当代的技术更需要被理解为是一种让世界多元化的"宇宙技术"（cosmotechnics）。鉴于此，也许只有艺术才能为这种非工具理性的技术提供平台。这是唐勇作品在技术论层面上的意义。不过，如果我们单从技术这个层面来讨论唐勇的作品可能会太表面，毕竟艺术家用感应装置、在观看中设置互动的环节，并不完全是一种简单的技术崇拜。相反，对艺术家而言，技术带来的观者体验才更为重要。我认为，技术在这里实际上是在揭示身体，它牵动、干预我们的身体感知，制造不同向度、不同结构和不同层次的情动。

身体

展览中，唐勇的实验雕塑主要从三个方面呈现出身体。首先，这些雕塑中的大部分都具有人的身体形象；其次，雕塑的音响、振动和影像等需要通过感应装置捕捉观众身体的运动来实现；最后，上述的要素制造观众的身体感知，使其产生身体力量的变化。身体的三重含义说明，此处的身体并非自然的身体，它的运动、感知和形象需要通过技术才能获得准确的意义传达。所以在唐勇的实验雕塑中，身体是在技术的影响下生成的身体。

展厅内有一个类人型的巨型雕塑。这件被叫做《建造者》的雕塑装置高5米，由无数的脚手架和线缆组成。艺术家模仿了城市建筑工地的场景，高耸的脚手架、缠绕的线缆、黑暗之处的白织灯，散落的钢筋零件等。远远看去，这件巨大的雕塑像变形金刚又像《环太平洋》里的机甲。艺术家将其取名为"建造者"，这是一种拟人的说法。它实际上是由建筑材料和零件构造的一具身体。这个身体既是人的身体，又是城市的身体。但同时，这具身体也是在技术的影响下生成的身体。当观众靠近这件作品时，感应装置被再次启动，在捕获到运动之后，这座巨型的钢结构身体中的零部件动了起来，敲打钢管，发出噼噼啪啪的声音。这是建筑工地里随时可以听到的敲打声。随后灯光亮起，白炽灯是建筑工地最廉价最常用的一种照明。在音响和光线的交织下，这具身体仿佛活了过来。这样一具巨大而沉闷的钢铁的身体，它的运动、它发出的音响、它闪烁的光线，带动了观者身体的力量变化，将观众的感知具身化。《建造者》这件作品以身体为形象基础，以身体的感知为目的，但这里的身体并不是一种客体化或者观念化的身体，它不是一般意义上的身体，而是德勒兹笔下的"无器官的身体"（body without organs），它冲破了有机组织的束缚，实现了器官的连接与交融，呈现了力的强度。

"无器官的身体"在其他几件作品中也被恰当地呈现出来。落在地上的手臂，安置在墙上的人头，这些身体们如同梅兰妮·克莱因（Melanie Klein）的"部分客体"（part-object），它们是身体的索引。在雕塑史上，露易丝·布尔乔亚是最擅长于运用部分客体的雕塑家。她以那些散落在地上的器官、悬挂在展厅中的身体的局部模型作为艺术。与"无器官的身体"一样，这些部分客体没有有机的组织，因为身体的部分性意味着它切断了身体的疆域。当观众和这些"部分客体"互动的时候，它们又重新与外界连接，划定新的疆域。在这里部分客体之所以艺术是因为，它符合创造活动从"解域"（deterritorialization）到"再辖域"（reterritorialization）的基本规律。按照伊丽莎白·格罗兹（Elizabeth Grosz）的观点，这种创造活动切断疆域本身，打破体系，转换原有的疆域以至于使其重新触碰到混沌。这样一来，它就使器官失去活力（enervate organs），让力流动（mobilize forces）。所以，格罗兹笔下的艺术不是固定的观念，它永远处于生成的状态。对于格罗兹而言，艺术就是"生成－感觉"（becoming-sensation），她说"艺术增强、生产感觉，然后再用它们［这些感觉］来强化身体"。这种由身体出发，制造感觉，又回到身体的路径，正是唐勇这一实验雕塑为我们建立的审美通道。这种审美的特点在于它是以生成"情动"，而非生成观念为目标。这正是这一批实验雕塑独有的特点。

我们对实验雕塑的肯定通常在于我们肯定它技术的高超。比如前文谈到的"系统美学"的一些代表作品正体现了人类对技术崇拜的狂热。它们热衷于机械、装置、算法。其最终的目的是以制造观念，取代制造艺术之物。唐勇的这一批作品当然也

是基于技术——每一个感应装置都经过技术团队严密的程序设定，每一个振动的频率都经过周密的计算。但是，在技术之下，作品提供的审美场域却是身体的，身体与技术的互动，制造了一种特定的身体的力量和强度，它们生成"情动"，并聚合在一起，制造成德勒兹笔下的"感知的团块"（the bloc of sensation）。身体的加入，使得这一批实验雕塑在技术层面上添加了更加丰富的层次。同时，也是因为技术的加入，让纯粹的以身体为基础的情动带有了更加当代的技术色彩。

我把唐勇的这一批实验雕塑生成的情动称为"技术情动"。它是技术的，但是也是身体的。它是以技术手段人为制造的，或者说是强化的，身体感知。这是一种生成式的身体感知，因为它会人为干预身体存在力变化，从而形成情动。那么接下来的问题是，作品制造这种情动的目的是什么？显然，正如艺术家并非为技术而技术，艺术家在这里也绝不是为情动而情动。作为一名成熟的中国当代艺术家，唐勇的作品总是带有中国当代艺术特有的批判性。在《关系重塑》展览中，唐勇延续了自己对当代中国的景观批判，这让唐勇的实验雕塑与我们近几年看到的诸多纯视听炫技的作品有本质区别。

景观

在展厅的一角是作品《消融的城》。这件作品由无数PVC管穿斗起来。PVC管是我们随处可见的制作下水管道的材料。艺术家将这些塑料管子拼接成了一座城市的形态。PVC这种聚氯乙烯材料就是我们俗称的塑料。中国每年会处理成千上万的全世界范围内的塑料垃圾，因此它也被命名为"世界垃圾场"。王久良在它的《塑料王国》中就捕捉了这个巨大的塑料垃圾生产和回收链条，以及塑料回收工业所带来的金钱滚动。可以说塑料垃圾是中国现代化和城市化进程不可避免的剩余。它是中国经济腾飞的背面。唐勇在选择PVC这种材料时是非常恰当的，因为它和当代中国景观息息相关。在PVC管道交错的缝隙中是几个液晶屏幕，里面播放着污水排放、垃圾如山的动画视频，这正好也呼应了这座塑料管道搭建的城市，它是中国人社会生产生活剩余的真实写照。《消融的城》这件作品恰好和《建造者》这件作品在展厅中形成了强烈的对比。一边是生机勃勃的建设，一边是死气沉沉的废弃，并且这种废弃还常被遮遮掩掩，这些城市废弃物通常在人们看不到的地方完成自己身份的真空。当《建造者》在展厅中央敲打得噼里啪啦的时候，这件距离《建造者》最远的作品却隐蔽在展厅的一角，沉默地吞噬、排泄、再生。

消融的城 PVC水管、钢管、电视机、感应设备 1050cm×130cm×205cm 2021-2022

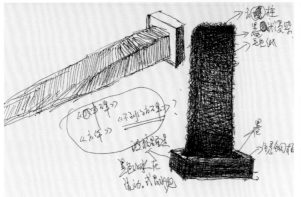

坚固的碑（创作手稿）

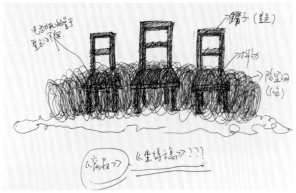

消融的城（创作手稿）

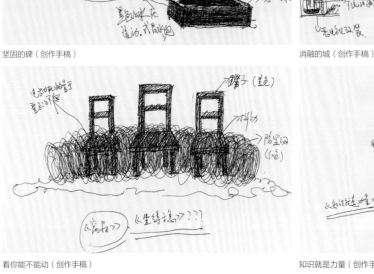

看你能不能动（创作手稿）

知识就是力量（创作手稿）

其实早在 2000 年以来，这种对当代中国的景观批判就一直存在于唐勇的作品中。唐勇在 2000 年年初以波普的风格开始创作雕塑作品。他的这种风格使他赢得了"卡通一代"雕塑家的称誉。作为 2000 年来兴起于西南地区的创作流派，"卡通一代"代表了第二代中国当代艺术家对全球化、城市更新和消费社会的思考，他们用光鲜靓丽的视觉图像来描绘摩登时尚，城市景观和网络游戏世界。从早期的《动力火车》开始，唐勇就用玻璃钢烤漆这种工艺创作了两个如木偶的一男一女，他们表情呆滞，两个人的动作一模一样，他们一只手提公文包，另一只手伸得笔直，他们的双脚呈跑动的姿势，仿佛是在推动前面的同伴快速前进。艺术家以一种近似于复制的手法，将这一男一女排成一字，仿佛像火车的车轮一样被捆绑在同一条护轮轨上。这一男一女是中国千千万万个上班族的缩影，他们被捆绑在福特制的生产线上，为了生存而奔波，成了一台台没有情感的机器。随后，唐勇又创作了一批以性和色情为主题的作品。充满诱惑的女人体，脖子上的耶稣受难的十字架像变成了一个男性，女人体的大腿上的几个观看者，他们似乎正对着充满诱惑的女性身体指手画脚；男人坐在女人的大红嘴唇里，一群男性小人正往里钻，等等。艺术家以光滑饱满的形体和明艳的色彩，竭力塑造欲望都市的男男女女。这些人似乎又是《动力火车》那对男女的另一面，他们在欲望的沙丘上蝇营狗苟。

唐勇塑造的这些人正是新自由主义不稳定的个体（precarious body）。2000 年以来，从宏观层面来看，中国全面进入了全球化的一体进程，另一方面，这种全球化也是中国由集体主义逐渐向去集体化过渡的推进力。新自由主义成为一种社会规范进入到人们的日常生活。这导致了个人生活建设遵循着一种自给自足的逻辑，即人们需要在他们的个人生活建设中依靠自己。这从一个侧面增加了社会的风险性。从 90 年代末的下岗潮，到今天的"搬砖人"和"韭菜"，这些新自由主义的个体逐渐形成了今天中国数量庞大的不稳定阶层（precarious class）。唐勇用一个个具身化的人对城市化和消费景观展开批判，实际上也是对新自由主义不稳定个体的同情。

这些对景观批判也在唐勇这次展览之中得到了延续。不过在这一批实验雕塑中，唐勇对景观的理解是更为多面的。在《关系重塑》中，"景观"不仅是中国当代城市化的景观（如《建造者》和《消融的城市》），而且是知识的景观和权力的景观。在《尽信书，则不如无书》和《知识就是力量》中，艺术家表达了一种对知识景观的担忧。知识一旦成为景观，那它就离真理认知越来越远了。在这两件作品中，知识景观被描绘为一种权力。它掩盖了知识的真相，使知识成了一种制度化的权力表达。《坚固的碑》和《看你能不能动》却是两件直接呈现权力景观的作品。带刺的铁丝缠绕在高靠背的铁椅上，彰显着对身体的规训，而纪念碑呢？它通常矗立在广场，为了庆祝或者为了悼念，它是一种对精神的规训。两者都体现了人被权力规训的状态。但艺术家却将这两件作品振动了起来，让权力变得岌岌可危。我们可以看到，在《关系重塑》展览中，艺术家对景观的思考是非常深入的。他不仅反思了新自由主义表象世界中的城市景观和消费景观，也揭示了这种表象景观背后更为深层的权力关系。

结语

在《关系重塑》展览，唐勇的系列实验雕塑既是技术的，又是身体的。他以技术制造了一种人造的感知现场，通过声音、图像、光线和运动介入观众的身体。不过这种介入并非产生一种现象学的身体感知（极少主义常用的招式在技术时代仿佛缺少了新鲜感）。相反，这些技术介入的身体感知是一种引发身体力量增强和减弱的情动。这种技术制造的情动就是"技术情动"，它使唐勇这一批实验雕塑在学术层面具有重要的意义。首先，"技术情动"的"技术"不是单一的技术，不是工具理性，而是一种技术多元论。它让我们在一种去表征环境中，重新思考物质、现实、知识——物质的客观性不是一定的，而是不断变化生长的；现实非客观事实，而是一种虚拟的被代理的现实；知识不是真理，而是不断接近真理的物质实践。其次，"技术情动"的"情动"不是自然的身体力量的增强和减弱，而是在技术干预情况下的身体存在力的流变。这里的身体是"无器官的身体"，它切断了身体的疆域，让器官失去活力，从而让力流动。我们可以说，唐勇的实验雕塑正是创造了一种"技术情动"，为我们认识"艺术＋科技"的实践提供了一种思考角度。但同时，更值得肯定的是艺术家不仅为我们展现了"技术情动"是什么，还为我们展现了"技术情动"在当下能够做什么。在展览中，艺术家延续了自己深入的社会洞察，对城市消费景观、知识景观和权力景观等，都展开了深入的批判。所以，我认为唐勇的实验雕塑从方法和目的两个层面诠释了艺术何以"技术情动"。

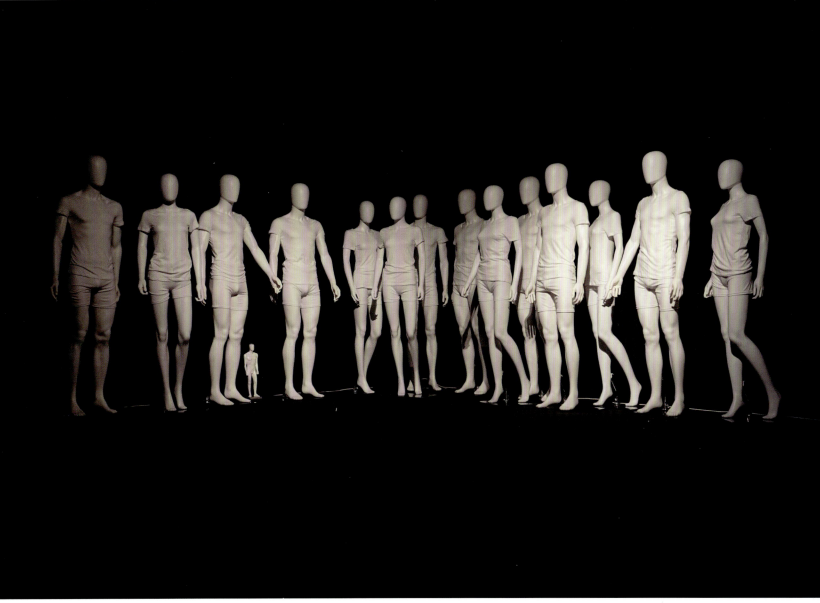

遭遇 互动装置 树胶模特、服装、YR眼镜 尺寸可变 2017

唐勇是川美青年一代中具有代表性的优秀艺术家，他的作品是对自己生活的时代、社会、生存的感悟和思考。他用隐喻性的语言表达了对人们在多元格局和急速发展的过程中面临的问题和矛盾的揭示，体现出艺术家能通过现实问题转化成为艺术呈现的敏悟和哲思。雕塑专业出身的唐勇近年来尝试突破本专业的局限，探索雕塑的场景化与机械装置互动化，在材料上也不断地拓展并寻求相互间的契合，在语义与意义间达成观念的一致性。因而我们既看到他的观念表达，又感受到艺术家强烈的个性，即一种蕴含着幽默和嘲讽的批判性在作品中的阐发。

—— 庞茂琨

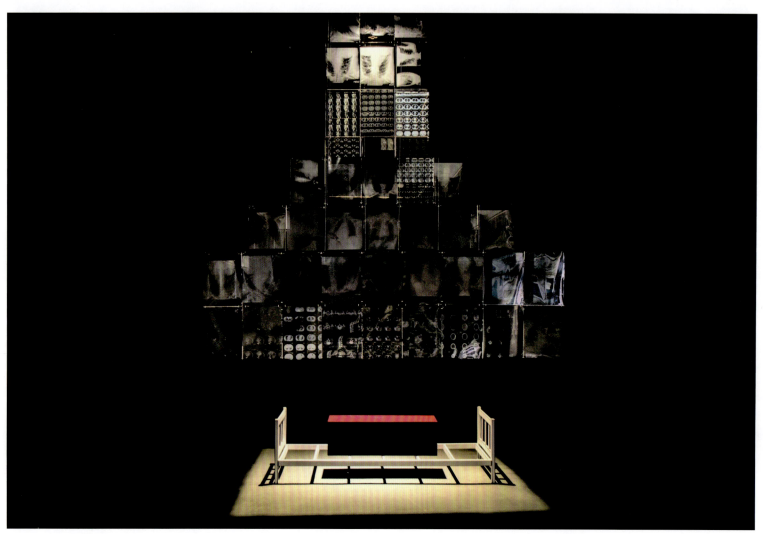

床 木床、X光片、黑线、黑影 270cm×270cm×360cm 2018

唐勇本次展览作品是近几年研究探索的成果，是以跨媒介艺术语言方式的集中展示，个人风格的不断改变延续了艺术家深刻的认知和线索，展览中，我们可以看到他对传统雕塑语言的突破，对科技因素尤其是互动领域的深入的理解和呈现，对日常材料的敏感和专注，对雕塑独有的纪念碑性的展示。在现场，作品之间的互文关系，构成了展览现场的一个整体。这样一个展览的作品和现场，需要观众在现场感受作品的氛围和微妙的情绪，体会感受艺术家的所思所想。

———— 焦兴涛

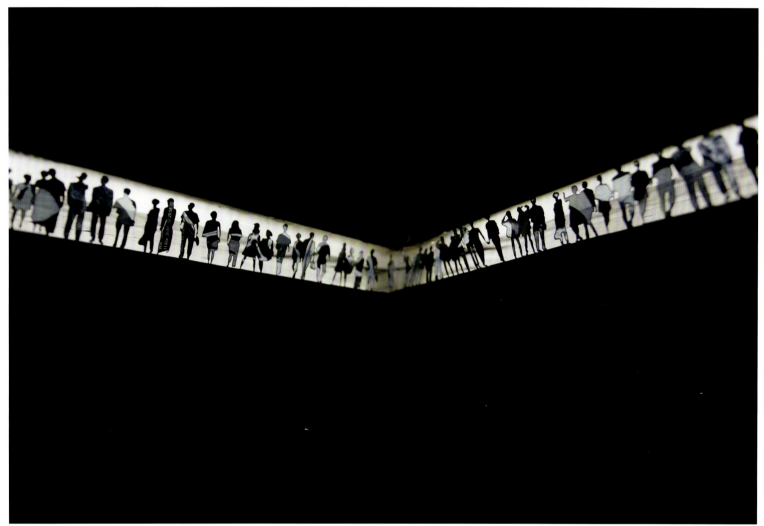

黑箱2 木、泡沫、X光片、黑线、黑影 550cm×540cm×250cm 2018

法兰克福学派的继承者 Rahel Jaeggi 重新赋予了"异化"（Alienation）一种当代的新含义。她认为：异化就是"无关系之关系"（Beziehung der Beziehungslosigkeit）。在激进的现代化、工业化和城市化下，韦伯所批判的工具理性使得一切都被转化为手段和工具，包括人本身。工具使用者和工具之间的关系主导了一切，使得原本人和世界、人和人的"多重关系"开始分崩离析，变得单一，成为了"无关系之关系"。自 2020 年起，在这个科技和资本不断深度结合的当下，"工具人"这一网络用语突然流行，它体现了一种不断被异化和工具化的现实正在受到人们普遍的关注。唐勇个展《多重关系》可以被理解为一次艺术性的回应：只有恢复人和世界、人和人的"多重关系"，人才能从"工具"回归"目的"，实现自身的存在。

———— 姜俊

楼梯 木楼、X光片、树脂、LED灯、黑线、黑影 400cm×160cm×440cm 2018

墙 木、泡沫、X光片、黑线、黑影 6500cm×2900cm×19cm 2018

窗 木窗、X光片、黑线、黑影 尺寸可变 2017

凳子 装置 木凳、X光片 可变 2018

唐勇装置作品利用普通建筑材料和日常生活用品，以建筑、雕塑、影像、彩绘、水墨、音响、机械等多种艺术和非艺术手段，构造了如纪念碑一般壮观的作品。如果说当年杜尚的现成品装置，挑战艺术史上的样式主义，仍然是"沉默的形式"，那么，在唐勇这里，装置已不再沉默，而是要针对问题，对当代中国社会现状和文化历史发声。他对生态环境与城市状况、生存困境与底层人文、知识权利与大众取向种种关系的重述，为观者提供了介入性的动态体验。作品的综合性与现场感，其力度、深度和锐度，都给人留下了鲜明的印象。

—— 王林

筑巢 4 PVC 管、树脂 350cm×350cm×500cm 2021

赵 赵   ZHAO ZHAO

图片／由龙美术馆提供 编辑／李沐

1982 年生于中国新疆，现工作生活于北京与洛杉矶。他在作品中运用多种媒介对现实题材以及艺术形态进行转换，着重探讨个体意识与其所处的社会领域的关系。他在创作中关注并展现处于多元文化影响下人类内心的微妙变化。其作品中出现的当代艺术表现手法与传统文化的结合概念，暗喻当今全球背景下人们的生活境遇以及在现代社会中的真实状态。同时作品也反映了他对集体主义与个人理想相互并存的态度。

"赵赵" 展览现场 上海龙美术馆（西岸馆）2022 摄影: shaunley

蔓延 综合材料 棉花 200cm×150cm 2021

"赵赵"展览现场 上海龙美术馆（西岸馆）2022 摄影：shaunley

"赵赵"展览现场 上海龙美术馆（西岸馆）2022 摄影：shaunley

"赵赵"1号展柜作品及器物展览现场 上海龙美术馆（西岸馆）2022

玉蝉 汉 私人收藏

玉璧 齐家文化 玉 私人收藏

父与子 布面油画 60cm×50cm 2018

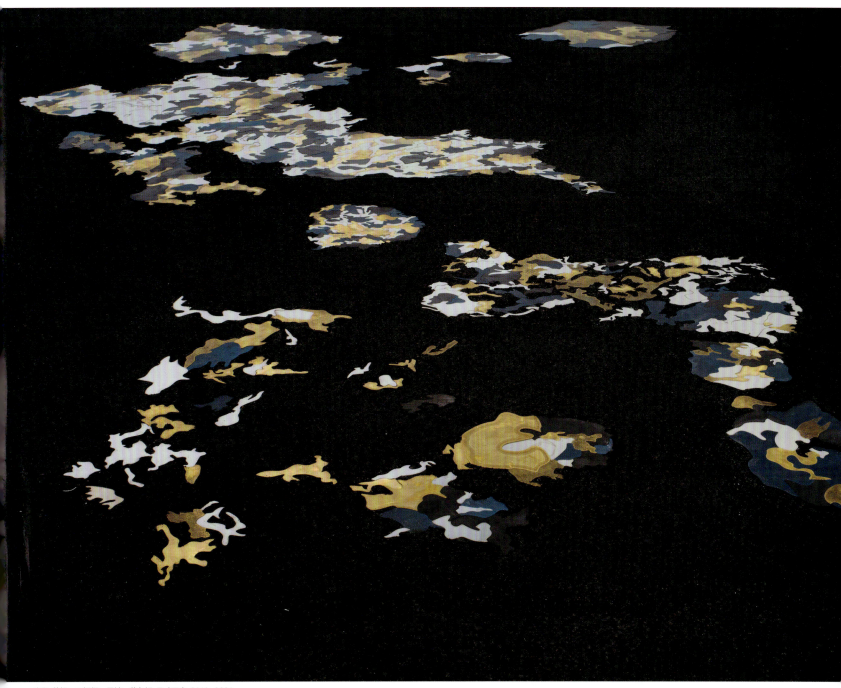

弥留 黄铜、不锈钢、黑铁、蓝色钢 尺寸可变 2018-2021

没有多少艺术家像赵赵这样，将这些纷杂的词汇，分属于不同时空的文明在作品中交汇。作为新一代艺术的代表性人物，赵赵把时空斗转的历史，正在上演的现实，推陈出新的潮流重新连接，打破难以逾越的边界，应用于当代艺术的创作中，创造出独一无二的艺术风格和工作方法。

—— 策展人 崔灿灿

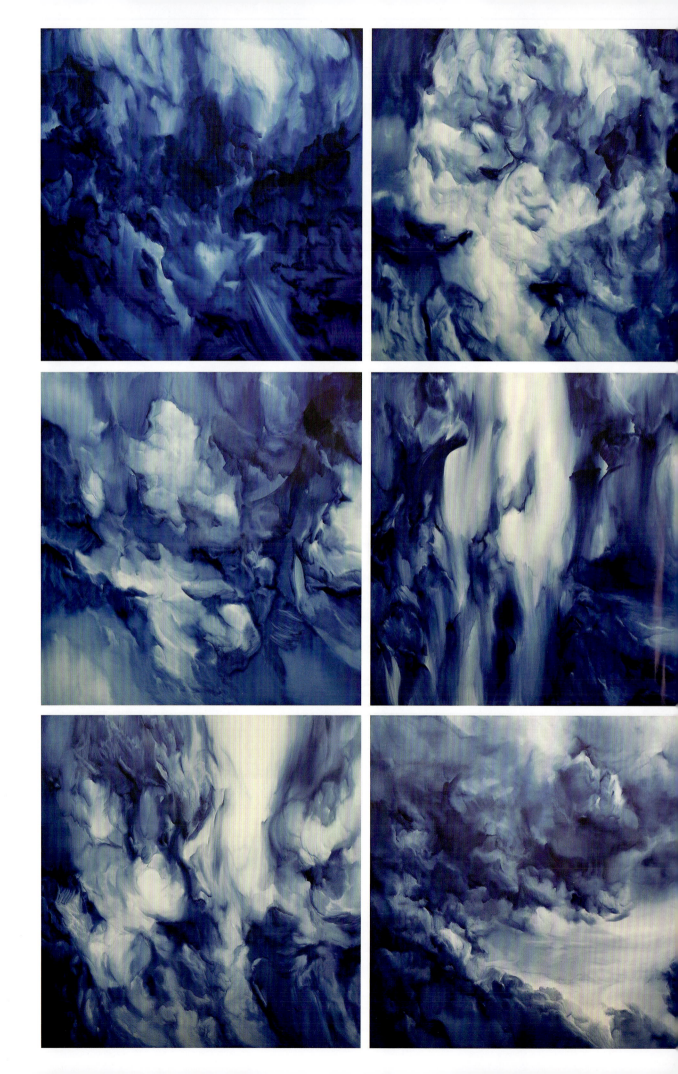

赵赵自始至终都在尝试不一样的创作，绘画——从《星空》系列到《天空》系列，瞬间的暴力在空间中转化为星空永恒的宁静，巨大的沥青地面和反光碎片象征生命个体弥留于波澜壮阔的历史长河中；雕塑——葫芦爱生、能蔓延，在古人看来，葫芦可以很好地吸收好的东西，而对于不好的东西则可以进行有效地抑制、阻遏。梯子给人的感觉就是需要一直攀爬，是一种上升的希望；装置——纯洁轻盈的棉花在我们的日常中随处可见，作为中国新疆籍艺术家，代表新疆的棉花也出现在他的作品中。从小参加义务采摘棉花劳动成为了艺术家不可磨灭的回忆，《蔓延》也好似一种白色的回忆和精神的指向。

赵赵也热衷于收藏——从侏罗纪的化石到新石器的石相，从隋唐的造像到宋的瓷器，再到晚清的玉件，现代的方便面和耳机……本次展览聚焦于艺术家近几年的创作，从中遴选出最为重要的几十件作品展出。策展人崔灿灿经过学术梳理，将赵赵不同时期的颜色系列"绿色""白色""粉色"进行串联，将与西域文化有关的"西部三部曲"，不同城市展开的潮流文化项目重新整合，讲述了一个全新的故事，形成展览的主题"赵赵"。

—— 龙美术馆馆长 王薇

天空 布面油画 200cm×200cm×9 2021

漫艺术　MAAN ART

漫艺术编辑部

主　　编　胡若冰
运营总监　刘　雯
执行主编　胡少杰
编　　辑　徐小禾 左文文 陈　澍 李　沐 朱松柏
特约编辑　马少琬 尹　菲
装帧设计　马　非
网　　址　www.maanart.com
电　　话　010 - 89284699
邮　　箱　maanart@163.com

漫艺术微信平台